미래를 준비하는 스킬셋

업스킬링&리스킬링

COLiVE 업스킬링리스킬링연구회
대표저자 김진실 한광식

이프레스

발간사

급속한 첨단기술 발전으로 전례 없는 변화의 시기를 맞이하고 있고, 이러한 기술혁신은 산업구조를 근본적으로 변화시키고 있으며, 노동시장에도 큰 영향을 미치고 있습니다. 이와 관련하여 업스킬링(Upskilling)과 리스킬링(Reskilling)은 급변하는 기술환경과 글로벌경제 속에서 조직과 개인의 지속적인 성장을 위한 핵심 전략으로 부각되고 있는 상황입니다.

고용노동부에 따르면, 기술혁신으로 고용 변화는 더욱 가속화되어 2030년에는 총 172만 명(증가하는 일자리 92만 명, 감소하는 일자리 80만 명)의 고용 변화가 발생하고, 기업이 요구하는 기술 수준을 갖춘 인력 부족도 매우 심화될 것으로 전망하고 있습니다.

이에 부응하기 위해 제가 회장으로 있는 전문대학평생직업교육협회(COLiVE)에서는 업스킬링&리스킬링 자격제도를 도입하기 위해 작년 6월 '업스킬링&리스킬링 민간자격 추진위원회'를 구성하였고, 10월 25일 고용노동부의 허가를 받아 업스킬링&리스킬링 민간자격을 최종 승인받았습니다.

이번에 출간된 업스킬링&리스킬링 표준교재는 변화하고 있는 직업환경과 관련 지식을 알기 쉽게 제시하여 대학이나 개인 차원에서 미래를 준비하는 데 많은 도움이 될 것으로 확신합니다. 아무쪼록 본 교재를 통해 급변하는 기술환경과 다양한 산업 분야에서 요구하는 변화에 효과적으로 대응하고 새로운 기회를 모색하는 데 많은 도움이 되었으면 좋겠습니다.

본인은 항상 대학은 우리 사회가 직면한 문제를 해결하는 데 중추적인 역할을 해야 하며, 혁신적인 가치 창출과 도전정신으로 국가가 필요로 하는 현안 문제를 해결하는 데 중추적인 역할을 담당해야 한다고 생각하고 있습니다. 이런 측면에서 업스킬링과 리스킬링도 마찬가지라고 생각합니다.

앞으로도 전문대학평생직업교육협회(COLiVE)는 평생직업교육분야에서 지속가능한 미래 비전을 제시하고, 구체적인 전략과 방안을 제공할 수 있도록 노력하며, 특정 집단의 사익(私益)이 아닌 공익(公益)과 국가사회 발전에 기여하는 사회적 가치를 추구하는 데 최선을 다하겠습니다. 고맙습니다.

2025년 4월 10일

사단법인 전문대학평생직업교육협회

회장 **남 성 희**

머리말

우리는 산업과 직업 환경이 급변하는 시대에 살고 있습니다. 4차 산업 혁명과 디지털 전환은 전 세계의 일자리와 직무를 재정의하고 있으며, 인공지능, 빅데이터, 자동화 기술의 발전은 모든 산업 분야에서 필수적인 역량으로 자리 잡고 있습니다.

이러한 변화 속에서 개인과 조직이 경쟁력을 유지하고 강화하기 위해서는 새로운 기술을 습득하고, 기존 역량을 끊임없이 강화하는 업스킬링(Upskilling)과 리스킬링(Reskilling)이 필수적입니다. 이와 관련하여, 이번에 발간된 이 책은 미래의 직업 환경에 대비하기 위해 누구나 체계적으로 준비해야 할 스킬과 스킬셋을 중심으로 다루고 있습니다. 스킬셋(Skillset)이란 특정 직무나 목표를 달성하기 위해 필요한 역량을 체계적으로 결합한 능력의 집합을 의미합니다.

이는 단순히 개별 스킬의 나열이 아니라, 상호 연관된 역량을 통해 실질적인 성과를 만들어내는 구조적인 개념입니다. 특히, 하드스킬과 소프트스킬의 조화를 통해 개인의 경쟁력을 극대화하고 변화하는 직업 환경 속에서 필수적인 역량을 개발하는 방법을 구체적으로 제시하였습니다. 하드스킬은 프로그래밍, 데이터 분석, 회계와 같은 기술적이고 구체적인 역량을 의미하며, 소프트스킬은 창의적 사고, 협력, 리더십, 적응력과 같이 협업과 문제 해결을 가능하게 하는 대인관계 능력을 포함합니다. 이 두 가지 스킬이 조화를 이루는 스킬셋은 변화에 대응하는 데 있어 필수적인 요소로, 이 책이 제시하는 핵심 방향입니다.

이 책은 세 개의 파트로 구성되어 있습니다. 제1부에서는 '업스킬링&리스킬링 전문가의 공통과정'으로 4차 산업혁명과 디지털 전환으로 인한 직업 환경 변화를 설명하고, 업스킬링과 리스킬링의 필요성을 강조하고 있습니다. 행동 진단 도구를 통해 개인의 스킬 수준을 평가하고 개선 계획을 수립하는 방법을 제시합니다. 또한, 업스킬링과 리스킬링 전문가의 다양한 활동 영역과 기업 내 프로그램 운영 방법을 소개하며, 이를 통해 개인과 조직이 시장 변화에 적극적으로 대응하고 지속가능한 학습 문화를 구축할 수 있도록 돕고 있습니다.

또한, 제2부에서는 '업스킬링&리스킬링 전문가 2급과정'으로 업스킬링과 리스킬링의 개념을 정의하고, 이러한 접근법이 전통적 교육 방식과 어떻게 다른지, 기술 발전이 스킬 요구사항에 어떤 변화를 가져오는지를 설명합니다. 직무분석의 중요성을 강조하며, 성공적인 스킬 개발을 위해 특정 직무의 핵심 역량을 파악하고, 미래 직무 요구사항을 예측하는 방법을 제시하고 있습니다. 또한, 스킬 스탠다드의 적용 전략을 소개하고, 산업별로 맞춤화된 스킬 매트릭스를 구축하는 방법을 다루고 있습니다. 이 밖에도 효과적인 경력 개발을 위해 직무분석과 스킬 매핑을 실시하고, 구체적인 사례를 제공합니다. 이 모든 과정은 개인과 조직이 시장 변화에 적응하고, 경쟁력을 강화하는 데 필수적인 사항입니다.

제3부는 '업스킬링&리스킬링 전문가 1급과정'으로 업스킬링&리스킬링의 학습 전략에 필요한 자기 주도 학습, 온라인 플랫폼 활용, 최신 교육

기술의 적용, 실습 기반 학습을 통한 스킬 향상 방법을 다루고 리스킬링을 통한 경력 과정에서는 기술 변화에 대응하는 직무 전환 전략, 성공적인 사례, 맞춤형 교육 프로그램을 소개합니다. 개인 맞춤형 경력 전환과 재취업 상담을 위해 스킬 격차 분석, 맞춤형 상담 기법, 스킬 평가와 피드백을 포함한 전략을 제공하고 있습니다. 그 밖에도 창업과 창직을 지원하는 능력 개발, 시장분석, 창업 지원 프로그램 및 네트워킹 전략을 통해, 창업생태계에서 성공할 수 있는 방법을 제공하고 있습니다. 이 모든 과정은 개인과 조직이 현대 노동 시장의 요구에 효과적으로 대응하도록 설계되었습니다.

앞으로 이 책이 빠르게 변화하는 직업 환경에 대응하고 미래를 준비하는 데 실질적인 지침서가 되기를 희망합니다. 이 책을 접하는 모든 분들이 자신만의 스킬셋을 개발하고, 조직과 사회에 필요한 역량을 갖추는 데 큰 도움이 되기를 기대합니다. 고맙습니다.

2025년 4월 10일

대표저자 김진실, 한광식

차례

표차례

그림차례

제1부

업스킬링&리스킬링 전문가의 공통과정

제1장

변화하는 직업 환경과 스킬의 중요성

Upskilling
Reskilling

학/습/개/요

이 장에서는 4차 산업혁명과 디지털 전환으로 인한 직업 환경의 변화와 그에 따른 스킬의 중요성을 제시하고, 먼저 기술 변화가 일자리와 산업에 어떤 영향을 미치는지, 원격 근무와 자동화가 확산되는 과정도 제시한다. 이어서 스킬 부족 문제와 이를 해결하기 위한 업스킬링과 리스킬링의 필요성에 대해 제시하고, 이를 통해 변화에 적응하고 필요한 역량을 키우는 방법을 제시한다.

학/습/목/표

1. 4차 산업혁명과 기술 변화 : 새로운 기술이 일자리와 산업에 미치는 영향을 설명할 수 있다.
2. 디지털 전환과 업무 방식의 변화 : 원격 근무와 자동화 확산되는 과정을 설명할 수 있다.
3. 스킬 부족 현상 : 세계적 스킬 격차와 인재 부족의 원인을 설명할 수 있다.
4. 업스킬링과 리스킬링의 필요성 : 변화에 적응하기 위한 스킬 향상의 중요성을 설명할 수 있다.

1. 4차 산업혁명과 기술 변화

– 새로운 기술이 일자리와 산업에 미치는 영향

4차 산업혁명은 인공지능(AI), 사물인터넷(IoT), 로봇기술, 드론, 자율주행차, 가상현실(VR) 등이 주도하는 차세대 산업혁명을 말한다. 이 용어는 2016년 6월 스위스에서 열린 다보스 포럼(Davos Forum)에서 포럼의 의장이었던 클라우스 슈밥(Klaus Schwab)이 처음으로 사용하면서 이슈화됐다. 당시 슈밥 의장은 “이전의 1, 2, 3차 산업혁명이 전 세계적 환경을 혁명적으로 바꿔 놓은 것처럼 4차 산업혁명이 전 세계 질서를 새롭게 만드는 동인이 될 것”이라고 밝힌 바 있다(네이버 지식백과, 2024).

4차 산업혁명 핵심 개념들은 다음과 같다.

① 인공지능(Artificial Intelligence: AI)

인간의 인식 판단, 추론, 문제해결, 언어나 행동지령, 학습 기능과 같은 인간의 두뇌작용과 같이 컴퓨터 스스로 추론·학습·판단하면서 작업하는 시스템을 가리킨다.

② 사물인터넷(internet of things: IoT)

생활 속 사물들을 유무선 네트워크로 연결해 정보를 공유하는 환경을 말한다. 즉, 각종 사물들에 통신 기능을 내장해 인터넷에 연결되도록 해 사람과 사물, 사물과 사물 간의 인터넷 기반 상호 소통을 이루는 것이다. 이를 통해 가전제품과 전자기기는 물론 헬스케어, 원격검침, 스마트홈, 스마트카 등 다양한 분야에서 사물을 네트워크로 연결해 정보를 공유할 수 있다.

③ 자율주행차

운전자가 브레이크, 핸들, 가속 페달 등을 제어하지 않아도 도로의 상황을 파악해 자동으로 주행하는 자동차를 말한다. 정확하게는 무인 자동차(driverless car, 운전자 없이 주행하는 차)와 다른 개념이지만 혼용돼 사용하고 있다.

④ 가상현실(Virtual Reality: VR)

컴퓨터로 만들어 놓은 가상의 세계에서 사람이 실제와 같은 체험을 할 수 있도록 하는 최첨단 기술을 말한다. 머리에 장착하는 디스플레이 디바이스인 HMD를 활용해 체험할 수 있다. 이러한 가상현실은 의학 분야에서는 수술 및 해부 연습에 사용되고, 항공·군사 분야에서는 비행조종 훈련에 이용되는 등 각 분야에 도입돼 활발히 응용되고 있다.

⑤ 드론(Drone)

조종사 없이 무선전파의 유도에 의해서 비행 및 조종이 가능한 비행기나 헬리콥터 모양의 군사용 무인항공기(UAV : unmanned aerial vehicle / uninhabited aerial vehicle)의 총칭이다. 2010년대를 전후하여 군사적 용도 외 다양한 민간 분야에도 활용되고 있다. 대표적인 것이 화산 분화구 촬영처럼 사람이 직접 가서 촬영하기 어려운 장소를 촬영하거나, 인터넷 쇼핑몰의 무인(無人)택배 서비스이다.

4차 산업혁명은 ▷1784년 영국에서 시작된 증기기관과 기계화로 대표되는 1차 산업혁명 ▷1870년 전기를 이용한 대량생산이 본격화된 2차 산업혁명 ▷1969년 인터넷이 이끈 컴퓨터 정보화 및 자동화 생산시스템이 주도한 3차 산업혁명에 이어 ▷로봇이나 인공지능(AI)을 통해 실제와 가상이 통합돼 사물을 자동적·지능적으로 제어할 수 있는 가상 물리 시스템의 구축이 기대되는 산업상의 변화를 일컫는다.

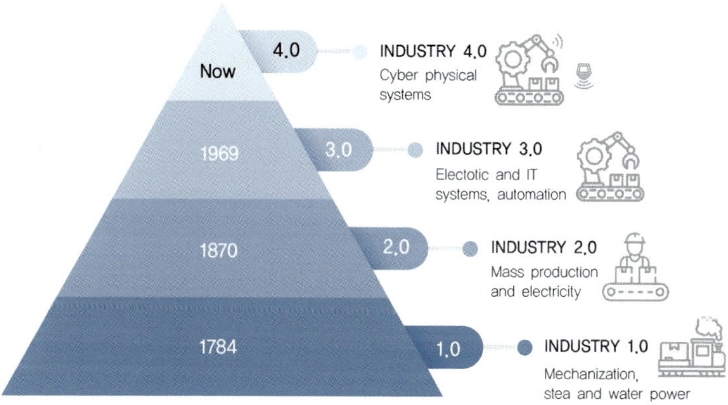

[그림 1-1] **4차 산업혁명**

출처 : 네이버 지식백과(2024). 4차 산업혁명(시사상식사전, 지식엔진연구소).

4차 산업혁명의 핵심은 자동화와 데이터 중심의 의사결정으로, 이는 산업 전반에 걸쳐 생산성을 크게 높이고, 혁신을 가속화할 수 있는 잠재력을 가지고 있다. 기업들은 기존 업무 방식을 새롭게 재편해야 하며, 그에 따라 인재에게 요구되는 스킬셋도 변하고 있다. 기술 변화로 인해 기존 직무가 사라지거나 새로운 직무가 창출되며, 이러한 변화에 대비하지 못한 인재들은 실직의 위험에 처할 수 있다.

4차 산업혁명의 장단점 중에 장점을 제시하면 다음과 같다.

① 효율성 증대: AI와 자동화 기술을 통해 생산성과 효율성을 대폭 향상시킬 수 있다.
② 새로운 산업 창출: 4차 산업혁명은 기존에 없었던 새로운 산업과 직업을 창출하는 기회가 된다.
③ 기술 발전에 따른 경쟁력 강화: 최신 기술을 도입한 기업과 개인은 경쟁력을 유지하고 강화할 수 있다.

4차 산업혁명의 단점을 제시하면 다음과 같다.

① 일자리 감소: 단순 노동과 반복적인 직무는 자동화 기술로 대체될 위험이 높다.
② 디지털 격차 확대: 기술 습득이 늦거나 접근하지 못하는 계층은 경쟁에서 뒤처질 가능성이 있다.
③ 사회적 불평등 심화: 고급 기술을 다룰 수 있는 인재와 그렇지 못한 인재 간 격차가 벌어지며, 이는 소득 불평등을 심화시킬 수 있다.

새로운 기술은 일자리와 산업에 큰 영향을 미친다. 특히 자동화와 인공지능(AI) 같은 기술들은 반복적이거나 단순한 업무를 대체하면서 일자리 감소를 가져올 수 있다. 제조업에서는 로봇이 사람을 대신해 생산 공정을 처리하고, 서비스업에서는 AI 챗봇이 고객 상담을 대신하는 경우가 증가하고 있다. 이러한 변화는 저숙련 근로자에게는 위협이 될 수 있지만, 동시에 고급 기술을 요구하는 새로운 직무들이 창출되면서 기회를 제공하기도 한다.

빠르게 성장하는 직업 vs. 빠르게 감소하는 직업 (기술 및 지속가능성 전문가)		(쉽게 AI 및 자동화로 대체)	
	빠르게 성장하는 직업 TOP 10		빠르게 감소하는 직업 TOP 10
1	AI and Machine Learning Specialists	1	Bank Tellers and Related Clerks
2	Sustainability Specialists	2	Postal Service Clerks
3	Business Intelligence Analysts	3	Cashiers and ticket Clerks
4	Information Security Analysts	4	Data Entry Clerks
5	Fintech Engineers	5	Administrative and Executive Secretaries
6	Data Analysts and Scientists	6	Material–Recording and Stock–Keeping Clerks
7	Robotics Engineers	7	Accounting, Bookkeeping and Payroll Clerks
8	Electrotechnology Engineers	8	Legislators and Officials
9	Agricultural Equipment Operators	9	Statistical, Finance and Insurance Clerks
10	Digital Transformation Specialists	10	Door–To–Door Sales Workers, News and Street Vendors, and Related Workers

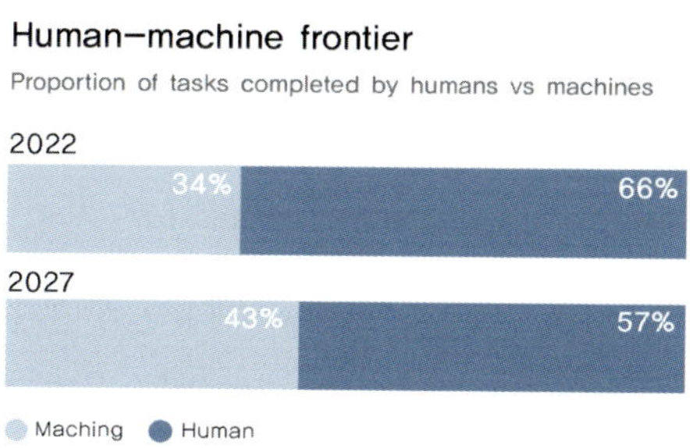

[그림 1-2] 4차 산업혁명에 의한 일자리의 변화

출처 : The World Economic Forum(2023). Future of Jobs Report 2023.

산업 측면에서는 효율성이 크게 향상된다. 새로운 기술을 통해 생산성이 높아지고, 데이터 기반의 의사결정을 통해 더 정교하고 신속한 대응이 가능해진다. 예를 들어, 빅데이터와 클라우드 기술을 활용해 기업들은 더 나은 제품과 서비스를 제공하며, 글로벌 경쟁력을 유지할 수 있다. 그러나 기술 변화에 빠르게 적응하지 못한 기업들은 경쟁에서 뒤처질 위험에 직면하게 된다.

따라서 기업과 정부는 4차 산업혁명에 대비해 다양한 인재 양성 프로그램을 개발해야 한다. 고등교육 기관은 새로운 기술을 중심으로 한 커리큘럼을 강화하고, 정부는 성인을 대상으로 한 재교육 프로그램을 확대하여 노동 시장에서 경쟁력을 유지할 수 있도록 지원해야 한다. 또한, 기술 변화에 대응하기 위한 정책적 지원이 필요하며, 이를 통해 사회적 불평등을 완화하는 방향으로 나아가야 한다.

2. 디지털 전환과 업무 방식의 변화

– 원격 근무와 자동화 확산

디지털 트랜스포메이션(Digital Transformation, DT 또는 DX)은 디지털이라는 변화의 DNA를 기업에 이식시켜 기업의 겉과 속 모두를 근본적으로 바꾸는 것을 말한다. 여기서 무엇보다 중요한 것은 겉과 속 모두를 디지털로 전환하는 것이다. 겉만 화려하게 인공지능, 빅데이터, 사물인터넷 등의 디지털 기술로 바꾸는 것뿐만 아니라, 기업의 조직, 프로세스, 운영관리 등 기업내부의 일하는 방식도 디지털에 대응할 수 있게 근본적으로 모두 탈바꿈 시켜야 진정한 디지털트랜스포메이션 이라고 할 수 있다. 즉 디지털 트랜스포메이션(Digital Transformation)은 '디지털적인 모든 것으로 인해 발생하는 다양한 변화에 디지털 기반으로 기업의 전략, 조직, 프로세스, 문화, 커뮤니케이션, 시스템, 가치사슬, 비즈니스모델을 근본적으로 변화시키는 경영전략'이다.

▶ 제3의 플랫폼, 혁신 액셀러레이터, OT, 제조의 변화

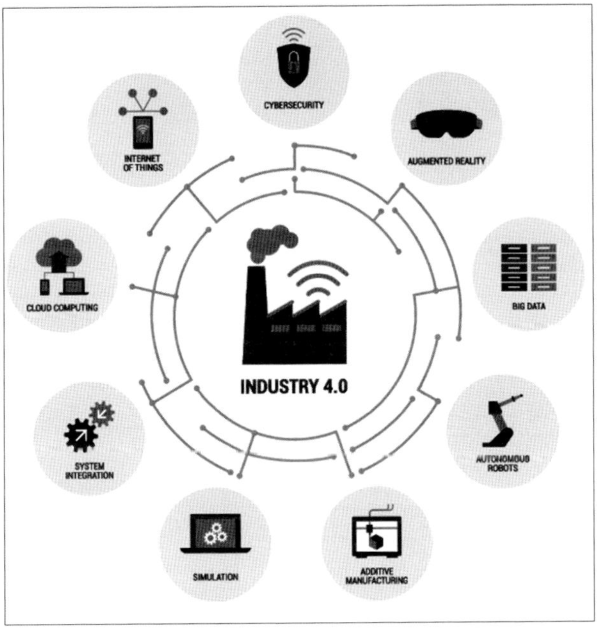

▶ 제조 생산 및 관련 산업에서 가치 창출과정의 "디지털 전환"

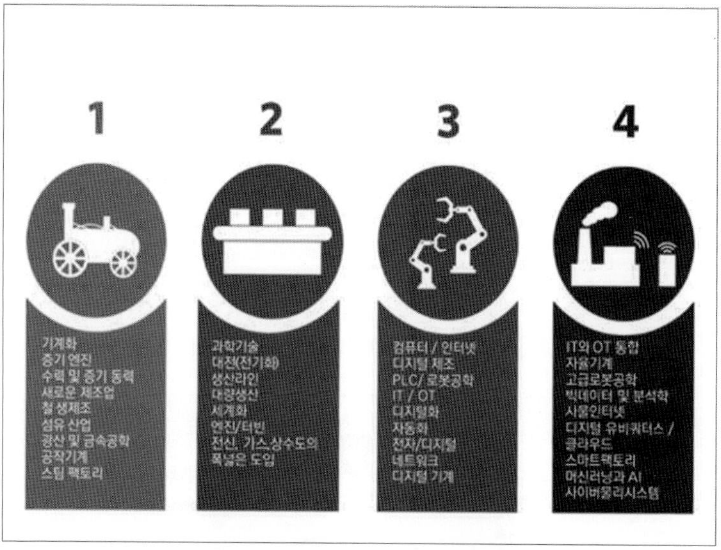

[그림 1-3] **디지털 전환(Digital Transformation)**

출처: I-SCOOP. (n.d.) Industry 4.0 and the fourth industrial revolution explained. Retrieved from https://www.i-scoop.eu/industry-4-0/

디지털 전환은 기업과 조직이 디지털 기술을 도입해 기존의 업무 방식을 혁신하는 과정을 말한다. 클라우드 컴퓨팅, 인공지능, 빅데이터 분석, 협업 소프트웨어 등의 기술을 통해 조직의 생산성을 향상시키고, 원격 근무와 같은 새로운 업무 방식을 도입하는 것이 그 대표적인 사례다.

디지털 전환은 단순히 기술의 도입을 넘어서 기업의 생존과 직결된다. 코로나19 팬데믹을 통해 원격 근무의 중요성이 대두되었으며, 디지털 기술을 도입하지 못한 기업들은 경쟁에서 밀려나기 쉽다. 근로자 역시 새로운 기술을 익히고, 디지털 환경에 적응해야

만 업무 생산성을 유지할 수 있다. 이는 특히 서비스업, 제조업, 금융업 등 거의 모든 산업에 걸쳐 중요한 요소로 작용한다.

디지털 전환의 장단점 중 장점을 정리하면 다음과 같다.

① 업무 유연성 증가: 원격 근무와 협업 도구의 사용으로 시간과 장소의 제약을 덜 받게 된다.
② 비용 절감: 디지털 도구를 통한 자동화는 인력 비용과 시간 낭비를 줄여 준다.
③ 업무 효율성 향상: 클라우드 기반의 협업 도구를 통해 직원 간의 의사소통과 데이터 공유가 더욱 원활해진다.

디지털 전환의 단점을 정리하면 다음과 같다.

① 인프라 부족: 특히 중소기업의 경우, 디지털 전환을 위한 인프라 구축에 상당한 비용이 소요될 수 있다.
② 보안 문제: 원격 근무로 인한 정보 유출 및 사이버 공격의 위험이 증가한다.
③ 사회적 고립: 원격 근무는 직원 간의 대면 소통 기회를 줄이고, 이로 인해 조직 내 소속감이 약해질 수 있다.

원격 근무와 자동화의 확산은 디지털 전환 시대에 두드러진 현상으로, 각각 업무 방식과 산업 구조에 큰 변화를 가져오고 있다.

원격 근무는 기술의 발전과 함께, 특히 COVID-19 팬데믹을 계기로 급격히 확산된 업무 방식이다. 인터넷과 클라우드 기술, 협업 소프트웨어 등을 활용해 근로자들이 사무실에 출근하지 않고도 집이나 다른 장소에서 업무를 수행할 수 있다.

① 장소의 제약 해소: 시간과 공간의 제약 없이 업무를 수행할 수 있다.
② 유연한 근무 환경: 근로자들은 더 유연한 시간과 장소에서 일할 수 있게 되어, 업무와 개인 생활의 균형을 맞추기 쉬워졌다.
③ 비용 절감: 기업 입장에서는 사무실 공간, 유지비, 출퇴근 시간 절약으로 비용 절감이 가능하다.

원격근무의 장단점 중 장점을 제시하면 다음과 같다.

① 생산성 향상: 많은 연구에 따르면, 원격 근무는 적절히 운영되었을 때 근로자의 만족도를 높이고, 이로 인해 생산성도 향상될 수 있다.
② 인재 풀 확장: 지역적인 제약 없이 다양한 지역의 인재를 채용할 수 있다.
③ 유연한 근무 환경: 일과 삶의 균형을 맞출 수 있어 근로자의 동기 부여와 업무 몰입을 증가시킬 수 있다.

원격근무의 단점을 제시하면 다음과 같다.

① 의사소통 문제: 대면하지 않고 업무를 처리하기 때문에 의사소통이 미흡할 수 있으며, 팀 협업이 어려워질 수 있다.
② 보안 문제: 원격 근무는 회사 네트워크 외부에서 업무를 처리하기 때문에 보안 문제가 발생할 수 있다.
③ 직원 고립: 물리적으로 함께 일하지 않기 때문에 소속감이 약해질 수 있고, 심리적 고립감을 느낄 수 있다.

이 밖에, 자동화는 인간의 개입 없이 기계나 컴퓨터 시스템이 반복적이거나 예측 가능한 작업을 수행하는 기술을 말한다. 이는 주로 제조업에서부터 시작되었으나, 현재는 서비스업, 금융업, 의료 등 다양한 산업으로 확산되고 있다. 로봇 공학, 인공지능, 머신러닝 등이 자동화 기술의 핵심이다.

① 반복적인 업무 대체: 단순하고 반복적인 작업은 기계가 처리하게 되어, 근로자들은 더 고부가가치 업무에 집중할 수 있다.
② 효율성 증대: 자동화는 실수 없이 일관된 결과를 제공하며, 24시간 운영이 가능해 효율성을 크게 향상시킨다.
③ 비용 절감: 인건비가 절감되며, 생산성이 높아진다.

자동화의 장단점 중 장점을 제시하면 다음과 같다.

① 생산성 향상: 반복적인 업무를 빠르고 정확하게 처리할 수 있어 전반적인 생산성이 높아진다.

② 일관성 및 품질 향상: 사람이 처리할 때 발생할 수 있는 실수를 방지할 수 있어, 품질이 일관되고 향상된다.
③ 새로운 기술 도입 기회: 기계 학습과 AI가 더 발전하면서, 기존 업무 방식보다 효율적이고 고도화된 프로세스를 도입할 수 있다.

자동화의 단점은 다음과 같다.

① 일자리 감소: 자동화가 확산되면서, 특히 저숙련 노동자가 하던 일자리가 줄어들고, 이는 실업 문제를 야기할 수 있다.
② 비용 부담: 초기 설치비용과 유지보수 비용이 크며, 중소기업은 이러한 비용을 부담하기 어려울 수 있다.
③ 기술 격차: 자동화를 운영할 수 있는 고급 기술 인재는 더 중요해지지만, 기존의 기술로는 경쟁력을 유지하기 어렵다.

원격 근무와 자동화는 서로 상호 보완적 관계에 있다. 원격 근무는 업무 환경을 변화시켜 근로자의 위치적 자유를 제공하고, 자동화는 반복적이고 시간이 많이 소요되는 작업을 대신함으로써 근로자들이 더 전략적이고 창의적인 업무에 집중할 수 있게 한다. 이 두 가지는 디지털 전환 시대에 필수적인 요소로 자리 잡고 있으며, 기업과 개인 모두에게 새로운 기회를 제공하는 동시에 기존 시스템과 일자리 구조에 큰 변화를 가져오고 있다.

향후 기업들은 디지털 전환에 더욱 집중해야 하며, 특히 데이터 기반 의사결정과 자동화 기술을 적극 도입해야 한다. 정부는 중소기업을 위한 디지털 전환 지원 정책을 강화하고, 근로자를 위한 디지털 리터러시 교육 프로그램을 제공해야 한다. 또한, 원격 근무의 지속 가능성을 높이기 위해 보안 기술을 강화하고, 직원들의 원활한 협업과 소통을 돕는 시스템을 더욱 발전시켜야 한다.

3. 스킬 부족 현상

– 세계적 스킬 격차와 인재 부족의 원인

스킬은 특정한 직무를 수행하는 데 필요한 지식, 기술, 태도를 의미한다. 스킬에는 소프트스킬(기본적인 의사소통 능력, 대인관계능력, 협업능력 등)과 하드 스킬(기술적이고 구체적인 작업 능력, 예 : 코딩, 회계 등)이 있다.

국가직무능력표준(NCS)의 관점에서 바라봤을 때, 소프트스킬은 직업기초능력을 의미하고, 하드스킬은 각 분야별 직무수행능력인 NCS능력단위를 의미한다.

스킬은 일을 하는데 핵심적인 역할을 한다. 오늘날의 급격한 기술 변화와 함께 직업 시장에서 요구하는 스킬도 빠르게 변하고 있으며, 새로운 기술을 습득하지 않으면 변화하는 직무 환경에 적응할 수 없다. 특히 4차 산업혁명 시대에는 기술적 스킬뿐만 아니라 창의성, 비판적 사고, 협업 능력 등 다양한 소프트스킬을 더 요구하고 있다. 스킬은 개인의 고용 가능성을 높이고, 직업 만족도와 경력 발전에도 중요한 역할을 한다.

스킬의 장단점 중 장점을 제시하면 다음과 같다.

① 경쟁력 강화: 적절한 스킬을 갖춘 인재는 직업 시장에서 경쟁력을 유지하고, 더 나은 기회를 얻을 수 있다.
② 생산성 향상: 업무에 필요한 스킬을 가진 근로자는 효율적이고 높은 품질의 결과를 도출할 수 있다.
③ 적응력 향상: 스킬을 보유하면 기술 변화와 직무 변동에 더 쉽게 적응할 수 있다.
④ 개인 및 조직 성장: 스킬은 개인의 경력 성장뿐만 아니라 조직의 혁신과 성과 향상에도 기여한다.

스킬의 단점을 제시하면 다음과 같다.

① 스킬 부족 문제: 기술 발전 속도에 비해 스킬 습득 속도가 느리면, 인재와 직무 요구 간의 격차가 발생할 수 있다.
② 소프트 스킬의 중요성 간과: 기술적 스킬에만 집중할 경우, 소프트 스킬이 부족하여 조직 내 협업이나 대인 관계에서 문제가 발생할 수 있다.
③ 빠른 변화: 현대 사회에서는 기술의 변화가 너무 빨라, 한 번 습득한 스킬이 금방 무용지물이 될 수 있다.

스킬 부족 현상은 특정 산업 또는 직무에서 필요한 스킬을 보유한 인재가 충분하지 않은 상황을 말한다. 이는 기술 발전 속도에 비해 인재 양성과 교육이 따라가지 못하기 때문에 발생하며, 이러한 현상은 전 세계적으로 다양한 산업에서 나타나고 있다. 특히 4

차 산업혁명으로 인해 고급 기술을 요구하는 직무가 늘어나면서 이 격차는 더욱 심화되고 있다.

세계적 스킬 격차의 원인을 제시하면 다음과 같다.

① 기술 변화 속도의 급격함

산업 전반에 걸쳐 기술 변화가 매우 빠르게 진행되고 있다. 인공지능, 빅데이터, 블록체인과 같은 첨단 기술들이 산업에 도입됨에 따라, 이에 맞는 스킬을 갖춘 인재가 절실히 요구되고 있다. 그러나 교육 시스템과 인재 양성 프로그램이 이러한 기술 변화를 따라가지 못하면서, 필요한 스킬을 갖춘 인재가 부족해지는 것이다.

② 교육 시스템의 변화 부족

많은 국가의 교육 시스템은 여전히 전통적인 이론 중심의 교육에 머물러 있다. 이로 인해 학생들은 졸업 후 실제 산업 현장에서 필요한 실무 능력을 갖추지 못한 경우가 많다. 학교에서 배우는 내용과 실제 직무에서 요구되는 기술 간의 격차가 커지고 있는 것이다.

③ 평생학습 기회 부족

성인 근로자들은 경력이 쌓일수록 새로운 스킬을 습득할 기회를 잃는 경우가 많다. 특히, 저숙련 노동자들은 업스킬링이나 리스킬링 프로그램에 참여할 여력이 부족하며, 이로 인해 직무 전환이 어려워진다. 이는 기존 직무에서 필요로 하는 스킬을 유지하거나 향상시키지 못해, 결국 노동 시장에서 경쟁력을 잃게 된다.

④ 기술 격차

기술 격차는 특히 개발도상국에서 심각하다. 선진국에서는 최신 기술과 이를 교육할 수 있는 인프라가 잘 구축되어 있는 반면, 개발도상국은 이러한 기술적 자원과 인프라가 부족하다. 이로 인해 세계적인 스킬 격차가 발생하고, 글로벌 노동 시장에서 불평등이 심화되고 있다.

▶ 더 높은 수준의 기술 자격 요구

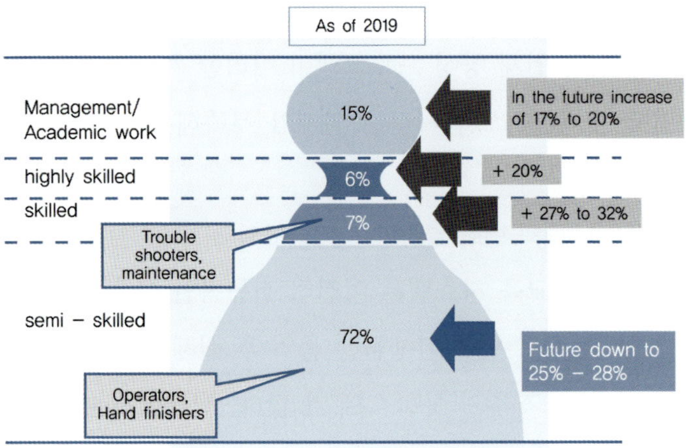

▶ 재교육의 필요성(핵심 기술의 44%) ▶ 산업혁신을 막는 기술 및 인재 격차

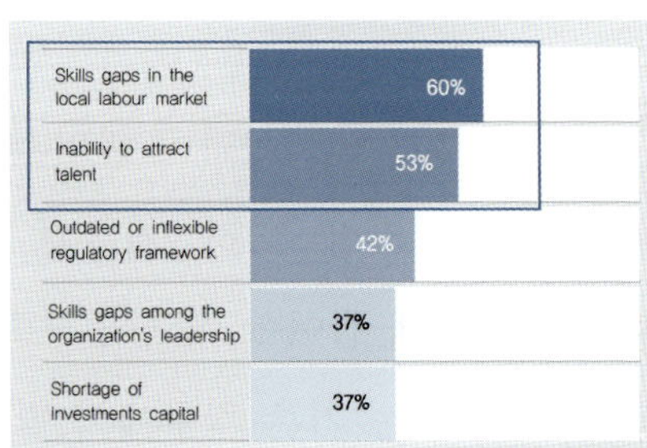

[그림 1-4] **세계적 스킬 격차 현상**

출처 : The World Economic Forum(2023). Future of Jobs Report 2023.

이와 같은 스킬 부족 현상으로 인해 다양한 영향이 나타날 수 있다. 이를 정리해서 제시하면 다음과 같다.

① 기업의 경쟁력 저하

기업들은 기술 발전에 맞는 스킬을 갖춘 인재를 찾지 못하면, 혁신 속도가 느려지고 생산성이 떨어지게 된다. 이는 장기적으로 기업의 경쟁력을 약화시키는 결과를 초래한다.

② 경제 성장 둔화

국가 차원에서는 스킬 부족이 경제 성장 둔화의 원인이 될 수 있다. 고숙련 인재가 부족하면 신기술 기반 산업의 성장이 제한되며, 이는 경제 전반에 부정적인 영향을 미친다.

③ 사회적 불평등 심화

스킬 부족으로 인해 일부 인재는 고액 연봉을 받을 수 있는 직무로 진출하는 반면, 그렇지 못한 사람들은 저임금 직종에 머무르며 소득 불평등이 심화된다. 이로 인해 사회적 불안정성이 증가할 수 있다.

④ 실업률 증가

기술 변화에 적응하지 못한 근로자들은 실업 상태에 처할 가능성이 높다. 자동화로 인해 기존 직무가 사라지고, 새로운 기술을 요구하는 직무가 등장하면서, 스킬이 부족한 근로자들은 직업을 유지하기 어려워진다.

이와 같이 스킬 격차로 인한 많은 문제점을 해결하기 위해서는 스킬 격차를 해결하는 노력이 선행되어야 한다. 이를 위한 방안을 정리하면 다음과 같다.

① 교육 시스템 혁신

교육 시스템은 단순한 이론 교육을 넘어, 실무 중심의 교육과정을 강화해야 한다. 학교와 기업 간의 협력을 통해, 실제 현장에서 요구하는 스킬을 학생들이 배울 수 있도록 해야 한다. 인턴십, 산학 연계 프로그램 등을 통해 학생들이 실무 경험을 쌓도록 지원하는 것이 중요하다.

② 평생 학습 체계 구축

정부와 기업은 근로자들이 지속적으로 새로운 스킬을 습득할 수 있도록 평생 학습 기회를 제공해야 한다. 업스킬링과 리스킬링을 지원하는 프로그램을 마련하고, 근로자들이 직무 전환에 대비할 수 있도록 도와야 한다.

③ 디지털 리터러시 교육 강화

기본적인 디지털 스킬을 습득하는 것이 중요하다. 모든 근로자들이 컴퓨터 활용 능력, 데이터 분석, 클라우드 사용 능력을 갖출 수 있도록 디지털 리터러시 교육을 강화해야 한다.

④ 업스킬링과 리스킬링을 위한 정책적 지원

정부는 스킬 격차 문제를 해결하기 위한 정책적 지원을 강화해야 한다. 특히 중소기업을 위한 스킬 개발 지원 프로그램, 저숙련 근로자 대상의 재교육 프로그램 등을 제공하여 사회 전반의 스킬 격차를 해소해야 한다.

이 단원은 스킬 부족 현상의 개념과 그 원인, 그리고 이를 해결하기 위한 방안에 대해 다룬다. 스킬은 현대 직업 시장에서 개인과 기업의 경쟁력을 결정짓는 중요한 요소로, 기술 변화에 따라 계속해서 발전해야 한다. 이를 위해 교육 시스템의 변화와 평생 학습 체계의 구축이 절실히 필요하다.

4. 업스킬링과 리스킬링의 필요성

– 변화에 적응하기 위한 스킬 향상의 중요성

자크 아탈리(Jacques Attali)는 미래학자이자 경제학자로, 그의 저서(2009)와 강연에서 미래의 변화에 대한 통찰을 자주 다루고 있다. 특히 그는 기술, 경제, 사회 구조의 변화가 어떻게 우리 생활에 영향을 미칠지에 대해 예견한 바 있다. 그의 주요 예측 중 몇 가지는 다음과 같다.

① 기술 발전과 자동화: 아탈리는 미래에 인공지능과 로봇 공학이 급격히 발전하면서 많은 직업이 자동화될 것이라고 예측했다. 이에 따라 단순 노동을 대체하는 자동화가 진행되며, 인간은

더욱 창의적이고 복잡한 업무에 집중하게 될 것이다.

② 지식 사회의 도래: 정보와 지식이 새로운 시대의 핵심 자원이 될 것으로 보았다. 기존의 물리적 자원이 아닌, 지식과 정보가 경제 및 사회의 주요 동력으로 자리 잡을 것이라고 했다. 따라서 교육과 지식 습득이 더욱 중요해질 것이라고 주장했다.

③ 유목 경제의 확산: 그는 미래 사회를 '유목 사회(Nomadic Society)'라고 표현하며, 사람들이 더 이상 한곳에 머무르지 않고 끊임없이 이동하며 일하고 생활하는 방식이 보편화될 것이라고 예견했다. 이는 원격 근무의 증가와 디지털 경제의 발전과 맞물려, 글로벌 경제가 더욱 유연해질 것이라는 관점이다.

④ 신기술과 생명 연장: 아탈리는 의료 기술의 발달로 인간의 수명이 급격히 연장될 가능성을 강조했다. 이러한 생명 연장의 결과로 인해 새로운 의료 산업이 부상하고, 사회 구조에도 큰 변화를 가져올 것이라고 내다보았다.

⑤ 사회적 불평등과 갈등: 그는 기술 발전으로 인한 경제적 불평등의 심화도 예측했다. 자동화로 인한 일자리 감소와 새로운 기술 습득의 격차가 사회적 갈등을 유발할 수 있으며, 이러한 불평등 문제를 해결하기 위한 새로운 사회적 안전망과 정책이 필요하다고 경고했다.

⑥ 글로벌화와 탈중앙화: 세계화가 더욱 진전되면서 국가의 경계가 흐려지고, 중앙집권적 구조에서 벗어나 탈중앙화된 경제와 사회 시스템이 자리 잡을 것이라고 보았다. 특히 금융 시스템과 통화의 변화, 비트코인과 같은 암호화폐의 확산을 미래의 중

요한 요소로 언급하기도 했다.

자크 아탈리의 미래 변화 예측은 기술적 혁신과 그로 인한 사회적 변화에 대한 깊은 통찰을 담고 있으며, 그가 강조하는 '연대와 협력'의 중요성도 미래 변화 속에서 지속적으로 언급된다. 또한 다음 그림에서 보듯이 스킬 및 인재상도 시대 흐름에 따라 변화하고 있다. 따라서 새로운 기술을 배우고 기존의 스킬을 향상시키는 업스킬링과 아예 다른 직무로 전환하기 위해 새로운 기술을 배우는 리스킬링은 필수적이다.

▶ 떠오르는 스킬 : 'AI와 빅데이터', '리더십과 사회적 영향력'

2020	2023
1 Analytical thinking	1 Analytical thinking
2 Creative thinking	2 Creative thinking
3 Resilience, flexibility and agility	3 AI and big data
4 Motivation and self-awareness	4 Leadership and social influence
5 Curiosity and lifelong learning	5 Resilience, flexibility and agility
6 Technological literacy	6 Curiosity and lifelong learning
7 Dependability and attention to detail	7 Technological literacy
8 Empathy and active listening	8 Design and user experience
9 Leadership and social influence	9 Motivation and self-awareness
10 Quality control	10 Empathy and active listening

▶ 인재상 : I자형 → T자형, 파이형, 빗(Comb)형

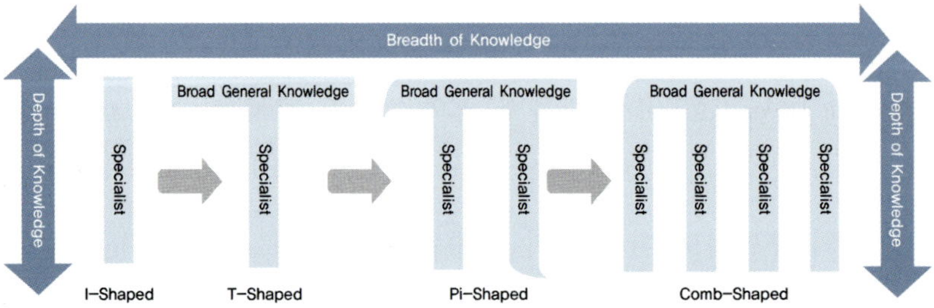

[그림 1-5] **시대 흐름에 따라 변화하는 인재상**

출처 : The World Economic Forum(2023). Future of Jobs Report 2023.

만약에 업스킬링과 리스킬링을 하지 않으면 어떻게 될까?

자동화와 디지털화가 지속적으로 확산되면서 기존 직무에서 요구되는 스킬이 빠르게 변화하고 있다. 하지만 업스킬링이나 리스킬링을 하지 않는다면, 현재 직무에서 요구되는 스킬을 갖추지 못하게 되고, 이는 실업이나 직무 불안정을 초래할 수 있다. 특히 저숙련 직무일수록 자동화 기술에 의해 대체될 가능성이 높으며, 이러한 직무에 종사하는 사람들은 리스킬링을 통해 새로운 직무로 전환하지 않으면 일자리를 잃을 위험에 처한다.

기업 차원에서도 업스킬링과 리스킬링을 소홀히 한다면, 최신 기술을 적용하는 데 어려움을 겪을 수밖에 없다. 기술 변화에 민첩하게 대응하지 못하면 생산성이 낮아지고, 시장에서의 경쟁력을 잃게 된다. 이는 곧 기업의 매출 하락으로 이어질 수 있으며, 장기적으로는 도태될 가능성이 높아진다. 반면, 기술 변화에 선제적으로 대응해 직원들의 스킬을 끊임없이 향상시키는 기업은 시장에서 더욱 큰 성과를 거둘 수 있다.

개인 측면에서 업스킬링과 리스킬링을 통해 더 나은 직업 기회를 얻을 수 있다. 새로운 기술을 습득함으로써 새로운 직무에 도전하거나 더 높은 위치로 승진할 가능성이 커진다. 이는 개인의 경력 발전을 촉진하며, 장기적으로 직업 만족도와 삶의 질을 높이는 데 기여한다.

기업과 조직 측면에서 직원들의 스킬 향상을 통해 더 나은 혁신을 이끌어낼 수 있다. 신기술을 적용한 제품 개발, 서비스 개선, 내부 프로세스 효율화 등은 업스킬링과 리스킬링을 통해 가능해진다. 결과적으로 조직 내 생산성과 창의성이 높아져, 기업의 성과가 극대화된다.

결론적으로, 업스킬링과 리스킬링은 단순한 선택이 아닌 생존을 위한 필수 전략이다. 개인의 고용 안정성과 경력 발전을 위해, 그리고 기업과 국가의 경쟁력을 유지하기 위해 필수적인 요소가 되었다. 기술이 빠르게 변화하는 현대 사회에서 업스킬링과 리스킬링을 소홀히 한다면, 개인과 조직 모두 변화에 적응하지 못해 도태될 위험에 처할 수 있다.

출제 예상문제

01. **4차 산업혁명과 관련하여 인공지능(AI)이 가지는 주요 기능은 무엇입니까?**

① 정보 검색만을 담당 ② 데이터 분석과 추론
③ 인터넷 연결만 제공 ④ 전자 메일 자동 응답

02. **사물인터넷(IoT)의 주요 기능은 무엇입니까?**

① 사물 간의 통신과 정보 공유 ② 단순 데이터 저장
③ 데이터 삭제 ④ 전력 소비 감소

03. **자동화와 관련된 4차 산업혁명의 효과로 올바른 것은 무엇입니까?**

① 일자리 수 증가 ② 비용 증가
③ 생산성 향상 ④ 인력 수요 증가

04. **디지털 전환(Digital Transformation)의 주요 목적은 무엇입니까?**

① 인력 감소 ② 기업 내부의 디지털 기반 혁신
③ 기존 업무 방식 유지 ④ 비용 증가

05. **4차 산업혁명 시대에 필요한 스킬의 중요성과 관련하여 다음 중 옳은 설명은 무엇입니까?**

① 4차 산업혁명은 주로 제조업에만 영향을 미친다.
② 4차 산업혁명은 다양한 산업에 걸쳐 효율성을 향상시키고 새로운 직업을 창출한다.
③ 4차 산업혁명으로 인해 단순 노동 직업만이 자동화의 위협을 받는다.
④ 기술 변화에 따른 직업의 변화는 주로 정보 기술 분야에 국한된다.

정답과 해설

01. ②

인공지능은 인간의 인식, 판단, 추론, 문제해결 등의 두뇌 작용을 흉내 내어 자동으로 작업을 수행하는 시스템입니다.

02. ①

사물인터넷은 생활 속 사물들을 유무선 네트워크로 연결해 정보를 공유하는 환경을 말합니다.

03. ③

자동화 기술은 반복적인 업무를 빠르고 정확하게 처리하여 전반적인 생산성을 높일 수 있습니다.

04. ②

디지털 전환은 기업의 전략, 조직, 프로세스 등을 근본적으로 디지털화하여 혁신하는 경영전략입니다.

05. ②

4차 산업혁명은 기존에 없던 새로운 산업과 직업을 창출할 뿐만 아니라, 기존 산업의 업무 방식을 혁신적으로 변화시키며 효율성을 향상시킵니다. 이로 인해, 기업과 개인은 새로운 기술을 받아들이고 이에 적응하는 스킬을 개발해야 합니다.

제2장

업스킬링&리스킬링 행동 진단도구

Upskilling
Reskilling

학/습/개/요

이 장에서는 개인의 업스킬링과 리스킬링 행동을 체계적으로 진단하고 향상시키기 위한 진단 도구의 개념, 구성 요소, 측정 척도, 활용 방법, 그리고 결과 해석과 개선 전략을 포괄적으로 제시한다. 학습자는 먼저 진단 도구의 목적과 구성 요소를 이해하고, 구체적인 척도와 예시 문항을 익히고, 실제 행동 진단도구를 적용해 자신이 업스킬링 및 리스킬링에서 어느 단계에 있는지 평가하고, 결과 해석을 통해 향후 개선이 필요한 영역을 파악한다.

학/습/목/표

1. 행동 진단도구의 개념과 구성 요소에 대해서 설명할 수 있다.
2. 업스킬링 및 리스킬링 행동을 측정 척도 예시를 제시할 수 있다.
3. 업스킬링&리스킬링 행동 진단도구로 실제 진단할 수 있다.
4. 진단 결과 해석과 개선 계획을 수립할 수 있다.

1. 행동 진단도구의 개념과 구성 요소

업스킬링 및 리스킬링 행동 진단도구는 개인의 학습 태도, 변화 수용성, 문제 해결력 등의 역량을 객관적으로 평가하여, 필요한 역량 강화를 위한 방향을 제시하는 도구다. 이 진단도구는 자기주도성, 학습 민첩성, 기술 숙련도, 소프트 스킬 숙련도와 같은 요소로 구성되어 있으며, 이를 통해 학습자는 자신의 현재 수준을 파악하고, 필요한 영역에서 업스킬링 및 리스킬링 활동을 구체화할 수 있다.

행동 진단도구의 주된 목적은 학습자의 강점과 개선이 필요한 부분을 체계적으로 평가하고 피드백을 제공하여 자기주도적 학습을 촉진하는 것이다(Knowles, 1975). 특히, 업무 현장에서 요구되는 다양한 기술 및 소프트 스킬을 평가함으로써, 변화하는 직무 환경에 유연하게 대응할 수 있도록 돕는다. 이는 학습자가 자신의 성장을 구체적 목표로 설정하고 그에 따른 학습 계획을 수립하게 하는 중요한 토대가 된다.

행동 진단도구는 다음과 같은 핵심 요소로 구성된다.

① 자기주도성(Self-Direction) : 개인이 스스로 학습 계획을 세우고 목표를 설정하며 그 목표를 달성하기 위한 학습을 지속하는 능력이다. 자기주도성은 성인 학습에서 중요한 요건으로, 학습자가 자신이 필요로 하는 스킬을 스스로 파악하고 보완할 수 있게 한다(Guglielmino, 1977).

② 학습 민첩성(Learning Agility) : 학습 민첩성은 새로운 지식이나

기술을 빠르게 습득하고 이를 변화하는 업무 환경에 적용하는 능력이다. 이는 특히 직무 변화가 빈번한 현대 직장에서 중요한 요소로, 새로운 상황에서 유연하게 대응하고 문제를 해결하는 데 필수적이다(DeRue, Ashford, & Myers, 2012).

③ 기술 숙련도(Technical Proficiency) : 최신 기술, 디지털 도구, 시스템 사용 능력 등 직무 수행에 필요한 기술적 역량이다. 데이터 리터러시와 테크놀로지 리터러시를 포함하며, 기술 숙련도는 특히 업스킬링의 중요한 부분으로 여겨진다(Van Deursen & Van Dijk, 2014).

④ <u>소프트 스킬 숙련도(Soft Skills Proficiency)</u> : 협업, 의사소통, 문제해결, 비판적 사고 등의 소프트 스킬은 직무 수행과 팀 내 협업에서 중요한 역할을 한다. 업스킬링에서 소프트 스킬 향상은 조직의 역량 강화에도 직접적인 영향을 미친다(Robles, 2012).

이와 같은 행정 진단도구는 다양한 산업군에 적용 가능하며, 직무와 관련된 기본 스킬부터 고급 기술까지 각기 다른 역량 수준을 평가하도록 설계되었다. 이러한 진단도구는 성과관리 및 경력 개발 프로그램에서 유용하게 활용될 수 있으며, 지속적인 업스킬링 및 리스킬링 활동을 촉진하기 위한 기초 자료로도 사용된다(McClelland, 1973).

2. 업스킬링과 리스킬링 행동을 측정하는 척도 예시

업스킬링 및 리스킬링 행동을 평가하는 척도는 학습자가 직무와 관련된 새로운 스킬을 습득하고 변화하는 환경에 적응하는 능력을 진단하기 위해 설계된 평가 방식이다. 이러한 척도는 위에서 제시한 학습자의 자기주도성, 학습 민첩성, 기술 숙련도, 소프트 스킬을 정량적으로 측정하여 현재 수준을 파악하고 향후 개선 방향을 제시하는 역할을 한다.

척도는 평가 대상의 특성이나 행동을 수치화하여 비교하거나 평가할 수 있도록 설계된 일련의 기준을 의미한다(Anastasi & Urbina, 1997). 업스킬링 및 리스킬링 행동 척도는 학습자의 스킬 수준과 태도를 객관적으로 파악해 부족한 역량을 개선하는 데 필요한 구체적인 정보를 제공하며, 자가 진단을 통해 지속적 성장과 학습 동기 부여를 촉진한다(Knowles, 1975). 이 척도는 5점 또는 7점 척도로 구성되며, 각 항목에 대해 "매우 동의하지 않음(1)"에서 "매우 동의함(5)"까지의 응답 옵션이 주어진다. 예를 들어, 5점 척도는 다음과 같은 문항을 포함할 수 있다.

① 자기주도성(Self-Direction) : 학습자가 자신의 학습 목표를 자발적으로 설정하고 달성하려는 동기를 측정한다.

자기주도성 진단 척도 예시

- 필요한 스킬을 익히기 위해 자발적으로 학습 계획을 세우고 실행한다.
- 스스로 설정한 학습 목표를 꾸준히 달성하기 위해 노력한다.

② 학습 민첩성(Learning Agility) : 학습자가 새로운 상황에서 이전의 학습을 응용하고 빠르게 적응하는 능력을 평가한다.

학습민첩성 진단 척도 예시
• 새로운 기술을 배우는 데 큰 두려움 없이 적극적으로 참여한다. • 과거에 배운 지식을 새로운 상황에 맞게 응용하는 데 익숙하다.

③ 기술 숙련도(Technical Proficiency) : 최신 기술 및 디지털 도구 사용 능력을 평가한다.

기술숙련도 진단 척도 예시
• 직무 수행에 필요한 소프트웨어나 시스템을 능숙하게 사용할 수 있다. • 디지털 도구와 데이터 분석을 통해 문제를 해결할 수 있다.

④ 소프트 스킬 숙련도(Soft Skills Proficiency) : 협업, 의사소통, 문제해결 능력을 포함한 소프트 스킬 수준을 평가한다.

소프트 스킬 숙련도 진단 척도 예시
• 팀원과의 협업을 통해 문제를 해결하는 데 능숙하다. • 비판적 사고를 통해 문제의 근본 원인을 분석하고 해결한다.

행동 척도의 설계는 특정 행동이나 역량을 수치화하여 비교할 수 있는 기준을 제공함으로써, 학습자 스스로가 자신의 역량 수준을 인지하고 부족한 부분을 개선할 수 있는 동기를 부여한다. 특히 5점 척도와 같은 리커트 척도는 평가 항목에 대해 응답자의 태도나 감정을 계량화할 수 있는 방법으로 널리 사용된다(Likert, 1932). 리커트 척도는 행동 진단도구에서 학습자의 구체적인 행동과 태도

를 평가할 때 특히 유용하다. 예를 들어, 학습자가 자기주도적으로 학습 계획을 세우는 정도나 변화 수용성 등을 정량화하여, 현재 상태를 시각적으로 파악하고 필요한 업스킬링 및 리스킬링 경로를 보다 명확하게 제시할 수 있게 한다(Guglielmino, 1977). 업스킬링 및 리스킬링 행동 척도는 진단 결과를 바탕으로 학습자가 현재 자신의 역량 수준을 확인하고, 특정 행동에 대한 피드백과 향후 목표를 수립하는 데 도움이 된다. 예를 들어, 학습 민첩성 점수가 낮다면 새로운 기술을 습득하고 적응하는 능력을 높이기 위한 구체적인 학습 계획을 수립할 수 있다. 이는 성과관리 및 개인의 경력 개발 계획 수립에 유용하게 활용될 수 있다(McClelland, 1973).

3. 업스킬링&리스킬링 행동 진단도구

업스킬링&리스킬링 행동 진단 도구는 개인의 현재 역량과 학습 태도를 진단하여 업스킬링 및 리스킬링을 효과적으로 지원하기 위한 평가 도구다. 직무 수행에 필요한 다양한 기술과 학습 민첩성, 소프트 스킬, 학습 동기 등을 측정해, 현재의 역량 상태를 파악하고 향후 발전 계획을 수립하는 데 도움을 준다. 특히, 한광식(2021)에 제시한 3L과 4C 역량을 포함해서 구성했다. 3L은 데이터 리터러시(Data Literacy, 데이터를 읽고 분석하고 활용하는 역량), 테크놀로지컬 리터러시(Technological Literacy, 컴퓨터 사고력과 공학원리에 관한 이해력), 휴먼 리터러시(Human Literacy, 인문학적 이해와 디자인 역량) 등을 말한다. 4C는 창의력(Creativity), 비판적 사고력(Critical Thinking),

협업(Collaboration), 의사소통(Communication) 등을 의미한다.

진단 도구는 다음과 같은 6가지 주요 항목으로 구성되어 있으며, 각 항목에는 평가하고자 하는 역량에 맞춘 질문들이 포함되어 있다.

① 스킬 격차 분석: 현재 직무에서 요구되는 기술을 충분히 숙달하고 있는지, 직무와 관련된 최신 트렌드 및 기술 리터러시를 잘 이해하고 있는지 평가한다. 이를 통해 자신의 핵심 기술이 직무 요구에 맞게 충족되고 있는지 진단할 수 있다.

② 학습 민첩성: 새로운 역할이나 업무에 빠르게 적응하고, 배운 지식을 창의적으로 응용하는 능력을 평가한다. 변화하는 환경에 대해 비판적 사고와 데이터, 기술 리터러시를 통해 유연하게 대처할 수 있는지를 확인하여, 학습 민첩성 수준을 진단한다.

③ 기술 숙련도 평가: 최신 기술(디지털 도구, AI, 데이터 분석 등)을 다루고 직무 수행에 필요한 소프트웨어 및 시스템을 능숙하게 사용하는 능력을 평가한다. 이 항목은 기술적 문제 해결과 분석적 의사결정을 위한 역량을 측정하는 데 중점을 둔다.

④ 미래 역할 준비도: 더 높은 수준의 업무나 새로운 역할로 전환할 준비 상태를 평가한다. 향후 직무 변화에 대비해 창의력과 리터러시 역량을 발전시키고, 대인관계 능력을 활용해 리더십을 발휘할 수 있는지를 진단한다.

⑤ 소프트 스킬 숙련도: 팀원들과의 협업 능력, 의사소통, 문제 해

결 및 비판적 사고를 평가한다. 업무 상황에서 원활한 의사소통과 팀 내 긍정적인 분위기 유지 능력을 확인하며, 휴먼 리터러시(대인관계 역량)가 강조된다.

⑥ 학습 동기와 참여도: 개인 발전과 기술 습득에 대한 동기 및 열의를 평가한다. 기술 습득에 대한 개인적 동기와 창의적인 학습 방법 탐색 능력, 학습 그룹 활동을 통한 상호 학습 참여도가 측정된다.

평가 척도는 각 문항에 대해 5점 리커트 척도를 사용하여 응답한다(1 : 전혀 그렇지 않다, 2 : 그렇지 않다, 3 : 보통이다, 4 : 그렇다, 5 : 매우 그렇다).

〈표 2-1〉 **업스킬링&리스킬링 행동 진단도구**

스킬셋	질문	전혀 그렇지 않나①-보통이나③-매우 그렇다⑤
1. 스킬 격차 분석	1) 현재 직무에서 요구되는 기술을 충분히 숙달하고 있습니까?	①-②-③-④-⑤
	2) 내 직무와 관련된 최신 트렌드와 요구되는 역량, 특히 데이터 리터러시와 테크놀로지컬 리터러시를 잘 이해하고 있습니까?	①-②-③-④-⑤
	3) 휴먼 리터러시(대인 관계 역량)를 바탕으로 업무 내 협업과 커뮤니케이션을 원활히 수행할 수 있습니까?	①-②-③-④-⑤
	4) 직무 수행에 필요한 핵심 기술 역량이 무엇인지 파악하고 이를 충족하고 있다고 생각합니까?	①-②-③-④-⑤

스킬셋	질문	전혀 그렇지 않다①–보통이다③–매우 그렇다⑤
2. 학습 민첩성	1) 새로운 역할이나 업무에 빠르게 적응할 수 있는 자신감이 있습니까?	①–②–③–④–⑤
	2) 과거에 배운 지식을 새로운 상황에 맞춰 응용하며 창의력을 발휘하고 있습니까?	①–②–③–④–⑤
	3) 변화하는 업무 환경에 대해 비판적 사고력을 통해 유연하게 대응할 수 있습니까?	①–②–③–④–⑤
	4) 데이터 리터러시와 테크놀로지컬 리터러시를 활용하여 새로운 정보를 분석하고 적용하는 데 능숙합니까?	①–②–③–④–⑤
3. 기술 숙련도 평가	1) 직무와 관련된 최신 기술(예 : 디지털 도구, AI, 데이터 분석)을 다룰 수 있습니까? (테크놀로지컬 리터러시)	①–②–③–④–⑤
	2) 직무 수행에 필요한 소프트웨어나 시스템을 능숙하게 사용할 수 있습니까?	①–②–③–④–⑤
	3) 직무 수행에 있어 데이터 리터러시를 활용해 분석적 의사결정을 하고 있습니까?	①–②–③–④–⑤
	4) 비판적 사고력을 통해 기술 문제를 해결하고 개선 방안을 찾는 데 능숙합니까?	①–②–③–④–⑤
4. 미래 역할 준비도	1) 더 높은 수준의 업무나 새로운 역할로 전환할 준비가 되어 있습니까?	①–②–③–④–⑤
	2) 향후 변화할 직무에 대비해 필요한 스킬을 발전시키고 있습니까? (창의력 및 학습 민첩성)	①–②–③–④–⑤
	3) 데이터 리터러시와 테크놀로지컬 리터러시를 통해 새로운 역할에 요구되는 기술을 준비하고 있습니까?	①–②–③–④–⑤
	4) 휴먼 리터러시를 통해 리더십과 팀 내 역할 수행에 필요한 대인관계 능력을 갖추고 있습니까?	①–②–③–④–⑤

스킬셋	질문	전혀 그렇지 않다①-보통이다③-매우 그렇다⑤
5. 소프트 스킬 숙련도	1) 협업 능력을 갖추어 팀원들과 효과적으로 의사소통하고 협업할 수 있습니까?	①-②-③-④-⑤
	2) 문제 해결과 비판적 사고 능력을 잘 활용하여 복잡한 문제를 해결하고 있습니까?	①-②-③-④-⑤
	3) 대인관계를 원활히 하여 긍정적인 팀 분위기를 유지할 수 있습니까? (휴먼 리터러시)	①-②-③-④-⑤
	4) 변화하는 업무 상황에서 의사소통 능력을 발휘하여 효율적인 정보를 전달하고 있습니까?	①-②-③-④-⑤
6. 학습 동기와 참여도	1) 현재 직무나 개인 발전을 위해 지속적으로 배우고자 하는 열의가 있습니까?	①-②-③-④-⑤
	2) 기술 습득에 대한 개인적 동기와 열정을 가지고 있습니까? (테크놀로지컬 리터러시)	①-②-③-④-⑤
	3) 학습에 참여하면서 새로운 접근 방법을 탐색하고 창의력을 발휘하고 있습니까?	①-②-③-④-⑤
	4) 휴먼 리터러시와 협업 능력을 활용하여 학습 그룹이나 네트워킹 활동에 적극적으로 참여하고 있습니까?	①-②-③-④-⑤

4. 진단 결과 해석과 개선 계획 수립

업스킬링 및 리스킬링 진단 결과는 리커트 5점 척도(매우 그렇지 않다 - 1점, 매우 그렇다 - 5점)로 구성되어 있으며, 이를 통해 각 항목의 점수를 합산하여 역량별 평균 점수를 구한다. 이러한 평균 점수를 통해 현재 역량 수준을 파악하고, 필요한 영역에서 개선과 발전을 위한 실질적 계획을 수립할 수 있다.

앞의 업스킬링 및 리스킬링 행동 진단도구 진단 결과 해석은 다음과 같다.

① 17~20점(매우 높음) : 해당 역량이 뛰어나며, 업스킬링 및 리스킬링의 모범적 사례가 될 수 있다. 현재 역량을 유지하면서, 다른 분야의 역량을 향상시키거나 리더십 및 멘토링 기회를 모색하는 것이 좋다.

② 13~16점(보통) : 해당 역량이 평균 이상으로, 충분히 잘 발휘되고 있다. 다만, 향후 필요에 대비해 특정 부분에서 추가 학습이나 실습을 통해 이 수준을 더욱 강화할 수 있다.

③ 9~12점(다소 부족) : 해당 역량이 중간 수준이므로, 개선이 필요한 영역이다. 구체적인 학습 계획을 세워 추가적인 교육 프로그램이나 실무 경험을 통해 역량을 강화할 필요가 있다.

④ 8점 이하(낮음) : 해당 역량이 부족하므로, 집중적인 업스킬링 및 리스킬링 활동이 필요하다. 이 경우, 기초부터 차근히 쌓아 나갈 수 있는 학습 및 실습 계획을 세워 장기적 향상을 목표로 해야 한다.

각 분야에서 도출된 점수를 기반으로, 부족한 부분을 보완할 수 있는 구체적인 전략을 수립한다.

① 스킬 격차 분석 : 현재 직무에서 요구되는 기술과 최신 트렌드, 핵심 기술 역량에 대한 이해를 높이는 전략

• 점수가 낮은 경우 : 핵심 직무 역량을 분석하고, 최신 트렌드에 대한 학습(세

미나, 워크숍)과 데이터 및 테크놀로지 리터러시를 강화하는 교육 과정에 참여한다.

- 점수가 높은 경우: 자신의 직무 역량을 바탕으로 후배 또는 팀원에게 멘토링을 하거나, 최신 트렌드를 파악하여 팀에 유익한 정보를 공유하는 기회를 모색한다.

② 학습 민첩성: 새로운 업무와 상황에 대한 적응력, 창의적 사고 및 유연성 강화 전략

- 점수가 낮은 경우: 다양한 환경에서 지식과 기술을 응용하는 훈련을 쌓기 위해 프로젝트 기반 학습(PBL) 또는 멘토와의 협업을 통해 창의적 문제 해결 능력을 키운다.
- 점수가 높은 경우: 학습 민첩성을 팀원들과 공유하고 변화 관리 워크숍을 통해 팀 전체의 적응력을 향상시키는 역할을 맡는다.

③ 기술 숙련도 평가: 디지털 및 데이터 관련 기술 숙련도를 강화하여 실무에 적용하는 전략

- 점수가 낮은 경우: 테크놀로지 리터러시와 데이터 리터러시를 강화할 수 있는 교육 과정에 참여하여, 데이터 분석, AI 등 최신 기술을 실습하며 익힌다.
- 점수가 높은 경우: 최신 기술 활용법을 실무에 적용하고, 팀원들과 함께 실습할 수 있는 학습 세션을 주도하여 전체 기술 숙련도를 향상시킨다.

④ 미래 역할 준비도: 미래 직무 변화에 대비하여 리더십 및 필수 스킬을 강화하는 전략

- 점수가 낮은 경우: 미래 직무에 요구되는 스킬과 리더십 능력을 개발하기 위해 리더십 교육 프로그램에 참여하거나, 목표를 설정하여 장기 학습 계획을 세운다.
- 점수가 높은 경우: 자신의 리더십 역량을 바탕으로 팀 프로젝트 리더를 맡

거나, 새로운 역할에 대한 도전 기회를 모색한다.

⑤ 소프트 스킬 숙련도: 효과적인 커뮤니케이션, 협업 및 문제 해결 역량 강화 전략

- 점수가 낮은 경우: 협업 능력과 비판적 사고력을 강화하기 위해 팀 활동과 의사소통 훈련을 포함하는 교육 프로그램에 참여하고, 피드백을 통해 커뮤니케이션 방식을 개선한다.
- 점수가 높은 경우: 소프트 스킬을 바탕으로 팀 내 의사소통 및 협업을 촉진하고, 문제 해결 리더 역할을 통해 다른 팀원들의 성장을 지원한다.

⑥ 학습 동기와 참여도: 지속적 학습과 성장에 대한 열의를 높이고, 학습 그룹을 통해 동기를 부여하는 전략

- 점수가 낮은 경우: 학습 목표를 설정하고, 이를 달성하기 위한 세부 계획을 수립합니다. 또한, 동료와 학습 그룹을 만들어 상호 학습을 통한 동기 부여를 유지한다.
- 점수가 높은 경우: 자신의 학습 동기를 활용해 팀원들과 네트워킹 활동에 적극 참여하며, 자발적인 학습 세션을 운영하여 동기 부여의 원동력 역할을 한다.

업스킬링과 리스킬링 행동 진단도구를 통해 진단결과를 검토하고 장기적 성장을 위한 개선 계획을 수립하기 위해서는 먼저, 각 진단 결과에 따라 연간 또는 분기별 개선 목표를 설정하여 구체적인 학습 계획을 수립한다. 다음 일정 기간 후 재평가를 통해 향상된 점수를 측정하고, 부족한 부분이 여전히 존재하는지 확인하여 보완할 수 있다. 이 진단 도구를 주기적으로 활용하여 개인의 역량 강화를 지속적으로 추적하고, 학습 문화를 체계적으로 정착시킬

수 있으며, 이를 통해 학습자는 자신의 현재 역량을 확인하고 필요한 부분에서의 발전을 지속적으로 도모하여, 변화하는 직무 환경에 유연하게 적응할 수 있는 경쟁력을 확보할 수 있다.

출제 예상문제

01. 업스킬링 및 리스킬링 행동 진단도구의 목적은 무엇입니까?

① 임직원의 연봉 책정
② 학습자의 역량 강화 방향 제시
③ 새로운 직원 채용
④ 기업의 연간 매출 증대

02. 업스킬링 및 리스킬링 행동 진단도구에 포함되지 않는 구성 요소는 무엇입니까?

① 자기주도성
② 학습 민첩성
③ 기술 숙련도
④ 급여 협상 기술

03. 학습 민첩성을 진단하는 척도 예시는 무엇입니까?

① 새로운 기술을 빠르게 배우고 응용하는 능력
② 전통적인 작업 방식 고수
③ 최신 트렌드 무시
④ 독립적인 작업 선호

04. 미래 역할 준비도를 평가할 때 중요한 점은 무엇입니까?

① 현재의 직무 만족도
② 새로운 역할로의 전환 준비 상태
③ 동과거의 성과
④ 동료의 의견

05. 소프트 스킬 숙련도 평가의 중점은 무엇입니까?

① 개인적인 기술 습득
② 팀원들과의 효과적인 의사소통 및 협업
③ 독립적인 작업 능력
④ 기술적 문제 해결

정답과 해설

01. ②

이 진단도구는 학습자의 각종 역량을 객관적으로 평가하고, 개선이 필요한 부분을 식별하여 역량 강화 방향을 제시합니다.

02. ④

진단도구는 자기주도성, 학습 민첩성, 기술 숙련도와 같은 학습과 업스킬링에 필수적인 요소를 평가합니다. 급여 협상 기술은 포함되지 않습니다.

03. ①

학습 민첩성은 새로운 상황에서 이전에 배운 지식을 응용하고 빠르게 적응하는 능력을 평가합니다.

04. ②

미래 역할 준비도는 개인이 더 높은 수준의 업무나 새로운 역할로 전환할 준비 상태를 평가합니다.

05. ②

소프트 스킬 숙련도는 협업, 의사소통, 문제 해결 및 비판적 사고와 같은 직무 수행과 팀 내 협업에 중요한 역할을 하는 능력을 평가합니다.

제3장

업스킬링&리스킬링 전문가의 활동분야

Upskilling
Reskilling

학/습/개/요

이 장에서는 업스킬링&리스킬링 전문가가 활동할 주요 분야로서, 개인 맞춤형 커리어 상담 및 스킬 진단, 맞춤형 교육훈련 프로그램 및 자격 설계, 기업 컨설팅 및 인재 개발 전략 수립, 창업(직) 및 재취업 경력개발 컨설팅에 대해 제시한다.

학/습/목/표

1. 개인 맞춤형 커리어 상담 및 스킬 진단에 대해서 설명할 수 있다.
2. 맞춤형 교육훈련 프로그램 및 자격 설계에 대해서 설명할 수 있다.
3. 기업 컨설팅 및 인재 개발 전략 수립에 대해서 설명할 수 있다.
4. 창업(직) 및 재취업 경력개발 컨설팅에 대해서 설명할 수 있다.

1. 개인 맞춤형 커리어 상담 및 스킬 진단

업스킬링&리스킬링 전문가들은 구직자와 재취업 준비 중인 직장인을 대상으로 개별 맞춤형 커리어 상담과 스킬 진단 서비스를 제공한다. 이 과정에서 전문가들은 각 개인의 경력, 직무 목표, 강점과 약점을 종합적으로 분석하며, 현재 보유한 스킬이 목표 직무의 요구사항에 얼마나 부합하는지를 평가한다.

예를 들어, 경력 전환을 희망하는 구직자는 기존의 스킬셋이 새로운 직무에 어떻게 적용될 수 있는지, 추가로 어떤 역량을 보완해야 할지를 명확히 알 수 있다. 이를 통해 각 개인은 직무 전환 또는 경력 개발에 필요한 구체적인 계획을 세울 수 있으며, 전문가의 진단과 상담을 통해 더욱 체계적이고 효과적인 경로 설계를 지원받게 된다.

이 과정에서 주요 목표는 다음과 같다.

① 현 수준 진단: 현재 보유한 기술과 능력을 정밀하게 평가하여, 목표 직무에 필요한 구체적 역량 차이를 파악한다.
② 커리어 설계: 구직자의 커리어 목표와 목표 직무의 요구사항을 일치시키기 위해 필요한 스킬 보완 및 학습 경로를 제안한다.
③ 경력 개발 목표 설정: 장기적인 직무 목표에 맞춰 경력 개발 계획을 수립하고, 구체적인 실행 방안을 제공한다.

개인 맞춤형 커리어 상담 및 스킬 진단을 하면서 발생되는 수익 구조를 제시하면 다음과 같다.

① 상담 세션 요금

- 구조 설명 : 개별 맞춤형 상담은 주로 시간당 요금이나 패키지 형태로 요금을 설정할 수 있다. 개인별로 1:1 상담 세션을 제공함으로써, 구직자나 직장인들이 목표와 필요에 따라 상담 서비스를 선택할 수 있도록 다양한 요금 옵션을 제안한다.
- 세부 사항 : 일반적인 시간당 요금 외에도 3회, 5회, 10회와 같은 패키지 형태로 요금을 설정하여 장기 상담을 유도할 수 있다. 예를 들어, 직무 전환을 준비하는 구직자가 여러 회차에 걸쳐 상담을 받고자 할 경우, 상담 세션을 묶음 패키지로 제공하여 할인 혜택을 줄 수 있으며, 이는 고객 충성도를 높이고 지속적인 수익을 창출하는 데 유리한다.

② 진단 서비스 비용

- 구조 설명 : 진단 서비스를 위한 스킬 평가 도구 사용 시 추가 요금을 부과할 수 있으며, 이를 통해 개별 직무에 맞춘 적합성 분석과 피드백을 제공하게 된다. 진단 도구는 다양한 평가 기준과 척도를 사용하여 직무와 스킬 적합도를 정량적으로 평가하며, 진단 결과는 고객에게 보다 명확하고 실질적인 피드백을 제공한다.
- 세부 사항 : 진단 서비스는 일반적으로 정밀 분석을 요구하는 경우, 평가 도구 사용 비용을 추가로 부과한다. 예를 들어, 구직자의 직무 적합성을 높이기 위한 평가에서 성격 유형 검사나 스킬 매칭 분석을 제공하여, 고객이 본인의 강점과 보완이 필

요한 부분을 객관적으로 이해할 수 있게 한다. 또한, 추가 분석과 피드백 세션에 대한 비용도 설정하여, 맞춤형 피드백이 포함된 진단 패키지를 제공할 수 있다.

③ 장기 상담 패키지

- 구조 설명 : 장기적인 커리어 코칭 프로그램을 패키지 형태로 구성하여, 고객이 일정 기간 동안 지속적으로 커리어 상담과 진단 서비스를 받을 수 있도록 지원한다. 이 패키지는 경력 전환이나 장기적 직무 발전을 목표로 하는 고객을 대상으로, 정기적으로 상담과 진단을 제공함으로써 구체적인 경력 설계 및 실행을 돕는 방식이다.
- 세부 사항 : 장기 패키지는 3개월, 6개월, 12개월 등 일정 기간에 따라 구성되며, 정기적인 상담과 피드백이 포함된다. 예를 들어, 6개월 상담 패키지에서는 매월 2회의 커리어 상담과 1회의 스킬 진단을 제공하여 고객이 목표 직무에 필요한 역량을 단계적으로 강화할 수 있도록 돕는다. 이 과정에서 고객의 성과와 개선 사항을 주기적으로 모니터링하고 피드백을 제공하며, 개인 맞춤형 코칭을 통해 고객의 커리어 발전을 지속적으로 지원한다.

이와 같은 맞춤형 커리어 상담과 스킬 진단 서비스는 고객이 경력 목표를 보다 명확히 설정하고 실행 가능성을 높이는 데 도움을 줄 뿐만 아니라, 지속적인 수익을 창출할 수 있는 구조로 이루어져 있다. 다양한 상담 요금 구조와 진단 패키지를 제공함으로써, 고객의 요구에 유연하게 대응하면서도 안정적인 수익 모델을 구축할 수 있다.

2. 맞춤형 교육훈련 프로그램 및 자격 설계

업스킬링&리스킬링 전문가들은 구직자나 직장인이 목표 직무에서 요구하는 역량을 효과적으로 개발할 수 있도록 맞춤형 교육훈련 프로그램과 자격과정을 설계한다. 이를 통해 개인별로 부족한 스킬을 강화하고, 직무 전환이나 재취업을 성공적으로 준비할 수 있는 학습 경로를 제안한다. 이 과정에서 각 개인의 경력 상황과 목표 직무의 요구사항에 맞추어 구체적인 학습 계획을 수립하고, 자격 취득에 필요한 과정을 안내한다.

예를 들어, 데이터 분석가로의 전환을 준비하는 직장인에게는 Python 프로그래밍과 데이터 시각화 관련 교육을 제안하며, 이러한 과정에서 사용되는 교육 자료와 커리큘럼을 설계한다. 또한, 데이터 분석 관련 자격증 취득 경로를 추천하고, 자격시험 준비를 위한 학습 방법과 자원 활용법 등을 포함하여, 실질적으로 자격증을 취득할 수 있도록 지원한다.

맞춤형 교육훈련 프로그램 및 자격 설계를 하면서 발생되는 수익 구조를 제시하면 다음과 같다.

① 교육 프로그램 설계 수익

- 구조 설명 : 교육 프로그램을 기획하고 커리큘럼을 설계하는 컨설팅 서비스를 제공하여 수익을 창출한다. 이 과정에서 직무별 필요한 스킬셋과 학습 목표에 맞는 교육과정을 체계적으로 구성하며, 고객이 목표 직무에서 필요한 역량을 효과적으로 습득할 수 있도록 맞춤형 교육 솔루션을 제공한다.
- 세부 사항 : 교육 프로그램 설계는 프로그램의 목적, 주요 학습 주제, 학습 방법론을 포함한 상세 커리큘럼을 작성하여 고객에게 제공한다. 예를 들어, 특정 기술의 숙달을 목표로 하는 고객에게는 단계별 학습 계획과 평가 방법을 제안하며, 이를 통해 교육이 실질적인 성과로 이어지도록 돕는다. 이러한 설계에 대한 컨설팅 비용을 청구하며, 시간당 또는 프로젝트 단위로 설정할 수 있다.

② 자격 취득 경로 설계 수익

- 구조 설명 : 자격 취득을 위한 경로 설계를 통해 필요한 자격증과 그에 따른 학습 계획을 고객에게 제공한다. 자격 취득 경로 설계 서비스는 목표 자격증 취득을 위한 필수 학습 과정, 시험 준비 방법, 실습 가이드 등을 포함하여 구체적인 학습 경로를 제시한다.
- 세부 사항 : 자격 경로 설계 서비스는 고객의 목표에 맞춘 자격증 리스트와 준비 과정을 제공하며, 자격 취득을 위한 학습 시간표와 평가 기준 등을 상세히 안내한다. 예를 들어, 프로젝트

관리 자격증(PMP)을 목표로 하는 고객에게는 시험 과목별 학습 계획과 관련 실습을 포함하여, 자격 취득에 필요한 학습 계획을 수립해준다. 이러한 설계에 대해 추가 요금을 부과할 수 있으며, 경로별 패키지 요금으로 설정할 수도 있다.

③ 협력 교육 기관 수수료

- 구조 설명 : 협력 관계를 맺은 교육기관에 고객을 추천하고 연결하는 과정에서 중개 수수료를 받을 수 있다. 이러한 협력 관계는 특정 직무나 자격과 관련된 교육을 제공하는 기관과의 파트너십을 통해 구축된다.
- 세부 사항 : 교육기관에 대한 추천 및 연결 과정에서 고객의 목표에 맞는 교육과정을 추천하고, 해당 과정에 등록할 때마다 중개 수수료를 지급받는다. 예를 들어, 회계 관련 자격증을 목표로 하는 고객을 특정 회계 교육기관에 연결할 경우, 교육 등록비의 일정 비율을 수수료로 받거나, 성과 기반 수수료를 설정하여 추가 수익을 기대할 수 있다. 이로 인해 고객에게는 신뢰할 수 있는 교육 과정을 제공하고, 교육기관은 신규 수강생을 확보할 수 있는 구조가 된다.

④ 교육 프로그램 업데이트 유지 보수

- 구조 설명 : 기업 및 교육기관과의 파트너십을 통해 교육 프로그램의 연간 유지 보수 계약을 체결하여 지속적인 수익을 창출할 수 있다. 초기 설계된 교육 프로그램이나 자격 취득 과정을

주기적으로 업데이트하여 변화하는 시장 요구에 맞추고, 최신 학습 자료와 평가 방식을 반영하는 서비스다.

- 세부 사항 : 유지 보수 계약은 교육 콘텐츠의 정기적인 업데이트, 학습 자료 보강, 평가 항목 개정 등을 포함하여 매년 유지 보수 비용을 청구할 수 있다. 예를 들어, IT 업계에서 필요한 자격과 교육 내용이 빈번하게 업데이트되는 경우, 기존 프로그램에 새로운 내용과 기술 동향을 반영하여 고객에게 최신 정보와 훈련 기회를 제공하게 된다. 이러한 연간 유지 보수 계약을 통해 교육기관은 지속적으로 최신 정보를 제공받고, 전문가로부터 검토와 피드백을 받을 수 있어 교육의 품질을 높일 수 있다.

이와 같은 맞춤형 교육훈련 프로그램과 자격 경로 설계 서비스는 구직자와 직장인이 목표 직무에 필요한 역량을 체계적으로 습득하도록 돕는 동시에, 전문가에게 안정적이고 장기적인 수익 창출 기회를 제공한다. 다양한 수익 구조를 통해 고객의 니즈에 유연하게 대응하면서, 교육과정 설계와 자격 경로 추천, 협력 기관 연결 및 유지 보수 계약 등을 통한 수익 모델을 최적화할 수 있다.

3. 기업 컨설팅 및 인재 개발 전략 수립

기업의 인재 개발 및 스킬 강화 전략을 수립하는 것은 조직의 경쟁력을 높이고 변화하는 시장 환경에 적응할 수 있도록 돕는 중요한 활동이다. 업스킬링&리스킬링 전문가들은 기업의 목표와 비전,

산업 트렌드에 맞추어 필요한 역량을 정의하고, 이를 달성하기 위한 맞춤형 교육과정과 스킬 강화 프로그램을 제안한다. 특히 디지털 전환과 같은 최신 기술 변화에 따라 조직이 직면한 기술 격차를 파악하고, 이를 해결하기 위해 업스킬링 및 리스킬링 전략을 개발한다.

예를 들어, IT 역량이 부족한 제조 기업의 특정 부서를 대상으로 맞춤형 데이터 분석 및 자동화 관련 기술 교육 프로그램을 설계하고, 해당 부서가 효율성을 높일 수 있도록 지원한다. 이러한 프로그램을 통해 조직은 특정 부서나 직무에 필요한 기술 역량을 강화하며, 인재 개발을 통해 전체적인 생산성과 성과를 증대할 수 있다.

기업 컨설팅 및 인재 개발 전략 수립을 하면서 발생되는 수익 구조를 제시하면 다음과 같다.

① 프로젝트 기반 컨설팅 비용

- 구조 설명 : 기업이 인재 개발 전략과 스킬 강화 프로그램을 요청할 때 프로젝트 단위로 컨설팅 서비스를 제공하며, 고정 컨설팅 비용을 청구한다. 이 컨설팅 과정에서 전문가들은 조직의 현재 상태를 분석하고, 목표에 맞는 인재 개발 계획을 수립하여 프로젝트의 범위와 목적에 맞는 솔루션을 제공한다.
- 세부 사항 : 컨설팅 비용은 인재 개발 전략 수립에 필요한 시간과 리소스를 기준으로 설정되며, 프로젝트의 규모에 따라 달라질 수 있다. 예를 들어, 디지털 역량 강화를 목표로 하는 IT 부서의 인재 개발 프로젝트에서는 교육 프로그램 설계, 교육 자

료 개발, 프로그램 실행 계획 등이 포함된다. 이를 통해 전문가들은 구체적인 교육 커리큘럼과 스킬 강화 방안을 제시하며, 이에 따른 고정 컨설팅 비용을 청구한다.

② 역량 진단 서비스 수익

• 구조 설명 : 조직 내 특정 부서나 직무에 대한 역량 진단 서비스를 제공하여, 해당 조직의 역량 상태와 향후 개발이 필요한 부분을 분석한다. 이를 통해 조직은 각 부서나 직무에서 어떤 스킬이 부족한지 파악할 수 있으며, 이러한 진단 서비스를 통해 수익을 창출할 수 있다.

• 세부 사항 : 역량 진단 서비스는 주로 설문 조사, 인터뷰, 스킬 평가 도구 등을 통해 이루어지며, 진단 결과에 따라 세부적인 피드백과 제안서를 제공한다. 예를 들어, 제조 기업의 생산 부서에서 디지털 자동화 역량이 부족한 것으로 파악된 경우, 진단 결과에 기반해 자동화 소프트웨어 교육 프로그램을 제안한다. 진단 서비스는 각 부서의 진단 범위와 분석 깊이에 따라 비용이 설정되며, 부서별로도 추가적으로 설정할 수 있다.

③ 장기 유지 보수 계약

• 구조 설명 : 인재 개발 프로그램 설계 후, 기업과의 장기 유지 보수 계약을 통해 프로그램의 정기적인 업데이트와 추가 컨설팅 서비스를 제공한다. 이러한 계약을 통해 인재 개발 프로그램이 최신 기술과 트렌드에 부합하도록 개선하며, 지속적인 수

익을 창출할 수 있다.

• 세부 사항 : 유지 보수 계약은 연간 계약으로 체결되며, 정기적으로 프로그램을 점검하고 필요한 업데이트를 반영하여 제공된다. 예를 들어, IT 기술 교육 프로그램의 경우 매년 최신 기술을 반영하여 새로운 학습 모듈을 추가하거나, 학습 자료를 업데이트하는 등의 유지 보수 서비스를 제공할 수 있다. 또한, 필요 시 추가 컨설팅을 통해 조직의 변화에 따른 맞춤형 지원을 제공할 수 있으며, 이는 장기적인 고객 관계 형성과 안정적인 수익 창출로 이어진다.

④ 성과 연계 보상

• 구조 설명 : 성과 연계 보상은 컨설팅 계약을 통해 설정된 목표에 따른 성과 달성 시 추가 수익을 제공받는 방식이다. 이는 고객이 원하는 성과를 달성했을 때, 전문가가 성과 기반으로 추가 보수를 받는 구조로, 고객 만족도와 성과 창출을 동시에 높일 수 있다.

• 세부 사항 : 성과 목표는 프로젝트 초기 계약 시 설정되며, 프로젝트 완료 후 성과 측정 지표를 기준으로 평가된다. 예를 들어, 매출 증대, 비용 절감, 효율성 향상 등의 구체적인 성과 목표를 설정하고, 이를 달성할 경우 프로젝트 비용의 일정 비율을 추가 보수로 지급받는다. 성과 연계 보상 구조는 고객이 프로젝트의 성과와 결과를 중요하게 평가하는 경우 활용되며, 전문가에게 동기 부여를 제공하는 동시에 높은 성과 달성을 유도한다.

이와 같은 수익 구조를 통해 인재 개발 및 스킬 강화 전략 수립 활동은 기업의 경쟁력 향상에 기여할 뿐만 아니라, 전문가에게도 안정적이고 지속 가능한 수익 모델을 제공한다. 다양한 컨설팅 비용과 성과 연계 보상을 통해, 고객의 니즈에 맞춘 유연한 서비스를 제공하면서도 장기적인 수익을 창출할 수 있다.

4. 창업(직) 및 재취업 경력개발 컨설팅

업스킬링&리스킬링 전문가들은 창업이나 창직을 목표로 하는 사람들을 대상으로 필요한 스킬을 분석하고, 비즈니스 모델을 구체화할 수 있도록 종합적인 컨설팅을 제공한다. 이를 통해 창업자가 사업 아이디어를 실현 가능한 구체적 계획으로 전환하도록 돕고, 비즈니스 목표에 맞는 학습 경로와 자격 취득 방법을 제시한다. 예를 들어, 창업을 준비하는 고객에게는 시장 조사 방법, 비즈니스 모델 수립, 고객 응대 스킬 등을 포함한 다양한 교육과정을 제안하며, 이를 통해 고객이 창업을 위한 필수 역량을 갖출 수 있도록 지원한다. 재취업을 목표로 하는 고객에게는 필요한 기술과 경력 개발 방법을 분석하고, 목표 직무에 적합한 교육 프로그램과 실무 경험 기회를 설계하여 성공적인 재취업을 돕는다. 이 컨설팅 과정에서 주요 목표는 다음과 같다.

① 필수 스킬 분석: 창업 및 창직에 필요한 핵심 스킬을 분석하고, 고객의 현재 스킬과 비교하여 부족한 부분을 확인한다.

② 비즈니스 모델 설계: 고객의 아이디어를 구체화하여 실질적인 비즈니스 모델을 설계하고, 이를 실행하기 위한 세부 계획을 제공한다.

③ 맞춤형 훈련 계획 설계: 고객의 역량 강화를 위해 필요한 맞춤형 교육과정을 제안하고, 창업 및 재취업에 필요한 자격 취득 경로를 제시한다.

창업(직) 및 재취업 경력개발 컨설팅을 하면서 발생되는 수익 구조를 제시하면 다음과 같다.

① 창업 컨설팅 비용

- 구조 설명 : 창업을 위한 비즈니스 모델 설계 및 실행 계획 수립에 대해 컨설팅 비용을 청구한다. 창업자가 목표로 하는 사업 아이디어를 기반으로 시장 조사, 경쟁 분석, 고객 정의, 운영 계획 등 다양한 요소를 포함한 비즈니스 모델을 설계하고, 이를 실행하기 위한 전략을 수립한다.
- 세부 사항 : 컨설팅 비용은 비즈니스 모델 설계와 실행 계획 수립에 소요되는 시간과 리소스를 기준으로 책정되며, 일반적으로 초기 진단, 전략 수립, 세부 실행 계획으로 구분하여 청구할 수 있다. 예를 들어, 소매업 창업을 목표로 하는 고객에게는 상품 라인업 구성, 타깃 시장분석, 마케팅 계획 수립 등의 서비스가 포함된다. 프로젝트 단위로 고정된 컨설팅 비용을 청구할 수 있으며, 진행 중 추가 요구사항이 발생할 경우 추가 비용을 부

과할 수 있다.

② 창업 스킬 교육 수익

• 구조 설명 : 창업에 필요한 필수 스킬을 교육하는 프로그램을 제공하고, 시간당 요금이나 세션별 요금으로 수익을 창출한다. 창업을 준비하는 고객이 비즈니스 운영과 관리에 필요한 기본 역량을 갖추도록, 고객 맞춤형 교육과정을 설계하여 제공한다.

• 세부 사항 : 창업 스킬 교육은 비즈니스 모델 수립, 시장 조사, 고객 관리, 마케팅 전략 등 창업 필수 요소를 학습할 수 있도록 구성되며, 단계별 교육과정이 포함된다. 예를 들어, 제품 판매를 목표로 하는 창업자는 판매 전략과 고객 응대 기술 교육을 세션별로 제공받을 수 있으며, 각 세션에 따른 시간당 교육 요금을 설정할 수 있다. 또한, 창업 스킬 교육 패키지를 제공하여 할인된 요금으로 장기 교육 과정을 신청할 수 있게 하여 지속적인 수익을 창출할 수 있다.

③ 재취업 컨설팅 수익

• 구조 설명 : 재취업을 준비하는 사람들에게 필요한 기술과 경력 개발을 지원하는 맞춤형 컨설팅 프로그램을 구성하여 수익을 창출한다. 재취업을 목표로 하는 고객의 직무 요구에 맞는 경력 개발 프로그램을 설계하고, 실무 역량을 보완할 수 있는 훈련 계획을 제공한다.

• 세부 사항 : 재취업 컨설팅 프로그램은 개인 맞춤형 패키지 형

태로 제공되며, 경력 개발에 필요한 스킬 분석과 목표 직무에 적합한 실무 교육과정을 포함한다. 예를 들어, IT 직무로 재취업을 희망하는 고객에게는 프로그래밍 기술 향상을 위한 단계별 학습 계획과 코딩 실습 교육을 제공하고, 이에 대한 패키지 요금을 책정할 수 있다. 경력 개발 상담 세션과 교육 과정을 결합하여 패키지화하고, 추가적인 피드백 및 진단 서비스를 제공하는 등 맞춤형 패키지로 수익을 증대할 수 있다.

④ 성과 기반 수수료

- 구조 설명 : 성과 기반 수수료는 고객이 창업 후 일정 기간 동안 일정 성과를 달성했을 때 추가로 보상을 받는 방식이다. 고객의 창업 성과가 구체적인 매출 성장, 고객 유입, 브랜드 인지도 향상 등으로 나타나면 이에 비례하여 추가 수익을 받을 수 있다.
- 세부 사항 : 성과 목표는 컨설팅 초기 계약 단계에서 명확하게 설정되며, 성과 지표와 기간에 따라 수익 분배 계약이 체결된다. 예를 들어, 고객이 창업 후 6개월 내 매출 목표를 달성할 경우, 달성한 매출의 일정 비율을 성과 수수료로 받을 수 있다. 성과 연계형 계약은 고객의 성공이 전문가의 추가 수익으로 이어지도록 하여, 양측의 성공을 동시에 촉진하는 장점이 있다. 이는 장기적인 고객 관계를 유지하는 데에도 긍정적인 영향을 미친다.

이와 같은 창업 및 재취업 경력개발 컨설팅 활동은 창업자와 재취업 준비자의 성공을 돕는 동시에, 전문가에게 안정적이고 장기적인 수익 모델을 제공한다. 창업 컨설팅과 교육, 재취업 패키지, 성과 기반 수수료까지 다양한 수익 구조를 통해 고객의 요구에 맞춰 유연하게 대응할 수 있다.

출제 예상문제

01. **업스킬링 & 리스킬링 전문가가 제공하는 개인 맞춤형 커리어 상담은 어떤 목적을 가지고 있습니까?**

① 기술적 능력만을 평가
② 고객의 전반적인 경력과 목표를 분석
③ 오직 취업 준비만을 지원
④ 학력 향상에 초점을 맞춤

02. **맞춤형 교육훈련 프로그램 및 자격 설계 서비스의 주된 기능은 무엇입니까?**

① 단기 강의 제공
② 일반적인 스킬 향상
③ 직무별 필요 스킬셋에 맞는 교육 과정 제공
④ 모든 학생을 위한 동일 교육 과정 제공

03. **기업 컨설팅 및 인재 개발 전략 수립의 주요 목표는 무엇입니까?**

① 모든 직원의 해고
② 직원들의 기본 기술 유지
③ 조직의 경쟁력 강화 및 시장 적응력 향상
④ 오직 고위 관리자만을 위한 서비스 제공

04. **창업(직) 및 재취업 경력개발 컨설팅에서 전문가는 주로 어떤 서비스를 제공합니까?**

① 일반적인 이력서 작성 지원
② 창업 및 재취업을 위한 맞춤형 경력개발
③ 오로지 정규 교육 과정의 제공
④ 법률 및 회계 서비스

05. **업스킬링 및 리스킬링 전문가가 제공하는 교육 프로그램 업데이트 및 유지 보수 서비스의 목적은 무엇입니까?**

① 추가 비용 없이 교육 콘텐츠 제공

② 한 번의 교육으로 모든 학습 종료

③ 최신 기술과 트렌드에 맞게 교육 프로그램 업데이트

④ 교육 프로그램의 저하 방지

정답과 해설

01. ②

개인 맞춤형 커리어 상담은 고객의 경력, 직무 목표, 강점과 약점을 종합적으로 분석하여 현재 보유한 스킬이 목표 직무의 요구사항에 얼마나 부합하는지 평가하는 데 목적이 있습니다.

02. ③

맞춤형 교육훈련 프로그램은 구직자나 직장인이 목표 직무에서 요구하는 역량을 개발할 수 있도록 직무별 필요한 스킬셋에 맞는 교육과정을 제공합니다.

03. ③

기업 컨설팅 및 인재 개발 전략은 조직의 경쟁력을 높이고 변화하는 시장 환경에 적응할 수 있도록 돕는 것을 목표로 합니다.

04. ②

전문가는 창업이나 창직을 목표로 하는 사람들을 대상으로 필요한 스킬 분석 및 비즈니스 모델을 구체화할 수 있도록 종합적인 컨설팅을 제공합니다.

05. ③

업스킬링 및 리스킬링 전문가는 교육 프로그램의 연간 유지 보수 계약을 통해 최신 기술과 트렌드에 맞게 교육 프로그램을 주기적으로 업데이트하고 개선합니다.

제4장

기업에서의 업스킬링과 리스킬링 프로그램 운영

Upskilling
Reskilling

학/습/개/요

이 장에서는 기업이 스킬 격차를 해결하고 지속 가능한 경쟁력을 확보하기 위한 업스킬링과 리스킬링 전략을 제시한다. 조직의 스킬 강화 전략, 직무 맞춤형 교육 프로그램 설계, 학습 문화 조성, 성과 측정 및 개선 방안을 통해 기업이 효율적으로 인재를 개발하고 학습 성과를 극대화하는 방법을 포괄적으로 소개한다.

학/습/목/표

1. 기업의 스킬 강화 전략 : 조직이 스킬 격차를 해결하는 방법을 설명할 수 있다.
2. 맞춤형 교육 프로그램 설계 : 각 직무에 맞는 맞춤형 교육 프로그램 개발을 설명할 수 있다.
3. 사내 학습 문화 조성 : 지속 가능한 학습 문화를 구축하기 위한 전략을 설명할 수 있다.
4. 학습 성과 측정 방법 : 교육 프로그램의 성과를 평가하고 개선하는 방법을 설명할 수 있다.

1. 기업의 스킬 강화 전략

– 조직이 스킬 격차를 해결하는 방법

조직이 스킬 격차를 해결하기 위한 전략은 변화하는 기술 환경에 대응하고 지속 가능한 경쟁력을 유지하기 위해 필수적이다. 스킬 격차란 조직의 목표를 달성하기 위해 요구되는 기술과 현재 인재들이 보유한 기술 간의 차이를 의미한다. 이를 해결하기 위해 기업은 다음과 같은 전략을 활용할 수 있다.

1) 스킬 격차 분석 및 진단

스킬 격차를 해결하려면 먼저 격차를 명확히 진단해야 한다. 이는 직무 요구 사항과 현재 직원들의 역량을 비교하여 필요한 기술을 파악하는 과정이다. 즉, 스킬 격차 분석 및 진단은 조직이 필요한 기술과 직원의 현재 기술 수준을 비교하여 부족한 기술을 파악하고, 이를 채우기 위한 교육과 개발 전략을 수립하는 과정이다. 다음 스킬 격차 분석을 활용한 구체적인 사례를 제시한다.

① 제조업체의 디지털 전환을 위한 스킬 격차 분석

- 상황 : 한 글로벌 제조업체는 공장의 디지털 전환을 추진하며, 데이터 분석 및 자동화 기술이 필수적이라고 판단했다.
- 분석 과정 : 인사팀과 기술 전문가들이 협력하여, 주요 직무(예 : 품질 관리, 생산 계획)에서 데이터 분석과 프로그래밍(Python) 기술이 필요하다는 점을 확인했다. 현재 직원들의 데이터 분석

및 Python 기술을 평가한 결과, 대부분 기초 수준에 머물러 있어 고급 데이터 분석과 자동화 스크립팅 능력이 부족한 것을 발견했다.

- 진단 결과 및 해결 방안 : 격차를 해소하기 위해 맞춤형 교육을 설계하고, 데이터 분석 전문가를 초빙하여 실습 기반 교육을 실시하기로 했다. 또한, 학습 후 실제 데이터를 다루는 프로젝트를 부여하여 교육 성과를 측정했다.

② 금융업계의 데이터 분석 역량 격차 분석

- 상황 : 금융사 A사는 점차 자동화된 분석과 인공지능을 활용한 고객 맞춤형 서비스를 강화하고자 했으며, 이를 위해 데이터 분석과 머신러닝 기초 지식이 필요했다.
- 분석 과정 : 직원들의 역량을 조사하여, 데이터 분석 및 머신러닝 기초를 활용할 수 있는 직원이 전체의 15%에 불과하다는 점을 파악했다. 특히, 마케팅 부서에서의 데이터 활용도가 낮고, Python 및 데이터 시각화 도구에 대한 이해도가 부족하다는 점이 드러났다.
- 진단 결과 및 해결 방안 : 마케팅 부서를 대상으로 Python 기초와 데이터 시각화 도구(Tableau, Power BI) 교육을 진행하기로 하고, 머신러닝의 기본 개념을 이해할 수 있는 교육 프로그램도 추가로 설계했다. 교육을 통해 마케팅 부서가 데이터 기반의 전략을 세울 수 있도록 돕는 것이 목표였다.

③ IT 기업의 클라우드 기술 격차 분석

- 상황 : 클라우드 서비스로 전환하는 IT 기업 B사는 AWS와 같은 클라우드 플랫폼을 효과적으로 다루기 위해 인재가 필요했다.
- 분석 과정 : 기술팀의 직원들을 대상으로 클라우드 관리와 관련된 스킬 격차를 평가한 결과, 전체 직원 중 40%만이 클라우드 기초 지식을 갖추고 있었다. 특히, 서버 운영팀과 네트워크 관리팀은 기존의 온프레미스 시스템에만 익숙해 클라우드 기반 시스템 운영 능력이 부족한 상태였다.
- 진단 결과 및 해결 방안 : AWS 클라우드 전문가 자격증(AWS Certified Solutions Architect)을 목표로 하는 맞춤형 교육 과정을 개발하고, 실습 기반 교육을 통해 클라우드 인프라를 직접 구축하고 관리하는 경험을 제공하기로 했다. 이후 실제 프로젝트에서도 클라우드 기술을 활용할 수 있도록 클라우드 전문가 멘토링 프로그램을 운영했다.

④ 소매업체의 고객 데이터 활용 격차 분석

- 상황 : 대형 소매업체 C사는 고객 데이터를 활용한 맞춤형 마케팅과 서비스를 위해 데이터 분석 및 CRM(Customer Relationship Management) 시스템 활용 능력이 필요하다고 판단했다.
- 분석 과정 : 판매와 고객 관리 담당자들의 기술 수준을 평가한 결과, CRM 시스템 활용 및 데이터 분석 기초에 대한 교육이 필요함을 발견했다. 현재 직원들은 CRM 시스템을 제한적으로 활용하고 있어, 고객 행동 분석 및 타깃팅 기능을 충분히 활용

하지 못하고 있었다.

- 진단 결과 및 해결 방안 : CRM 시스템 활용법과 고객 행동 분석에 관한 교육을 시행하고, 데이터 분석 기초 교육을 추가했다. 교육 후에는 고객 데이터 기반 마케팅 전략을 수립하는 프로젝트를 수행해 실무에서 직접 활용할 수 있도록 유도했다.

2) 맞춤형 교육 프로그램 설계

스킬 격차를 파악한 후에는 각 직무에 맞는 맞춤형 교육 프로그램을 설계하여 직원들에게 필요한 기술을 단계적으로 제공한다. 예를 들어, 데이터 분석 역량을 필요로 하는 팀에게는 Python, SQL 등의 프로그래밍 언어와 데이터 시각화 도구 활용법을 학습할 수 있는 맞춤형 교육을 제공할 수 있다. 맞춤형 교육 프로그램 예시를 제시해 보면 다음과 같다.

① 데이터 분석가 양성을 위한 맞춤형 교육 프로그램 설계

- 상황 : 글로벌 기업 A사는 데이터 분석을 통해 마케팅 전략을 강화하고자 했다. 그러나 마케팅팀과 IT팀의 데이터 분석 역량이 부족해 전문적인 교육 프로그램이 필요했다.
- 교육 목표 : 직원들이 Python, SQL, Tableau 등의 데이터 분석 도구를 활용하여 고객 데이터를 분석하고, 마케팅 인사이트를 도출할 수 있는 능력 습득.

교육 내용 및 설계

- 단계 1 : Python 기초 교육 (2주) – 데이터 수집 및 처리 능력을 기르기 위한 기초 Python 강의 및 실습.
- 단계 2 : SQL 데이터베이스 관리 (2주) – 데이터베이스 쿼리 작성 및 데이터 집계, SQL을 활용한 데이터 조작 방법.
- 단계 3 : Tableau를 활용한 데이터 시각화 (3주) – 시각화 기법을 통해 분석 결과를 시각적으로 표현하고 보고서 작성.
- 단계 4 : 실무 프로젝트 (4주) – 실전 데이터를 기반으로 프로젝트 수행. 팀별 프로젝트를 통해 분석 능력과 데이터 기반의 마케팅 전략 도출 경험을 쌓음.

- 평가 방법 : 최종 프로젝트 발표 및 보고서를 통해 분석 결과를 평가하고, 상사와 동료로부터 피드백을 받음.
- 결과 : 교육을 마친 직원들은 다양한 마케팅 데이터를 활용해 캠페인 성과를 분석하고 고객 세그먼트를 타깃팅하는 데 큰 성과를 거두었다.

② 소프트웨어 개발사 직무 맞춤형 교육 프로그램 설계

- 상황 : 소프트웨어 개발을 주력으로 하는 IT 회사 B사는 신입 개발자들이 빠르게 실무에 적응하고 개발 프로세스를 이해할 수 있도록 맞춤형 교육 프로그램을 설계했다.
- 교육 목표 : 신입 개발자들이 회사의 개발 프로세스, 코딩 표준, Agile 방법론에 대해 충분히 이해하고, 팀 단위로 프로젝트를 수행할 수 있는 역량을 갖추도록 함.

교육 내용 및 설계

- 단계 1 : 코딩 표준 및 Git 사용법 교육 (2주) – 회사에서 사용하는 코딩 표준과 버전 관리 도구인 Git 실습.
- 단계 2 : Agile 방법론 및 스크럼 (1주) – Agile 개발 방법과 스크럼 프레임워크 이해 및 실습.
- 단계 3 : 웹 애플리케이션 개발 프로젝트 (4주) – 실무와 유사한 프로젝트를 통해 기초적인 웹 애플리케이션을 개발하고, 코드 리뷰 및 피드백을 통해 개선.

- 평가 방법 : 팀 프로젝트 결과물을 코드 리뷰와 함께 발표하며 실력을 평가하고, 멘토로부터 기술적 피드백을 받음.
- 결과 : 신입 개발자들은 실무 프로젝트 경험을 통해 개발에 대한 자신감을 얻었으며, 입사 후 빠르게 실무에 투입될 수 있었다.

③ 영업팀 맞춤형 CRM 프로그램 설계

- 상황 : 소매업체 C사는 고객 관리 효율을 높이기 위해 영업팀에 CRM 시스템을 도입했지만, 직원들이 시스템 활용에 어려움을 겪고 있어 교육이 필요했다.
- 교육 목표 : 영업팀이 CRM 시스템을 통해 고객 데이터와 구매 패턴을 분석하고, 맞춤형 마케팅 전략을 수립하는 데 익숙해지도록 함.

교육 내용 및 설계

- 단계 1 : CRM 시스템 기초 교육 (1주) – CRM 시스템의 기본 기능 및 데이터 입력 방법 교육.
- 단계 2 : 고객 데이터 분석 및 세그먼트 분류 (2주) – 고객의 구매 패턴을 분석하여 세그먼트 분류 및 맞춤형 전략 설계.

- 단계 3 : CRM 시스템을 통한 캠페인 관리 (2주) – CRM 시스템 내 마케팅 캠페인 설정 및 성과 분석 방법 실습.
- 단계 4 : 케이스 스터디 및 실습 프로젝트 (3주) – 성공적인 CRM 활용 사례 연구와 함께 자체 캠페인을 기획하고 성과를 평가.

- 평가 방법 : 캠페인 기획서와 CRM을 활용한 실제 성과 데이터 평가.
- 결과 : 교육 이후, 영업팀은 CRM 시스템을 적극 활용하여 고객 맞춤형 캠페인을 성공적으로 운영할 수 있게 되었으며, 고객 만족도와 재구매율도 개선되었다.

3) 실습 중심의 학습 기회 제공

단순한 강의나 이론 학습보다는 실습을 통해 실제 경험을 쌓는 것이 스킬 습득에 더 효과적이다.

① 프로젝트 기반 학습(Project-Based Learning, PBL)

프로젝트 기반 학습은 학생들이 실제 문제나 주제를 중심으로 프로젝트를 수행하면서 필요한 지식과 기술을 학습하는 방식이다. 전통적인 이론 수업과 달리, 프로젝트 기반 학습은 실생활과 유사한 상황을 설정하여 학습자들이 문제 해결 능력과 비판적 사고, 창의력을 발휘할 수 있도록 한다.

사례

한 전자 상거래 회사는 데이터 분석 역량 강화를 위해 프로젝트 기반 학습을 도입했다. 직원들에게 실제 판매 데이터를 제공하고, 데이터를 분석하여 매출 증대 전략을 제안하는 과제를 부여했다. 이 과정에서 직원들은 Python과 SQL을 활용해 데이터를 분석하고, 고객 행동 패턴을 파악하여 마케팅 전략을 세우는 훈련을 받았다. 최종 결과물은 경영진에게 프레젠테이션하며 학습의 성과를 확인하고 피드백을 받았다.

② 해커톤(Hackathon)

해커톤은 '해킹(hack)'과 '마라톤(marathon)'의 합성어로, 일정 시간 내에 주어진 주제나 문제를 해결하기 위해 개발자, 디자이너, 기획자들이 팀을 이루어 아이디어를 내고 프로토타입을 만들어 발표하는 대회 형식의 이벤트이다. 일반적으로 24시간에서 48시간 동안 지속되며, 이 과정에서 팀원들이 짧은 시간에 집중하여 협업하고 창의적인 솔루션을 만들어 내는 것이 핵심이다.

사례

한 소프트웨어 개발 회사는 혁신적인 아이디어를 개발하고 팀워크를 강화하기 위해 해커톤을 운영했다. 직원들은 팀을 이루어 48시간 내에 특정 문제를 해결하는 소프트웨어 솔루션을 개발해야 했으며, 이 과정에서 제한된 시간 내에 협력하고 창의적으로 문제를 해결하는 경험을 쌓았다. 해커톤에서 나온 결과물 중 일부는 실제 제품 개발로 이어졌으며, 이는 직원들에게 실질적인 성취감을 주고 회사의 경쟁력을 강화하는 데 기여했다.

③ 가상 시나리오 기반 학습(Simulation-Based Learning)

가상 시나리오 기반 학습은 실제와 유사한 상황을 가상 시나리으로 구성하여 학습자들이 문제를 해결하거나 특정 상황에 대응하도록 하는 학습 방법이다. 이를 통해 학습자는 실생활에서 발생할 수 있는 상황을 안전하고 통제된 환경에서 경험하며, 필요한 기술과 지식을 습득할 수 있다. 가상 시나리오 기반 학습은 특히 의료, 군사, 비즈니스 등 고도의 판단과 대응 능력이 요구되는 분야에서 많이 활용된다.

사례

금융 업계의 한 대기업은 위험 관리(Risk Management) 역량을 높이기 위해 가상 시나리오 기반 학습을 제공했다. 직원들은 가상의 금융 위기 상황에서 어떻게 대응할지를 시뮬레이션하여, 위기 관리 및 문제 해결 능력을 높였다. 예를 들어, 시뮬레이션 환경에서 주식 시장 급락 상황을 설정하고, 직원들이 위험 완화 및 자산 보호 조치를 어떻게 수행할지를 실습했다. 이를 통해 직원들은 실제 위기 상황에서의 대응 능력을 향상시킬 수 있었다.

④ 사내 데이터 활용 실습 과제

사내 데이터 활용 실습 과제는 직원들이 회사 내부의 실제 데이터를 사용하여 실습을 통해 업무 관련 기술을 학습하는 과제이다. 이를 통해 직원들은 데이터를 분석하고 해석하는 능력을 기르며, 데이터 기반 의사결정 능력을 강화할 수 있다. 실습 과제는 일반적으로 특정 비즈니스 목표나 문제 해결에 초점을 맞추어 설계된다.

사례

한 통신 회사는 고객 데이터를 활용한 실습 과제를 직원들에게 제공하여 고객 만족도 개선 전략을 수립하게 했다. 직원들은 실제 고객 상담 데이터를 분석하여 불만족의 원인을 파악하고, 이를 개선하기 위한 제안을 마련했다. 이 과정을 통해 직원들은 데이터 분석 기술뿐만 아니라 고객 경험 관리의 중요성을 이해하게 되었으며, 실제 업무에서도 분석 결과를 적용할 수 있게 되었다.

⑤ 크로스팀 협업 프로젝트

크로스팀 협업 프로젝트(Cross-Team Collaboration Project)는 여러 부서 또는 직무의 팀원들이 협력하여 공동의 목표를 달성하는 프로젝트이다. 이러한 협업 프로젝트는 각 팀이 가진 고유한 역량과 관점을 결합하여 문제를 해결하거나 혁신적인 아이디어를 창출하는 데 도움이 된다. 예를 들어, 제품 개발 프로젝트에서는 마케팅팀, 엔지니어링팀, 디자인팀이 함께 참여하여 아이디어를 도출하고 제품 개발을 진행할 수 있다.

사례

한 제조업체는 제품 설계 및 생산성 향상을 위해 다양한 부서가 협업하는 실습 프로젝트를 진행했다. 엔지니어, 마케팅, 제품 개발 부서가 함께 팀을 이루어 신제품 아이디어를 개발하고, 시제품을 만드는 과정을 실습했다. 이를 통해 직원들은 각기 다른 분야의 역량을 접목하여 결과물을 만들어내는 경험을 쌓았으며, 부서 간 협업과 의사소통의 중요성을 체감할 수 있었다.

4) 사내 멘토링 프로그램

사내 멘토링 프로그램 운영은 경험이 풍부한 직원(멘토)이 새로운 직원이나 특정 스킬 개발이 필요한 직원(멘티)에게 지식과 기술, 경험을 전수하는 제도다. 이를 통해 신입 직원이 회사 문화와 직무에 빠르게 적응할 수 있도록 돕고, 기존 직원은 새로운 기술을 배우거나 리더십 역량을 강화할 수 있다. 사내 멘토링은 조직 전반의 지식 공유와 업무 역량 향상에 효과적이다. 사내 멘토링 프로그램 운영의 주요 목적은 다음과 같다.

① 신속한 직무 적응: 신입 직원이 새로운 환경과 역할에 빠르게 적응할 수 있도록 지원한다.
② 기술 전수 및 역량 강화: 특정 기술이나 지식이 필요한 직원이 멘토를 통해 직접 실무 기술을 배울 수 있다.
③ 경력 개발과 리더십 향상: 멘토링을 통해 멘티는 개인 경력 개발을 지원받고, 멘토는 리더십 능력을 강화할 수 있다.
④ 조직 내 지식 공유: 조직 전반에서 축적된 경험과 지식이 공유되어 조직의 경쟁력을 높이는 데 기여한다.

사내 멘토링 프로그램의 장점은 다음과 같다.

① 지식 및 기술 공유: 멘토링을 통해 조직 내 특정 기술과 경험이 직원 전반에 걸쳐 전달된다.
② 직원 만족도와 몰입도 증가: 개인 성장을 위한 지원을 제공하여

직원들의 만족도와 회사에 대한 몰입도를 높인다.

③ 조직 내 소통과 협력 증진: 다양한 부서 간 상호작용과 네트워킹이 형성되어 조직 내 소통이 강화된다.

사내 멘토링 프로그램은 신입 직원의 빠른 적응을 돕고 기존 직원의 전문성 및 리더십 역량을 강화하는 데 효과적인 전략으로, 조직의 지속적인 성장과 인재 개발에 기여할 수 있다. 사내 멘토링 프로그램 과정은 다음과 같다.

단계	내용
1단계: 멘토와 멘티 매칭	멘토와 멘티를 직무, 경력, 학습 목표 등에 따라 매칭하여 적합한 멘토링 관계를 형성합니다.
▼	▼
2단계: 목표 설정	멘토와 멘티가 공동으로 학습 목표와 기대 성과를 설정합니다. 예를 들어, "6개월 안에 데이터 분석 기초 역량 습득"과 같은 구체적 목표를 설정할 수 있습니다.
▼	▼
3단계: 멘토링 계획 수립	정기적인 만남의 일정, 활동 방식(실습, 조언, 피드백 등), 성과 평가 방식을 포함한 계획을 수립합니다.
▼	▼
4단계: 정기적 만남 및 피드백 제공	정기적으로 만나 학습 진척 상황을 점검하고 피드백을 제공하며 목표 달성을 돕습니다.
▼	▼
5단계: 성과 평가 및 피드백	멘토링이 끝난 후, 멘티의 성장과 성과를 평가하고 필요한 개선 사항을 파악합니다.

[그림 4-1] **사내 멘토링 프로그램 과정**

사내 멘토링 프로그램 운영 사례를 제시하면 다음과 같다.

① 신입 직원 적응 멘토링 프로그램(IT 기업 C사 사례)

- 목표 : 신입 직원들이 빠르게 업무에 적응하고 회사 문화를 이해하도록 돕는 것.
- 구성 : 각 신입 직원에게 동일 부서의 선임 직원을 멘토로 배정하여 신입 기간 동안 정기적으로 만남을 가짐. 업무 프로세스와 직무 지식을 학습하며, 사내 규정 및 문화에 대한 이해를 돕기 위한 조언을 제공.
- 성과 : 신입 직원의 이직률이 감소하고, 신입 교육과 회사 적응 기간이 단축됨.

② 기술 스킬 전수 멘토링 프로그램(제조업 D사 사례)

- 목표 : 새로운 기술을 도입할 때 기존 직원들이 해당 기술을 습득하도록 지원.
- 구성 : 기술 교육을 이수한 선임 기술자를 멘토로 지정하여, 각 팀의 구성원이 기술 습득을 목표로 실습을 진행. 실습 후 멘토의 피드백을 받아 학습 내용을 강화하고, 업무에 적용할 수 있는 지침을 제공.
- 성과 : 교육 후 바로 실무에 투입되어 기술 적용이 가능해지면서 교육 투자 대비 성과가 높아짐.

③ 경력 개발 멘토링 프로그램(금융업 E사 사례)

- 목표 : 직원의 중장기 경력 목표 달성을 지원하고, 리더십 역량을 강화하는 것.

• 구성 : 차세대 리더로 성장할 가능성이 높은 직원을 선발하여 경영진 중 한 명을 멘토로 배정. 멘티는 멘토와 정기적으로 회의하며 자신의 경력 목표와 발전 가능성을 논의하고, 리더십과 의사결정 능력을 배움.
• 성과 : 멘티들은 더 높은 책임감을 가지고 직무를 수행하며, 리더십 역량이 강화됨으로써 차세대 경영 리더 후보로 성장.

5) 외부 전문가와의 협업

기업이 자체적으로 해결하기 어려운 고급 기술 격차는 외부 전문가와의 협업을 통해 해결할 수 있다. 예를 들어, 클라우드 컴퓨팅 기술이 필요한 경우, 외부 클라우드 서비스 제공 업체와 협력하여 직원들이 실무 지식을 쌓을 수 있도록 돕는 것이 가능하다. 외부 전문가와의 협업의 장점은 다음과 같다.

① 최신 기술 및 전문성 확보 : 내부에서 해결하기 어려운 문제를 최신 기술과 전문성을 가진 외부 전문가를 통해 해결할 수 있다.
② 교육 및 역량 강화 : 외부 전문가가 내부 인재에게 실무 지식과 경험을 전수함으로써 직원들의 역량이 강화된다.
③ 효율적인 문제 해결 : 시간이 오래 걸리거나 복잡한 문제를 외부 전문가와의 협업으로 신속히 해결할 수 있다.

외부 전문가와의 협업은 내부 자원을 보완하고 신기술이나 전문 지식을 도입하는 데 매우 효과적이며, 이를 통해 조직은 보다 효율적으로 목표를 달성하고 경쟁력을 강화할 수 있다. 외부 전문가와의 협업 사례를 제시하면 다음과 같다.

① IT 시스템 업그레이드 협업(제조업체 A사 사례)

- 배경 : 제조업체 A사는 생산 라인 자동화를 위해 최신 IT 시스템으로의 전환이 필요했으나, 내부에 관련 경험이 부족했음.
- 협업 방식 : IT 시스템 구축 전문 업체와의 협업을 통해 클라우드 기반 ERP 시스템을 도입했음. 외부 전문가는 생산 데이터 통합과 시스템 관리에 대한 교육도 제공했음.
- 성과 : 기존 시스템보다 데이터 관리와 생산 속도가 크게 향상되었으며, 유지보수와 관련된 비용 절감 효과도 보았음.

② 디지털 마케팅 전략 구축(소매업 B사 사례)

- 배경 : 소매업체 B사는 디지털 마케팅 역량이 부족해 온라인 매출이 부진했음.
- 협업 방식 : 디지털 마케팅 컨설팅 업체와 협력하여 시장분석, 소셜 미디어 광고, 검색 엔진 최적화(SEO) 전략을 수립했음. 외부 전문가는 B사 직원들에게 마케팅 분석 도구와 소셜 미디어 운영 방법에 대한 교육도 제공했음.
- 성과 : 6개월 내 온라인 매출이 30% 증가했으며, 디지털 채널을 통한 신규 고객 확보율도 개선되었음.

③ 사이버 보안 강화(금융업 C사 사례)

• 배경 : 금융업체 C사는 사이버 보안 위협이 증가하면서 데이터 보호와 보안 강화가 필요해졌음. 내부 보안 팀이 있지만, 최신 보안 기술과 대응 방법에 대한 경험이 부족했음.

• 협업 방식 : 외부 보안 전문가와 협력해 보안 평가 및 취약성 분석을 실시했으며, 이에 따라 최신 보안 시스템을 도입하고 대응 방안을 수립했음. 외부 전문가는 또한 직원들에게 보안 인식 교육을 제공하여 내부 보안 의식도 강화했음.

• 성과 : 보안 침해 위험이 감소하고, 직원들의 보안 인식도 높아져 보안 관련 사고가 줄어들었음.

④ 신제품 개발 컨설팅(자동차 회사 D사 사례)

• 배경 : 자동차 제조업체 D사는 친환경 차량 개발을 목표로 하였지만, 전기차와 관련된 기술적 지식이 부족했음.

• 협업 방식 : 전기차 배터리 기술을 가진 전문 연구소와 협력하여 배터리 효율성과 안전성을 높이는 기술을 개발했음. 연구소는 D사의 엔지니어들에게 배터리 관리와 유지보수 방법을 교육하고, 기술이전에 대한 자문도 제공했음.

• 성과 : 협업을 통해 D사는 친환경 차량을 성공적으로 출시했으며, 관련 시장 점유율도 증가했음.

⑤ 재무 구조 개선 프로젝트(기업 E사 사례)

• 배경 : 기업 E사는 장기적인 재무 안정성을 확보하기 위해 재

무 구조 개선이 필요했으나, 내부 팀의 경험이 부족했음.

- 협업 방식 : 재무 컨설팅 업체와의 협업을 통해 비용 절감 방안, 리스크 관리 전략, 자산 구조 개선 계획을 수립했음. 외부 컨설턴트는 자산 관리, 리스크 평가 및 재무 계획 수립에 대한 구체적인 지원을 제공했음.
- 성과 : 재무 구조가 개선되고 비용 효율성이 향상되었으며, 재무 상태가 안정적으로 변화해 장기적인 재무 리스크가 줄어들었음.

2. 맞춤형 교육 프로그램 설계

– 각 직무에 맞는 맞춤형 교육 프로그램 개발

맞춤형 교육 프로그램은 특정 직무의 요구사항과 학습자의 현재 역량을 종합적으로 분석하여, 해당 직무에 꼭 맞는 교육 내용과 방식을 설계하는 학습 프로그램이다. 이 프로그램은 직무에서 요구되는 구체적인 기술, 지식, 행동을 학습자에게 효과적으로 전달하기 위해 설계된다. 맞춤형 프로그램은 학습자의 현재 수준을 반영하고, 단계별 학습을 통해 목표 역량을 효과적으로 습득할 수 있도록 한다. 프로그램 설계 시 학습자가 직무에서 바로 활용할 수 있는 실습과 프로젝트 기반 학습을 포함해 학습 효과를 극대화한다.

① 효율적 역량 개발 : 맞춤형 교육은 불필요한 내용을 줄이고, 직

무 수행에 꼭 필요한 핵심 역량을 중심으로 학습할 수 있어 효율적이다.

② 직무 만족도와 몰입도 향상: 직원들이 자신의 직무와 관련된 실질적인 기술과 지식을 배움으로써 직무 만족도가 증가하고, 조직에 대한 몰입도가 높아진다.

③ 조직의 생산성 향상: 각 직무의 특성에 맞춘 교육을 통해 직원들이 업무에 필요한 역량을 체계적으로 습득할 수 있어 조직의 전반적인 생산성과 성과가 개선된다.

④ 지속적인 직무 적응력 강화: 산업 변화와 기술 발전에 맞춰 필요

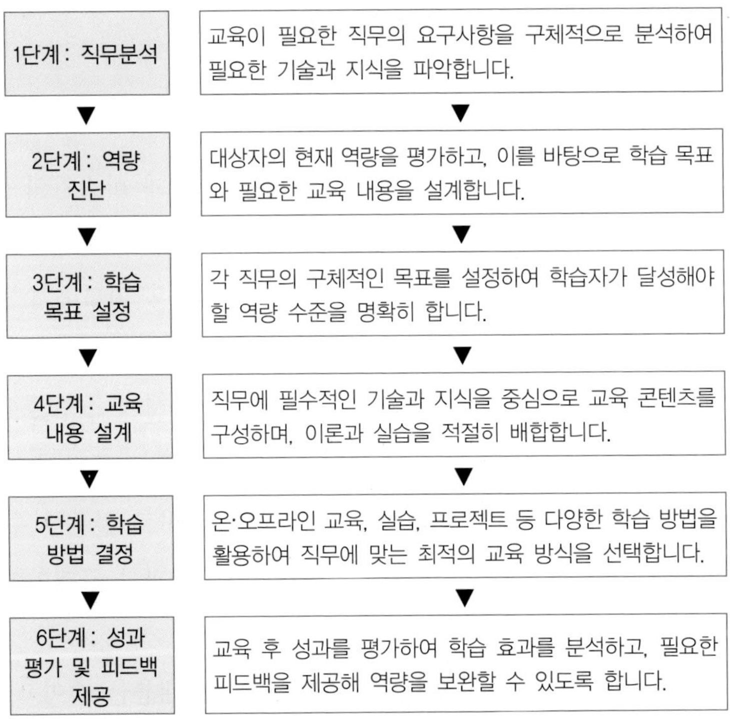

[그림 4-2] **맞춤형 교육 프로그램 설계 단계**

역량이 변화하기 때문에, 맞춤형 교육 프로그램은 직원들이 지속적으로 새로운 환경에 적응할 수 있도록 지원한다.

맞춤형 교육 프로그램 설계 단계는 [그림 4-2]와 같다.

맞춤형 교육 프로그램 설계는 각 직무의 요구 사항뿐만 아니라 수준(초급, 중급, 고급) 및 경력 단계(신입, 경력직, 리더)에 따라 더욱 세분화하여 설계될 수 있다. 예시로 다양한 수준과 경력 단계에 맞춘 구체적인 교육 프로그램을 제시하겠다.

① 사례 1: 데이터 분석가 직무 맞춤형 교육 프로그램(IT 회사 A사)

• 목표 : 데이터 분석가의 경력 단계를 고려하여 데이터 분석 역량을 강화하고, 직무 수행 능력을 향상시키는 것.

경력 단계	학습목표	교육내용	기간	평가 방법
초급(신입)	기초 데이터 분석 능력 습득	• Python, SQL 기초 • 데이터 수집 및 정제 기법	4주	기초 데이터 분석 실습
중급 (경력 3~5년)	고급 데이터 분석 및 시각화	• 고급 Python 및 SQL • Tableau를 활용한 데이터 시각화	6주	프로젝트 기반 평가
고급(팀 리더)	예측 모델 개발 및 분석 리더십	• 머신러닝 기초 • 팀을 이끌며 예측 모델 개발 및 분석 결과 해석	8주	팀 프로젝트 리더십 평가

② 사례 2 : 고객 서비스 담당자 맞춤형 교육 프로그램(소매업체 B사)

• 목표 : 고객 서비스 담당자의 경험 수준에 따른 고객 응대 및 커뮤니케이션 기술을 체계적으로 강화

경력 단계	학습목표	교육내용	기간	평가 방법
초급(신입)	기본 고객 응대 스킬 습득	• 고객 응대 기초 • 기본적인 CRM 소프트웨어 활용법	2주	모의 고객 응대 실습
중급 (경력 2~4년)	문제 해결 및 갈등 관리	• 상황별 응대법 • 고객 불만 해결 전략	3주	고객 응대 시나리오 평가
고급 (팀 리더)	고객 경험 개선 및 리더십 강화	• 고객 서비스 개선 전략 • 기획 • 팀원 지도 및 피드백 제공 방법	4주	팀워크 기반의 프로젝트 발표

③ 사례 3 : 엔지니어링 팀 리더 맞춤형 리더십 개발 프로그램(제조업체 C사)

• 목표 : 엔지니어링 부서의 경력 단계에 맞춰 프로젝트 관리, 문제 해결, 리더십 역량을 강화하는 것.

경력 단계	학습목표	교육내용	기간	평가 방법
초급(신입)	프로젝트 기초 지식 습득	• 프로젝트 기초 지식 • 팀 협업을 위한 기본 커뮤니케이션 스킬	3주	협업 프로젝트 기초 실습 평가
중급 (경력5년)	고급 문제 해결 및 프로젝트 관리	• 고급 문제 해결 기법 • 리스크 관리 및 프로젝트 일정 관리 방법	5주	중급 프로젝트 수행 평가
고급 (부서 팀장	리더십 및 의사결정 능력 강화	• 팀 리더십 기법 • 전략적 의사결정 및 팀 내 갈등 해결 방법	6주	실무 프로젝트 리더십 평가

④ 사례 4 : 디지털 마케팅 전문가 맞춤형 교육 프로그램(광고 회사 D사)

• 목표 : 디지털 마케팅의 경력 단계에 따라 분석, 전략 기획, 리더십 역량을 강화하여 성과를 높이는 것.

경력 단계	학습목표	교육내용	기간	평가 방법
초급(신입)	디지털 마케팅 기초 이해	• Google Analytics 및 SEO 기초 • 소셜 미디어 캠페인 기획 방법	3주	캠페인 기획 및 실습 평가
중급 (경력 3~5년)	고급 마케팅 분석 및 전략 수립	• 고급 Google Analytics 및 데이터 시각화– 마케팅 전략 기획 및 실행	6주	데이터 분석 및 전략 기획 발표 평가
고급 (팀 리더)	팀 관리 및 리더십 강화	• 팀 목표 설정 및 성과관리 • 예산 관리 및 의사결정 방법	4주	리더십 프로젝트 성과 발표

3. 사내 학습 문화 조성

– 지속 가능한 학습 문화를 구축하기 위한 전략

사내 학습 문화는 조직 내에서 직원들이 지속적으로 지식과 기술을 배우고 성장할 수 있는 환경과 분위기를 조성하는 것을 의미한다. 이러한 학습 문화는 조직의 경쟁력을 강화하고, 직원들이 변화에 대응할 수 있는 역량을 기르는 데 매우 중요한 역할을 한다. 학습은 더 이상 단발적인 교육이나 훈련에 국한되지 않으며, 일상 속에서 자연스럽게 이뤄질 수 있도록 촉진하는 방식으로 변화하고 있다.

① 지속적인 경쟁력 유지: 기술과 지식이 빠르게 변하는 현대 사회에서 지속적인 학습 문화는 조직이 변화에 민첩하게 대응하는 데 도움을 준다.

② 직원 성장과 만족도 향상: 직원들이 개인의 역량을 키울 수 있는

기회를 제공함으로써 성장 욕구를 충족시키고, 직무 만족도를 높이는 데 기여한다.

③ 혁신과 창의성 촉진 : 직원들이 새로운 지식과 아이디어를 공유하며, 다양한 학습 경험을 통해 혁신적인 사고를 발휘할 수 있는 환경을 제공한다.

④ 지식의 내재화와 전파 : 학습 문화를 통해 축적된 지식이 조직 내에 내재화되어 부서 간 공유되고, 이를 통해 조직 전반의 생산성이 향상된다.

단계	내용
1단계 : 지속 가능한 학습 시스템 구축	학습 관리 시스템(LMS)이나 사내 교육 플랫폼을 통해 직원들이 언제든지 학습할 수 있는 환경을 제공합니다.
2단계 : 피드백과 성과 공유	학습과 성장을 독려하기 위해 정기적인 피드백을 제공하며, 학습 성과를 조직 내에서 공유하여 성취감을 높입니다.
3단계 : 학습 공동체 운영	팀이나 부서 간 학습 커뮤니티를 구성하여, 특정 주제에 대해 함께 학습하고 지식을 공유하는 문화를 조성합니다.
4단계 : 멘토링 및 코칭 프로그램 도입	경력자들이 멘토가 되어 후배들에게 지식을 전달하고, 멘티는 이를 통해 실무 역량을 키우고 자발적으로 학습할 수 있도록 합니다.
5단계 : 자율 학습 지원	업무 시간에 학습할 수 있는 시간을 부여하거나, 자율적으로 참여할 수 있는 학습 프로그램을 운영하여 개인의 학습을 장려합니다.
6단계 : 성과 기반 보상 제공	학습 성과가 조직의 목표와 부합할 때, 이를 보상하여 학습에 대한 동기부여를 강화합니다.

[그림 4-3] **사내 학습 문화 조성 방법**

사내 학습 문화를 조성하기 위해서, 학습조직(Learning Organization)의 개념을 살펴보자. 조직의 지속적인 경쟁우위를 확보하기 위한 근본적이고 총체적이며 지속적인 경영혁신전략으로서 개인학습(Individual Learning), 팀학습(Team Learning), 조직학습(Organizational Learning)이 습관적으로 발생할 수 있는 조직적 기제(Organizational Mechanism)가 무엇인지를 찾아 제도적, 문화적, 시스템적, 환경적 차원의 노력을 전개하는 활동이다. 셍게(Senge, P. M.)는 '구성원 자신들이 진심으로 원하는 결과를 창출하는 데 필요한 역량을 지속적으로 개발시켜 주는 조직으로, 새롭고 창의적 사고가 길러지고, 집단적 포부가 자유롭게 논의되고, 구성원들이 함께 학습하는 것을 배우는 조직'으로 정의하였다(한국기업교육학회, 2010). Redding(1997)가 제시한 학습조직 실천 사례는 다음과 같다.

〈표 4-1〉 **학습조직 실천 사례**

평가영역	창안요소	사례
학습수준		
개인학습	자기주도 학습	College-Pro painters
	개인학습계획	Ernst & Yong
	계속학습	PPG
	과정	Rohm and Hass
팀학습	대화	British Multinational Corp
	행동-숙고학습	Grace Cocoa
		Intel
조직학습	전략-실천학습	Motorola Senior
	프로젝트 결과 보고	Executive Program
	과업획득	Ultrasound Coronary system

평가영역	창안요소	사례
조직 시스템		
비전과 전략	대규모 집단 개입	Intermedics Orthopedics
	행동계획안	Environmental Protection Agency
		TRW Space & Defence
리더십 및 관리	행동학습	Morrison Communications
	리더십학습에서 리더십의 역할	Volvo Truck
		Xerox
문화	학습지향적 문화	Swiss Postal Service
		General Electric
		Honeywell Micro-Switch
구조	자기조직구조	Johnsonville Foods
		ABB
의사소통, 정보시스템, 그리고 지식 시스템	지식-관리 및 관리 시스템	Andersen Consulting ABB
퍼포먼스 관리	퍼포먼스 측정 및 보상을 학습에 연결	Johnsonville Foods I Honeywell Macro-Switch
기술	학습에 용이한 기술 활용	Tenness Valley Authority Catenar Rohm and Hass

출처 : Redding(1997). Hardwiring the Learning Organization. Training & Development, 51(8), 62.

사내 학습 문화는 일회성 교육이 아닌 지속 가능한 학습 환경을 구축하여, 조직 전체가 학습을 통해 성장하는 문화를 만드는 데 있다. 이를 통해 변화에 대응하고, 구성원들의 자발적인 성장과 혁신을 장려할 수 있다.

사내 학습 문화가 성공적으로 조성되면 얻게 되는 성과는 다음과 같다.

① 직원 만족도 증가: 학습 기회를 제공함으로써 직원들의 개인적인 성장을 촉진하고, 업무 만족도를 높인다.
② 지식 공유 활성화: 학습 문화를 통해 부서 간 지식과 정보가 원활히 공유되며, 팀워크와 협업 능력 또한 향상된다.
③ 장기적인 조직 성장 지원: 개인과 조직의 목표가 일치할 때, 학습 문화는 조직이 장기적인 성장과 혁신을 이루는 데 중요한 역할을 한다.

이와 같이 사내 학습 문화를 조성하는 방법은 기업의 목표와 조직 구성원의 요구에 따라 다르게 설계될 수 있다. 다양한 학습 전략을 통해 학습을 장려하고, 조직과 개인의 성장을 동시에 지원할 수 있다. 몇 가지 사례를 제시하면 다음과 같다.

〈표 4-2〉 **사내 학습 문화 조성 사례**

사례 기업	학습 문화 조성 목표	구체적인 학습 문화 조성 전략	성과
IT 기업 A사	최신 기술 습득과 자율 학습 장려	• 매주 'Tech Tuesday' 세션 운영 • 온라인 교육 플랫폼 제공 • 성과 공유와 피드백 제공	직원들의 기술 학습 참여율 40% 증가
제조업 B사	실무 중심의 기술 학습과 협력 강화	• 매월 '현장 학습의 날' 운영 • 지식 공유 플랫폼 구축 • 인센티브 제공	부서 간 지식 공유와 문제 해결 속도 향상
금융업 C사	금융 지식 및 리더십 학습 지원	• 금융 지식 웨비나 개최 • 리더십 워크숍 운영 • 학습 진척도 대시보드 제공	금융 역량과 리더십 강화 및 프로그램 참여율 증가

4. 학습 성과 측정 방법

– 교육 프로그램의 성과를 평가하고 개선하는 방법

학습 성과 측정은 교육 프로그램이 얼마나 효과적으로 학습자에게 필요한 지식과 기술을 전달했는지를 평가하는 과정이다. 이를 통해 학습자가 실제로 교육 목표를 달성했는지, 그리고 프로그램이 조직의 목표에 기여했는지를 파악할 수 있다. 교육 성과를 측정하는 것은 교육 프로그램의 효과성을 평가하고, 필요 시 개선할 수 있는 중요한 기준이 된다.

① 효과적인 교육 프로그램 개선 : 성과를 측정하면, 어떤 부분이 효과적이었고 어떤 부분이 개선이 필요한지를 명확히 파악할 수 있어 프로그램의 질을 향상시킬 수 있다.

② ROI(투자 대비 수익률) 증대 : 교육 프로그램이 실제로 조직에 가치를 제공하는지를 평가함으로써, 투자 대비 수익을 최적화할 수 있다.

③ 직원 성장과 조직 목표 달성 지원 : 측정된 성과를 통해 직원의 학습 진척도를 파악하고, 조직 목표에 부합하는 방향으로 교육을 조정할 수 있다.

학습 성과 측정 방법은 다양하다. 구체적인 방법을 제시하면 다음과 같다.

① Kirkpatrick 모형: 교육 프로그램 평가에서 가장 많이 사용되는 모형 중 하나로, 4단계 평가 모형을 통해 학습 성과를 평가한다.

> • 1단계-반응(Reaction): 학습자들이 교육에 대해 어떻게 느꼈는지를 평가한다. 설문조사나 피드백을 통해 만족도를 측정한다.
> • 2단계-학습(Learning): 학습자가 교육을 통해 무엇을 배웠는지 평가한다. 시험이나 평가지를 통해 학습 수준을 확인할 수 있다.
> • 3단계-행동(Behavior): 학습한 내용이 실제 업무에서 적용되고 있는지, 행동 변화가 일어났는지를 관찰한다. 예를 들어, 성과 평가나 상사 피드백을 통해 확인한다.
> • 4단계-결과(Results): 교육이 조직에 미친 최종 결과를 평가한다. 이를 통해 생산성 향상, 비용 절감, 매출 증가와 같은 구체적인 성과를 확인할 수 있다.

② ROE(Return on Expectations): 교육이 투자 대비 기대에 부합했는지를 평가하는 방법으로, 교육 전 기대 효과를 명확히 설정하고, 교육 후 그 기대치를 달성했는지 평가한다.

③ 성과 기반 지표(KPIs) 설정: 구체적인 목표를 기준으로 성과 지표를 설정하여 평가한다. 예를 들어, 생산성, 매출 증가율, 고객 만족도 등의 지표를 설정하여 교육 전후의 변화를 측정한다.

④ 360도 피드백: 동료, 상사, 부하 직원 등 다양한 관계자의 피드백을 통해 학습자의 성장과 변화를 다각적으로 평가하는 방식이다. 특히 리더십 교육이나 소프트 스킬 교육에서 효과적이다.

⑤ 실습 프로젝트 평가: 교육 후 실습 프로젝트를 통해 학습자들이 실제 업무에 얼마나 잘 적용하는지를 평가한다. 이때 프로젝트의 결과물뿐 아니라, 과정에서 보여준 문제 해결 능력, 창의성, 팀워크 등을 종합적으로 평가할 수 있다.

〈표 4-3〉 **학습 성과 측정 사례**

사례 기업	교육 프로그램	평가 방법	성과
IT 기업 A사	데이터 분석 교육	Kirkpatrick 모형의 4단계 평가	• 반응: 교육 만족도 90% 이상 • 학습: 시험 점수 평균 85점 • 행동: 데이터 분석 활용 증가 • 결과: 매출 15% 증가
제조업 B사	품질 관리 교육	ROE (기대치 평가)	• 품질 불량률 10% 감소 • 직원들의 품질 관리 역량 향상
금융업 C사	리더십 개발 프로그램	360도 피드백 + 실습 프로젝트	• 상사와 동료 피드백 긍정적 • 프로젝트 성과 평가 결과 우수

학습 성과를 측정함으로 얻는 효과는 다음과 같다.

① 교육의 질 개선: 성과 측정을 통해 교육의 문제점과 효과적인 요소를 파악하여, 더 나은 교육 프로그램을 설계할 수 있다.
② 직원 역량 강화: 학습 성과가 정량적으로 측정되면 직원들은 자신의 발전을 체감하고, 학습에 대한 동기부여가 강화된다.
③ 조직 성과 향상: 측정 결과를 기반으로 교육의 효과가 입증되면, 조직 전체의 성과와 목표 달성에도 긍정적인 영향을 미친다.

하지만, 학습 성과를 측정하는 과정에서 애로사항이 많이 발생된다. 다음은 학습 성과를 측정하는 데 있어서 발생되는 애로사항과 극복 방법이다.

① [애로사항 1: 성과 측정의 객관성 확보 어려움] 이를 극복하기 위해서는 성과 기준을 명확히 정의하고, KPI와 같은 정량적 지표

를 사용하여 객관성을 확보한다. 또한 다각적 피드백을 통해 성과를 종합적으로 평가할 수 있다.

② [애로사항 2 : 교육이 실제 성과에 미치는 영향 측정의 어려움] 이를 극복하기 위해서는 교육 전후의 데이터를 비교하거나, 교육 후 일정 기간 동안 성과를 추적하여 변화를 관찰한다. 예를 들어, 매출이나 생산성 같은 지표를 기준으로 변화가 발생했는지 확인한다.

③ [애로사항 3 : 시간과 비용의 문제] 이를 극복하기 위해서는 필요한 평가 방법을 선택적으로 적용하고, 주요 성과 지표에 집중하여 평가를 진행한다. 필요한 경우 외부 전문가의 도움을 받아 평가 시스템을 구축할 수도 있다.

④ [애로사항 4 : 학습자 및 관리자의 참여 부족] 이를 극복하기 위해서는 성과 평가의 중요성을 구성원들에게 인식시키고, 교육 성과 평가를 통해 직원들이 자신의 성장에 대해 인식할 수 있도록 돕고, 상사와 관리자의 참여를 통해 평가의 신뢰성을 높인다.

출제 예상문제

01. **기업에서 스킬 격차를 진단하는 주된 방법은 무엇입니까?**

① 임직원 설문조사
② 경쟁사 분석
③ 직무 요구 사항과 현재 직원 역량 비교
④ 외부 컨설팅 회사의 평가

02. **맞춤형 교육 프로그램 설계의 목적은 무엇입니까?**

① 모든 직원에게 동일한 교육 제공
② 각 직무에 필요한 기술을 효과적으로 교육
③ 직원의 개인적 취미 개발
④ 비용 절감

03. **기업이 사내 학습 문화를 조성하기 위해 사용하는 전략은?**

① 연간 성과 평가
② 경쟁사 분석
③ 학습 커뮤니티 운영
④ 임원진의 일방적 교육

04. **사내 멘토링 프로그램의 주된 이점은 무엇입니까?**

① 신입 직원의 빠른 업무 적응
② 근무지 이동의 용이성
③ 외부 교육의 필요성 제거
④ 모든 직원의 연봉 인상

05. **기업에서 외부 전문가와 협업하는 주된 목적은 무엇입니까?**

① 내부 자원의 부족을 보완
② 전 직원의 해외 파견
③ 사내 이벤트 조직
④ 모든 프로젝트의 내부 처리

정답과 해설

01. ③

기업은 스킬 격차를 진단하기 위해 직무 요구 사항과 현재 임직원들의 역량을 비교 분석합니다. 이를 통해 필요한 교육과 개발 전략을 수립할 수 있습니다.

02. ②

맞춤형 교육 프로그램은 각 직무의 특성과 요구에 맞추어 필요한 기술과 지식을 효과적으로 전달하기 위해 설계됩니다.

03. ③

기업은 지속 가능한 학습 문화를 구축하기 위해 팀이나 부서 간 학습 커뮤니티를 운영하며, 특정 주제에 대해 함께 학습하고 지식을 공유하는 문화를 조성합니다.

04. ①

사내 멘토링 프로그램은 신입 직원이 새로운 환경과 역할에 빠르게 적응할 수 있도록 지원하며, 이는 조직 전반의 업무 효율성을 높이는 데 기여합니다.

05. ①

기업은 외부 전문가와 협업을 통해 내부에서 해결하기 어려운 고급 기술 격차를 보완하고, 필요한 실무 지식과 경험을 획득할 수 있습니다.

읽을 거리

인재 부족, 업스킬링과 리스킬링으로 극복하자

요즘 같은 사회를 뷰카(VUCA) 시대로 정의하고 있다. 4차 산업혁명이 본격화되면서 초연결, 초지능, 초실감 기술이 우리의 일상을 바꿔 놓았고, 이와 동시에 변동성(Volatility), 불확실성(Uncertainty), 복잡성(Complexity), 모호성(Ambiguity) 등이 극대화되고 있다. 이제는 과거의 단순한 방법론으로는 복잡한 문제를 해결하기 어려운 상황이 된 것이다.

고용노동부의 자료에 따르면, 기술혁신으로 인해 2030년에는 총 172만 명(증가하는 일자리 92만 명, 감소하는 일자리 80만 명)의 고용 변화가 발생하고, 조직이 요구하는 기술 수준을 갖춘 인력 부족도 매우 심화될 것으로 예측하고 있다.

이제 업스킬링(upskilling)과 리스킬링(reskilling)은 급변하는 기술환경과 글로벌경제 속에서 조직과 개인의 지속적인 성장을 위한 핵심전략이다. 국립국어원에서는 업스킬링과 리스킬링을 다음과 같이 정의하고 있다. 업스킬링은 지금하고 있는 일을 더 잘하거나 복잡한 역할을 수행할 수 있도록 숙련도를 높이는 것으로 우리말로는 역할 강화로 정의한다. 리스킬링은 직무 전환을 위해 새로운 기술을 배우는 것으로 우리말로는 직무전환교육으로 지칭한다.

예를 들어, 마케팅 전문가가 디지털 마케팅 도구와 소셜미디어 분석기술을 학습하여 더 효과적인 온라인 비즈니스를 수행하는 경우라면 이는 업스킬링이라고 할 수 있다. 리스킬링은 기존 개인이 맡은 업무에서 새로운 직무로 전환할 수 있도록 하는 과정 즉, 전통적인 은행창구 직원이 핀테크 기술과 블록체인에 대한 이해를 바탕으로 디지털화폐 전문가로 전환하는 경우라면 이는 리스킬링으로 볼 수 있다.

업스킬링과 리스킬링 관련 해외동향을 보면, 월마트의 'Live Better U' 프로그램은 직원들의 학위 취득과 전문성 향상을 지원하고 있으며, 아마존의 'Upskilling 2025'와 'Amazon Career Choice'는 첨단기술교육과 경력 개발에 초점을 맞추고 있다. 또한 AT&T의 'Future Ready' 이니셔티브와 IBM의 'New Collar' 프로그램 역시 직원들의 기술 역량 강화와 새로운 직무로의 전환을 돕고 있다. 이러한 기업들의 사례에서 볼 수 있듯이, 업스킬링과 리스킬링은 더욱 빠르게 진척될 전망이다.

필자가 소속되어 있는 전문대학평생직업교육협회(COLiVE)에서는 작년 6월부터 업스킬링&리스킬링 자격제도를 도입하기 위해 추진위원회를 구성하였고, 10월 25일 고용노동부로부터 업스킬링&리스킬링 민간자격과정을 최종 승인받았다. 금년 3월부터는 업스킬링과 리스킬링 교육과정을 추진할 예정이다. 대학에서는 다음과 같이 업스킬링과 리스킬링을 추진할 필요가 있다. 우선 기존인력을 '적재적소(適材適所)의 원칙'에 따라 배치할 필요가 있다. 아무리 뛰어난 사람도 자신의 능력에 부합하지 않는 일을 하게 되면 능력을 발휘할 수 없다. 기존의 틀에 얽매이지 않고 새로운 기술과 창의적 사고를 촉진할 수 있는 혁신적인 학습방법을 도입하여 변화하는 환경에 유연하게 대응할 수 있도록 해야 한다. 조직 내에서 다양한 사고를 가진 사람들이 서로 협력할 수 있는 문화를 장려하고 각자 능력을 최대한 발휘할 수 있도록 해야 한다.

결론적으로, 인재 부족을 해결하기 위해서는 업스킬링과 리스킬링에 대한 관심을 가져야 한다. 이제 업스킬링과 리스킬링은 새로운 기술 시대에 맞는 직무역량을 키우기 위한 일련의 시스템이자 프로그램이다. 인공지능, 클라우드, 로보틱스 등 첨단기술의 변화와 자동화로 인하여 시장과 조직에서 요구하는 업무 역량은 빠르게 변화고 있다.

한광식(전문대학평생직업교육협회 사무총장)

제2부

업스킬링&리스킬링 전문가 2급과정

제5장

업스킬링과 리스킬링의 개념과 필요성

Upskilling
Reskilling

학/습/개/요

이 장에서는 업스킬링과 리스킬링의 개념과 차이, 전통 교육과 새로운 학습 접근법, 그리고 기술 발전이 고용 시장에 미치는 영향을 다룬다. 업스킬링은 기존 직무 기술을, 리스킬링은 새로운 직무 기술을 배우는 것이며, 두 개념은 상호 보완적이다. 전통적 교육과 달리, 실습 기반의 맞춤형 학습이 강조되며, 글로벌 시장에서는 AI, 데이터 분석 등 새로운 스킬이 요구된다. 자동화와 디지털화로 창의적 문제 해결 능력과 전문 기술의 중요성을 제시하고 있다.

학/습/목/표

1. 업스킬링과 리스킬링 정의: 두 개념의 차이점과 상호 보완성에 대해서 설명할 수 있다.
2. 전통적 교육 방식과의 차이: 기존 교육과 비교한 새로운 학습 접근법에 대해서 설명할 수 있다.
3. 글로벌 시장의 스킬 트렌드: 기술 발전에 따른 새로운 스킬 요구사항에 대해서 설명할 수 있다.
4. 변화하는 고용 시장: 자동화, AI, 디지털화가 직업에 미치는 영향에 대해서 설명할 수 있다.

1. 업스킬링과 리스킬링의 정의

– 두 개념의 차이점과 상호 보완성

업스킬링(Upskilling)은 기존 직무에서 요구되는 기술을 더 심화하거나 새로운 기술을 습득하여 직무수행능력을 향상시키는 것을 의미한다. 이는 기존 직무에서 더 나은 성과를 내기 위해 필요한 지식과 능력을 강화하는 과정으로, 변화하는 산업 환경에 맞추어 자신의 기술을 지속적으로 발전시키는 데 중점을 둔다.

오늘날 기술은 빠르게 발전하고 있으며, 직무에서 요구되는 스킬도 이에 맞추어 계속 변하고 있다. 업스킬링은 이러한 변화 속에서 근로자가 자신의 경쟁력을 유지할 수 있도록 돕는다. 특히 디지털 전환, 인공지능(AI), 자동화 기술 등이 산업에 도입되면서 기존 직무의 성격이 바뀌고 있으며, 이에 따라 근로자들은 새로운 기술을 습득해야 한다. 업스킬링은 기존 직무에서 더 높은 성과를 내고, 새로운 역할을 맡기 위한 필수적인 과정이다.

업스킬링의 장단점 중 장점을 제시하면 다음과 같다.

① 직업 안정성 강화: 업스킬링을 통해 변화하는 산업 환경에 적응하면 기존 직무에서의 고용 안정성을 유지할 수 있다.

② 경력 개발 기회 제공: 새로운 기술을 습득하면 더 높은 직급이나 새로운 업무를 맡을 수 있는 기회가 증가한다.

③ 생산성 향상: 기술 수준이 높아짐에 따라 업무 효율성과 성과가 향상된다.

④ 직무 만족도 증가: 새로운 기술을 배우고 적용하는 과정에서 자신감을 얻고 직무 만족도가 높아진다.

업스킬링의 단점을 제시하면 다음과 같다.

① 시간과 비용 소모: 새로운 기술을 배우는 데 시간과 비용이 필요하다. 이는 특히 중소기업이나 개인에게 부담이 될 수 있다.
② 기술 습득의 한계: 모든 근로자가 새로운 기술을 쉽게 습득하지 못할 수 있으며, 이는 업스킬링의 성과를 제한할 수 있다.
③ 경쟁 심화: 업스킬링으로 인해 더 많은 인재들이 동일한 직무에 대한 자격을 갖추게 되면서 경쟁이 심화될 수 있다.

리스킬링(Reskilling)은 기존 직무와는 다른 완전히 새로운 기술을 습득하여 다른 직무로 전환하거나 새로운 역할을 수행할 수 있도록 준비하는 과정을 말한다. 이는 특정 산업이 쇠퇴하거나 자동화로 인해 기존 일자리가 사라질 때, 근로자들이 새로운 일자리에 적응할 수 있도록 돕는 중요한 전략이다.

산업 구조의 변화와 기술 혁신은 기존 직무를 대체하거나 완전히 새로운 직무를 만들어낸다. 특히 자동화와 AI 기술은 많은 저숙련 직무를 대체하고 있으며, 근로자들이 기존의 기술만으로는 살아남기 어려운 환경을 만들고 있다. 리스킬링은 이러한 상황에서 근로자들이 다른 직무로 전환할 수 있도록 돕는 과정으로, 실업률을 낮추고 경제적 불안정을 완화하는 데 중요한 역할을 한다.

리스킬링의 장단점 중 장점을 제시하면 다음과 같다.

① 새로운 직업 기회 창출 : 기존 직무에서 벗어나 더 성장 가능성이 있는 직무로 전환할 수 있다.
② 미래 대비 : 기술 발전이나 산업 구조 변화로 인해 일자리가 사라질 위험에 대비할 수 있다.
③ 직무 전환 용이 : 새로운 스킬을 학습하여 다양한 분야로 경력을 전환할 수 있어 개인의 경력 폭이 넓어진다.
④ 사회적 안정성 제공 : 대규모 실업 사태를 방지하고, 직업을 유지할 수 있도록 도와준다.

리스킬링의 장단점 중 단점을 제시하면 다음과 같다.

① 습득 과정의 어려움 : 완전히 새로운 기술을 배우는 것은 기존 직무에 대한 업스킬링보다 더 많은 시간과 노력이 필요하다.
② 적응 문제 : 새로운 직무로의 전환은 심리적, 조직적 적응 문제가 발생할 수 있으며, 적응하지 못하면 실패할 위험이 있다.
③ 지원 필요성 : 리스킬링은 기업과 정부의 강력한 지원이 필요하며, 이를 위한 정책적, 재정적 지원이 부족할 경우 실질적인 효과를 기대하기 어렵다.

업스킬링은 기존 직무에서 더 높은 성과를 내기 위해 필요한 기술을 향상시키는 것이며, 리스킬링은 완전히 새로운 기술을 습득하여 다른 직무로 전환하는 과정이다. 업스킬링은 현재 하고 있는 업무에서 더 나은 역할을 수행할 수 있도록 돕는 반면, 리스킬링은 새로운 역할을 수행할 수 있도록 근로자를 준비시키는 데 초점을 맞춘다.

업스킬링과 리스킬링과 주요 차이점은 정리하면 다음과 같다.

① 업스킬링: 기존 직무에 필요한 기술을 더 발전시키는 과정
② 리스킬링: 완전히 다른 직무를 수행하기 위한 새로운 기술을 학습하는 과정
③ 업스킬링의 목적: 현재 직무에서 성과 향상 및 직업 안정성 확보
④ 리스킬링의 목적: 새로운 직업으로 전환하여 새로운 기회를 찾기

업스킬링과 리스킬링의 개념은 고용 시장의 변화와 기술 발전에 적응하기 위한 필수적인 전략으로, 서로를 보완하며 인재들의 직업적 역량을 강화한다.

업스킬링의 사례를 제시하면, [한 금융 회사의 직원이 기존에 주로 고객 응대 업무를 담당했으나, 데이터 분석 기술을 배우면서 고객 행동 패턴을 분석하고 맞춤형 금융 상품을 제안하는 데이터 기반 마케팅 업무로 확장했다.] 이 과정에서 직원은 업스킬링을 통해 자신의 기존 직무에 필요한 고급 기술을 습득한 업스킬링의 사례다.

리스킬링 사례를 제시하면, [전통 제조업에 종사하던 한 근로자가 자동화의 확산으로 일자리가 줄어들자, 프로그래밍 기술을 배우고 IT 산업의 소프트웨어 개발자로 커리어를 전환한 경우가 리스킬링의 좋은 예다.] 이 근로

자는 새로운 직무를 수행하기 위해 전혀 다른 분야의 기술을 습득하여 새로운 커리어를 개척한 리스킬링의 사례다. 두 개념은 기업과 개인에게 모두 중요하다. 업스킬링은 직원이 변화하는 기술 환경에서 더 높은 가치를 창출할 수 있게 하며, 리스킬링은 새로운 기회를 탐색하고 변화하는 고용 시장에서 생존할 수 있도록 돕는다. 따라서 두 전략은 조직의 유연성과 경쟁력을 높이는 데 기여한다.

2. 전통적 교육 방식과의 차이

– 기존 교육과 비교한 새로운 학습 접근법

업스킬링과 리스킬링은 전통적 교육 방식과 달리, 실무 중심의 기술 습득을 목표로 한다. 업스킬링은 기존 직무에서 더 높은 기술을 습득하는 것을, 리스킬링은 새로운 직무로 전환하기 위한 기술을 학습하는 것을 의미한다. 전통적인 교육은 일반적으로 이론적 지식 전달과 자격증 중심의 학습에 집중되었으나, 업스킬링과 리스킬링은 실용적이고 즉시 활용 가능한 기술 습득에 초점을 맞춘다.

오늘날의 급격한 기술 변화 속에서, 전통적 교육 방식만으로는 빠르게 변화하는 직무 요구에 대응하기 어렵다. 업스킬링과 리스킬링은 이러한 변화에 적응할 수 있도록 지속적인 학습을 가능하게 하며, 이는 기업의 생산성 향상과 개인의 고용 가능성을 높이는 데 필수적이다. 특히, 디지털화와 자동화가 가속화되면서 새로운 기술을 배우고 빠르게 적용할 수 있는 능력이 그 어느 때보다 중요해졌다.

새로운 학습 접근법의 장단점 중 장점을 제시하면 다음과 같다.

① 즉각적인 실무 적용 가능성: 업스킬링과 리스킬링은 실무에서 바로 활용 가능한 기술 습득에 중점을 둔다. 이를 통해 개인은 자신의 직무에 필요한 역량을 빠르게 강화하거나 새로운 직업으로 전환할 수 있다.

② 개인 맞춤형 학습: 새로운 학습 접근법은 개별 학습자의 요구에 맞춘 맞춤형 학습이 가능하다. 전통적 교육이 일률적이고 정형화된 방식이었다면, 업스킬링과 리스킬링은 학습자의 직무와 역량 수준에 맞춰진 학습 경로를 제공한다.

③ 기업의 경쟁력 강화: 기업은 업스킬링과 리스킬링을 통해 내부 인재를 양성함으로써 빠르게 변화하는 기술 환경에 적응하고, 외부에서 고급 인재를 채용할 필요성을 줄일 수 있다.

새로운 학습 접근법의 단점을 제시하면 다음과 같다.

① 높은 비용과 시간 소요: 업스킬링과 리스킬링은 실무 경험과 관련된 학습이기 때문에 개인과 기업 모두 상당한 시간과 자원을 투자해야 한다. 특히 리스킬링의 경우 완전히 새로운 분야의 기술을 습득해야 하므로 학습 시간이 길어질 수 있다.

② 단기적인 성과 압박: 새로운 기술을 습득하고 이를 현장에서 적용하기까지 시간이 필요하므로, 기업은 단기적인 성과보다

장기적인 관점에서 접근해야 한다. 하지만 일부 기업은 이 과정에서 빠른 성과를 요구할 수 있어 압박을 받을 수 있다.

새로운 학습 방법은 전통적 강의식 교육과 달리, 학습자가 적극적으로 참여하고 실질적인 문제 해결을 통해 지식을 습득할 수 있도록 돕는 다양한 교수학습 방법을 포함한다. 이러한 방법은 학습자의 실무 역량을 개발하는 데 중점을 두며, 학습 목표와 내용을 실생활에 적용할 수 있도록 한다.

① 문제 기반 학습(PBL : Problem-Based Learning) : 학습자가 실제 직무 상황에서 직면할 수 있는 문제를 해결하는 과정을 통해 학습하도록 유도하는 방식이다. 이를 통해 학습자는 논리적 사고와 문제 해결 능력을 기르고, 다양한 지식을 실무에서 적용할 수 있다

② 프로젝트 기반 학습(Project-Based Learning) : 팀 또는 개인이 프로젝트를 수행하며 실질적인 결과물을 도출하는 과정에서 필요한 기술과 지식을 학습한다. 이 방식은 학습자에게 실실석인 경험을 제공하고, 협업 능력 및 시간 관리 능력을 향상시키는 데 도움이 된다.

③ 플립 러닝(Flipped Learning) : 학습자는 사전에 제공된 학습 자료(동영상 강의, 자료 등)를 학습하고, 수업 시간에는 토론, 실습, 과제 해결을 통해 배운 내용을 적용하는 방식이다. 이를 통해 학습자는 자기 주도적으로 학습 내용을 이해하고, 교실

에서는 보다 심화된 학습을 할 수 있다.

④ 코칭 및 멘토링 학습: 개별 학습자 또는 소규모 그룹을 대상으로 경험 많은 전문가나 멘토가 지도하여 학습자의 기술 습득 및 경력 개발을 돕는다. 이는 실무 중심의 학습 환경에서 매우 효과적이다.

⑤ 교수학습 지도안 예시: 아래는 새로운 학습 방법을 기반으로 한 지도안의 예시이다. 이 지도안은 프로젝트 기반 학습을 중심으로 하여 설계되었다.

- 주제 : 데이터 분석을 활용한 실무 프로젝트 수행
- 대상 : 직무 관련 역량을 향상시키려는 직장인 또는 고등교육 학생
- 수업 목표 : 학습자가 데이터 분석 도구를 활용하여 실무에서 활용 가능한 데이터 기반 결정을 내릴 수 있도록 한다.
- 수업 시간 : 3시간(1시간 이론, 2시간 실습)
- 교수학습 지도안 예시

〈표 5-1〉 데이터 분석을 활용한 실무 프로젝트 교수학습지도안 예시

단계	교수학습 활동	학습자 활동	시간
1. 도입	• 학습 목표와 프로젝트 설명 • 데이터 분석의 중요성과 실무 적용 사례 소개	• 학습 목표 파악 • 데이터 분석의 필요성 인식	15분
2. 이론 학습	• 데이터 분석 도구 (예 : 엑셀, 파이썬, R) 소개 • 기본 분석 방법론 설명(통계적기초,데이터 시각화등)	• 데이터 분석 도구와 방법론에 대한 학습 • 질문과 답변을 통해 이해도 확인	45분
3. 실습 1	• 실제 데이터를 제공하고 분석 과제 수행 지시 • 분석 목표와 방법론 제시	• 팀별로 데이터 분석 작업 시작 • 분석결과도출	1시간
4. 실습 2	• 분석 결과 발표 및 피드백 제공 • 분석 결과를 실무에 적용하는 방법 논의	• 팀별 분석 결과 발표 • 피드백 반영 및 실무 적용 방법학습	45분
5. 마무리	• 학습 내용 요약 • 추가 학습자료 및 연습과제 제공	• 학습 내용을 정리하고 향후 학습 계획 수립	15분

새로운 학습 방법을 활용하기 위한 방안을 제시하면 다음과 같다.

① 하이브리드 학습 모델 도입

전통적 교육과 업스킬링, 리스킬링을 결합한 하이브리드 학습 모델이 도입될 것으로 보인다. 이 모델은 이론과 실습을 병행하여 균형 잡힌 교육을 제공하며, 전통적 교육의 깊이 있는 학문적 배경과 업스킬링/리스킬링의 실용적 학습을 통합할 것이다.

② 디지털 학습 플랫폼 확대

온라인 교육과 디지털 플랫폼을 통한 학습이 계속해서 확장될 것

이다. 이는 시간과 장소의 제약을 넘어 학습자가 언제 어디서든 자신의 속도에 맞춰 학습할 수 있도록 지원한다.

③ 맞춤형 학습 경로 강화

개인의 역량과 목표에 따라 맞춤형 학습 경로를 제공하는 플랫폼이 더욱 발전할 것으로 예상된다. AI와 빅데이터를 활용해 학습자의 필요에 맞는 최적의 학습 방법과 과정을 추천하는 시스템이 널리 사용될 것이다.

업스킬링과 리스킬링은 전통적 교육 방식에 비해 실무 중심의 기술 습득에 중점을 두며, 변화하는 고용 환경에 대응하기 위한 중요한 학습 전략이다. 기업과 개인 모두가 경쟁력을 유지하기 위해 이러한 새로운 학습 접근법을 적극적으로 도입할 필요가 있으며, 이를 통해 지속적인 성장과 적응을 이끌어 낼 수 있다.

3. 글로벌 시장의 스킬 트렌드

- 기술 발전에 따른 새로운 스킬 요구사항

글로벌 시장에서 요구되는 스킬 트렌드는 기술 발전과 디지털화에 따라 급격히 변화하고 있다. 인공지능(AI), 빅데이터, 클라우드 컴퓨팅, 사물인터넷(IoT), 사이버 보안 등 기술의 발전으로 인해, 전통적인 직무와 달리 새로운 직무와 업무 환경에서 필요한 기술 역량이 강조되고 있다. 이러한 스킬 트렌드는 다양한 산업 전반에 걸쳐 적용되며, 직무의 자동화와 디지털 전환에 따라 새로운 기술 습득이 필수적으로 요구되고 있다.

기술 발전에 따른 스킬 요구 사항의 변화는 경제, 기업, 개인에게 모두 중요한 영향을 미친다. 특히 다음과 같은 이유로 중요하다.

① 경쟁력 유지: 기업이 글로벌 시장에서 경쟁력을 유지하기 위해서는 새로운 기술을 빠르게 수용하고, 이를 실무에서 효과적으로 적용할 수 있는 인재를 확보해야 한다.

② 고용 가능성: 개인의 입장에서 보면, 기술의 발전으로 인해 전통적 직무가 사라지거나 자동화됨에 따라, 새로운 기술을 습득하지 않으면 고용 가능성이 낮아질 수 있다. 따라서 꾸준한 스킬 업데이트가 필요하다.

③ 산업 구조 변화: 글로벌 시장에서 기술 발전은 새로운 산업을 창출하며, 기존 산업에도 큰 변화를 가져온다. 이에 따라 새로운 스킬에 대한 수요가 급격히 증가하고 있다.

주요 기술 스킬 트렌드를 정리해서 제시하면 다음과 같다.

① 인공지능(AI) 및 기계 학습

AI와 기계 학습은 데이터 처리 및 분석, 자동화된 의사결정 시스템을 통해 기업의 생산성과 효율성을 높이는 핵심 기술로 자리 잡고 있다. AI 알고리즘 설계, 데이터 분석, 자동화 솔루션 개발 등의 스킬이 필수적이다.

② 빅데이터 및 데이터 분석

데이터는 오늘날의 기업 의사결정에 있어 가장 중요한 자원 중 하나이다. 빅데이터 처리 및 분석 기술은 트렌드 예측, 고객 행동 분석, 시장 전략 수립에 중요한 역할을 한다. 데이터 사이언티스트, 데이터 엔지니어 등 데이터 관련 전문가에 대한 수요가 증가하고 있다.

③ 클라우드 컴퓨팅

기업의 IT 인프라가 클라우드로 이전됨에 따라, 클라우드 컴퓨팅과 관련된 기술(예 : AWS, Google Cloud, Azure)이 필수적이다. 클라우드 인프라 관리, 클라우드 보안, 클라우드 솔루션 개발 능력이 중요한 스킬로 부각되고 있다.

④ 사이버 보안

디지털화가 확산됨에 따라 사이버 보안 위협도 증가하고 있다. 이에 따라 기업들은 네트워크 보안, 데이터 보호, 해킹 방지 등의 기술적 역량을 갖춘 보안 전문가를 필요로 한다.

⑤ 소프트 스킬

기술 스킬과 함께 문제 해결 능력, 창의성, 의사소통 능력 등과 같은 소프트 스킬도 여전히 중요하다. 기술이 발전함에 따라 인간의 감정적 지능과 창의성이 더 강조될 수밖에 없기 때문이다.

산업통상자원부는 "산업기술혁신촉진법"에 따라 매년 유망 신산업 및 기술인력 전망을 조사하고 있다. 2021년에는 시스템 분야, 2022년에는 부품·장비 분야, 2023년에는 소재 분야의 조사·전망을 진행할 예정이다. 조사 결과를 바탕으로 산업계의 인력 부족 문제를 해결하기 위한 산업기술 인력 양성 및 공급 정책을 추진한다.

고용노동부는 미래 국가 경제를 이끌 20개 신기술 분야를 선정하고, 해당 인력 양성을 위해 2022년 1.6조 원의 예산을 집중 투자하여 16만 명의 신기술 인재 양성 계획을 밝혔다. 이를 기반으로 2021년부터 "신기술 인력 양성 협업 예산"을 편성하여, 2021년 6개 분야에서 4대 분야 20개 신기술 분야로 확대하였다.

〈표 5-2〉 **미래 국가 경제를 이끌 20개 신기술 분야**

부문	협업예산 편성 취지	신기술 분야 (20개)
디지털	빠른 성장 속도 대응	AI, 메타버스, 클라우드, IoT, 데이터, 5G·6G, 네트워크SW(컴퓨팅 포함), 사이버 보안
탄소중립	저탄소 경제 전환	태양광, 풍력, 전기차, 수소차, 시스템반도체, 차세대 디스플레이
반도체·바이오	첨단산업의 경쟁력 확보	바이오헬스, 바이오소재, 이차전지
신성장동력	산업의 새로운 기회 발굴	우주, 수소, 항공, 우주

출처 : 고용노동부(2021). 미래 국가 경제를 이끌 20개 신기술.

새로운 스킬의 장단점 중 장점을 제시하면 다음과 같다.

① 신기술 도입의 가속화: 새로운 스킬을 습득함으로써 기업은 최신 기술을 빠르게 도입하여 시장에서의 경쟁 우위를 확보할

수 있다.

② 고용 안정성: 개인이 새로운 스킬을 습득하면 변화하는 고용 시장에서 고용 가능성을 높일 수 있으며, 경력 개발에도 유리하다.

③ 효율성 및 생산성 향상: 새로운 기술을 활용한 작업 방식은 기업의 생산성을 극대화하고, 비용 절감 효과를 가져온다.

새로운 스킬의 단점은 다음과 같다.

① 높은 학습 비용: 새로운 기술을 습득하는 데는 시간과 비용이 많이 소요된다. 이는 개인과 기업 모두에게 부담이 될 수 있다.

② 기술 격차 확대: 기술의 발전 속도가 빠르게 증가하면서, 일부 인력은 새로운 기술을 습득하지 못해 기술 격차가 커질 수 있다.

③ 직무 불안정성: 자동화와 기술 발전으로 인해 기존 직무가 사라지거나 역할이 축소될 수 있으며, 이에 따라 재교육이나 리스킬링이 필요해질 수 있다.

기업은 직원들이 최신 기술을 습득할 수 있도록 지속적인 교육 프로그램을 제공해야 하며, 개인도 평생 학습을 통해 새로운 기술에 적응해야 한다. 정부와 교육 기관은 새로운 기술 학습을 장려하고 지원하기 위한 다양한 프로그램을 제공할 필요가 있다. 이를 통해 기술 격차를 줄이고 더 많은 사람들이 새로운 기술을 습득할 수 있도록 해야 한다. 온라인 교육 플랫폼과 학습 관리 시스템(LMS)

을 통해 기술 학습이 더욱 유연하고 접근 가능하게 될 것이다. 이는 시간과 장소의 제약 없이 개인 맞춤형 학습 경로를 제공할 수 있다.

기술 발전에 따른 글로벌 스킬 트렌드는 기업과 개인 모두에게 중요한 도전 과제이자 기회로 작용하고 있다. 새로운 기술을 빠르게 습득하고 이를 실무에 적용할 수 있는 능력은 앞으로 더욱 중요해질 것이며, 이에 맞춘 교육 및 훈련이 지속적으로 강화될 필요가 있다.

4. 변화하는 고용 시장

– 자동화, AI, 디지털화가 직업에 미치는 영향

자동화와 AI가 반복적이고 일상적인 업무를 대체함에 따라 인간 고유의 창의력, 문제 해결 능력, 감성 지능이 더욱 강조되고, 특히 디지털 기술 이해와 데이터 분석 역량은 거의 모든 직군에서 요구되는 필수 역량이 되어가고 있다. 또한 디지털화와 자동화는 프리랜서, 계약직 근무 형태와 같은 유연한 고용 구조를 촉진하고 있으며, 평생 학습과 같은 지속적인 기술 업그레이드가 중요해졌다. 고용주들은 디지털 역량을 갖춘 인재에 대한 수요가 높아졌으며, 평생 학습과 자격증 취득을 통한 개인의 역량 강화가 고용 안정에 기여한다. 구체적으로 자동화, 인공지능 및 디지털화에 대해서 살펴본다.

① 자동화(Automation)

자동화는 반복적이고 규칙 기반의 업무를 기계와 소프트웨어가 수행하는 기술로, 물리적 노동에서부터 정보 처리에 이르기까지 광범위하게 적용된다. 자동화를 통해 비용 절감, 생산성 증대, 안전성 강화에 기여하여 기업의 경쟁력을 높이는 핵심 수단이지만, 단순 직무의 일자리 감소, 초기 설치비용과 유지보수 비용 발생 문제도 있다. 즉, 제조업에서 단순 작업을 대체하여 인건비 절감 효과를 가져오고, 위험한 환경에서 안전을 보장해 주는 대신, 기존의 반복적이고 낮은 숙련도의 직무는 감소하게 된다. 따라서 자동화를 준비하기 위해 필요한 역량은 자동화 장비의 기본 원리를 이해하는 기술력, 문제 해결 능력과 기계에 대한 이해 및 자동화 시스템 관리 및 유지보수 역량을 갖추어야 한다. 구체적으로, 기본적인 자동화 원리, 프로세스 자동화(예 : RPA), 로봇 활용법을 다루는 과정을 수강하고, 자동화 시스템 설계 및 유지보수 등에 대해 실습하며, PLC 프로그래밍이나 기계 제어 관련 자격증을 준비한다.

② 인공지능(Artificial Intelligence, AI)

인공지능은 대량의 데이터를 기반으로 학습하고 패턴을 분석하여 예측과 결정을 수행하는 기술로, 인간의 사고와 결정을 모방한다. AI는 고객 맞춤형 서비스, 의료 진단, 금융 예측 등 다양한 분야에서 빠르고 정확한 의사결정을 가능하게 하며, 새로운 비즈니스 기회를 제공한다. 즉 AI 장점은 데이터 분석 및 예측 능력 향상, 업무 자동화, 맞춤형 고객 서비스 제공하는 반면에, 단점은 프라이버시 침해, 윤리적 문제, 일자리 대체 우려가 있다. 즉, AI가 직업에 미치는 영향은 데이터 분석, 의사결정, 문제 해결에서 AI가 중심 역할을 하며, 데이터 분석가, AI 엔지니어와 같은 직무 수요가 증가하나 일부 단순 직무는 AI로 대체될 가능성이 높다. AI를 준비하기 위해 필요한 역량은 AI와 데이터 분석에 대한 기본 지식, 데이터 해석 및 통찰력 및 머신러닝과 데이터 사이언스 기술을 갖추어야 한다. 구체적으로 AI 기초와 머신러닝(Machine Learning) 교육, 데이터 분석과 데이터 사이언스 기본 교육을 받고, 파이썬(Python)과 같은 AI 프로그램 언어 학습, 데이터 시각화 툴(예: Tableau, Power BI)을 익힌다.

③ 디지털화(Digitalization)

디지털화는 데이터를 디지털 형태로 변환하여 이를 관리, 분석, 저장하는 기술로, 물리적 문서와 시스템을 디지털로 전환하여 관리 효율성을 높인다. 디지털화는 효율적인 정보 접근, 협업, 분석을 통해 비즈니스의 경쟁력을 강화하며, 특히 원격 업무 환경에서 필수적으로 협업 강화, 데이터 분석 용이, 업무 효율성 증대의 장점이 있는 반면에, 데이터 보안 문제, 기술 격차 문제가 발생된다. 디지털화가 직업에 미치는 영향은 디지털화를 통해 원격근무 및 유연한 근무 형태를 가능하게 하며, 사이버 보안, 클라우드 관리, 데이터 분석 직무의 수요가 증가한다. 하지만 디지털 기술에 익숙하지 않은 인력에게는 부담이 될 수 있다. 디지털화를 준비하기 위해 필요한 역량은 디지털 도구와 플랫폼에 대한 이해, 데이터 관리 및 보안 역량, 원격 협업 기술과 디지털 커뮤니케이션 능력으로, 구체적으로 클라우드 컴퓨팅, 사이버 보안, 데이터 관리 학습 과정을 습득하고, 협업 도구 사용법(예 : Microsoft Teams, Slack)과 클라우드 기반 원격근무 기술을 습득한다.

특히, 온라인 교육 플랫폼(Kmooc, GSEEK, Step, Coursera, Udacity, LinkedIn Learning 등)의 각 기술을 위한 맞춤형 과정을 활용하고, 사내 재교육 및 워크숍에 참여하여 현업에서 사용하는 최신 기술을 익힐 필요가 있다. 이 외에도 해커톤, 오픈 소스 프로젝트 참여, 온라인 포럼을 통해 실제 사례와 문제 해결 경험을 배양하면서, 각 기술에 필요한 역량을 지속적으로 습득하고 직무 변화에 대응하는 업스킬링과 리스킬링을 효과적으로 진행할 수 있다.

출제 예상문제

01. **업스킬링과 리스킬링의 필요성이 강조되는 이유는 무엇입니까?**

① 기술 변화에 적응하고 경쟁력을 유지하기 위해
② 고용 안정성 감소
③ 교육 비용 증가
④ 기술 사용 감소

02. **업스킬링과 리스킬링의 차이점 중 올바르지 않은 것은 무엇입니까?**

① 업스킬링은 기존 직무의 기술을 향상시키는 것을 목표로 한다.
② 리스킬링은 기존 직무와 관련 없는 새로운 기술을 배우는 것을 목표로 한다.
③ 업스킬링은 직업 변경을 목표로 한다.
④ 리스킬링은 새로운 직업 기회를 창출할 수 있다.

03. **새로운 학습 접근법의 장점에 속하지 않는 것은 무엇입니까?**

① 즉각적인 실무 적용 가능성 ② 학습 비용과 시간이 적게 든다.
③ 개인 맞춤형 학습 ④ 기업의 경쟁력 강화

04. **업스킬링과 리스킬링 프로그램에서 특히 강조되는 새로운 학습 방법은 무엇입니까?**

① 강의식 교육 ② 문제 기반 학습(PBL)
③ 전통적인 시험 중심 학습 ④ 단순 암기 중심 학습

05. **글로벌 시장에서 기술 발전에 따라 증가하는 스킬 요구사항에 포함되지 않는 것은?**

① 인공지능(AI) 및 기계 학습 ② 클라우드 컴퓨팅
③ 사이버 보안 ④ 전통적인 제조 기술

정답과 해설

01. ①

기술 변화에 능동적으로 대응하고 개인 및 조직의 경쟁력을 유지하기 위해서는 업스킬링과 리스킬링이 필수적입니다.

02. ③

업스킬링은 기존 직무에서 더 나은 성과를 내기 위해 기술을 향상시키는 과정이며, 직업 변경을 목표로 하지 않습니다.

03. ②

새로운 학습 접근법은 종종 높은 비용과 시간 소모를 수반할 수 있으며, 즉시 실무에 적용할 수 있는 실용적 기술을 제공하는 것이 특징입니다.

04. ②

업스킬링과 리스킬링 프로그램은 실제 직무 상황에서 직면할 수 있는 문제를 해결하는 과정을 통해 학습하는 문제 기반 학습 (PBL) 방식을 강조합니다. 이 방법은 학습자가 실질적인 문제 해결 능력을 개발하도록 돕습니다.

05. ④

현대 글로벌 시장에서는 AI, 클라우드 컴퓨팅, 사이버 보안과 같은 첨단 기술 스킬이 강조되고 있습니다. 전통적인 제조 기술은 자동화와 디지털 변환으로 인해 변화하고 있으며, 새로운 기술 스킬 요구로 대체되고 있습니다.

제6장

업스킬링과 리스킬링을 위한 직무분석

Upskilling
Reskilling

학/습/개/요

이 장에서는 직무분석의 개념과 필요성을 시작으로, 성공적인 스킬 개발을 위한 핵심 직무 역량 파악 방법을 제시한다. 이어서 미래 직무 요구사항 예측을 통해 미래에 대비하는 분석 도구를 소개하고, 직무별 스킬 매트릭스 작성을 통해 직무와 스킬을 효과적으로 매칭하기 위한 체계적인 접근법을 학습한다. 이를 통해 직무에 요구되는 역량을 명확히 하여 개인과 조직의 스킬 개발을 전략적으로 지원하는 것을 목표로 한다.

학/습/목/표

1. 직무분석의 개념과 필요성 : 성공적인 스킬 개발을 위한 직무분석의 중요성에 대해 설명할 수 있다.
2. 핵심 직무 역량 파악 : 특정 직무에서 요구되는 역량 분석 방법을 설명할 수 있다.
3. 미래 직무 요구사항 예측 : 미래에 대비한 직무분석 도구를 설명할 수 있다.
4. 직무별 스킬 매트릭스 작성 : 직무와 스킬 매칭을 위한 매트릭스 구축을 설명할 수 있다.

1. 직무분석의 개념과 필요성

– 성공적인 스킬 개발을 위한 직무분석의 중요성

직무분석은 특정 직무에서 수행해야 하는 역할과 책임을 구체화하고, 이를 통해 필요한 기술과 역량을 파악하는 과정으로, 이를 통해 조직 내 다양한 직무의 요건을 체계화하고, 효율적인 인력 배치와 스킬 개발을 위한 기반을 마련한다.

① 효율적 인재 관리 : 각 직무에 필요한 역량을 명확히 정의하여 인재의 적재적소 배치를 가능하게 한다.
② 맞춤형 교육 개발 : 직무 요구사항에 맞춘 교육 프로그램을 설계하고, 개인의 성장과 직무 성과를 향상시킨다.
③ 스킬 갭(Gap) 파악 : 현재 인력의 역량과 직무 요구사항 간의 차이를 파악하는 것은 업스킬링 및 리스킬링 전략을 마련하는 데 필수적이다.

직무분석은 인력의 적절한 배치와 맞춤형 스킬 개발 지원, 직무에 필요한 역량 명확화할 수 있지만, 초기 분석 비용과 시간이 많이 소요될 수 있으며, 분석된 요구사항이 고정화될 위험이 있어 지속적인 업데이트가 필요하다.

〈표 6-1〉 **직무분석의 간단한 예시**

회사	직무	분석 내용	필요 역량	결과
A 회사 – IT 부서	시스템 관리	서버 및 네트워크 관리	네트워크 보안, 문제 해결	보안 관리 교육 도입
B 회사 – 영업 부서	영업	고객 관리 및 매출 증대	고객 분석, 협상	협상력 향상 교육 제공
C 회사 – R&D 부서	연구	신제품 개발	창의적 사고, 기술 이해	혁신 관리 훈련 진행

NCS는 국가가 산업현장에서 직무를 수행하는데 요구되는 지식과 기술, 자격 등의 내용을 산업부문별, 수준별로 체계화한 자료이다(www.ncs.go.kr). NCS를 활용해서 직무분석을 할 수 있다.

여기서는 채용설계를 위한 NCS 활용 직무분석 과정을 예시로 제시한다.

〈표 6-2〉 **국가직무능력표준(NCS)을 활용한 직무분석 과정**

단계	프로세스	내용
1단계	직무관련 정보수집, 분석	조직에서 보유하고 있는 직무관련 분류체계 또는 정보들(직무기술서, 직무명세서, 조직도, 업무분장표 등)을 수집하여 분석
2단계	NCS Mapping	기존 직무관련 정보를 분석한 내용에 기반하여 가장 유사한 NCS체계 내의 세분류 정보 탐색: NCS 세분류 정보들을 검토하여 선발 평가 시 활용할 능력단위 도출
3단계	NCS Mapping 타당성 검증	직무전문가의 의견을 수렴하여 NCS Mapping 결과의 적절성을 검토: SME 의견 수렴, 방법: 인터뷰, 설문, 워크숍 등
4단계	직무능력 최종선정	SME 검토를 통해 검증된 직무능력들을 취합하고, 필요성이나 중요도가 높은 직무능력들(지식, 기술, 태도, 자격 등)을 선정
5단계	직무기술서 개발	NCS를 이용해 도출된 직무내용 및 직무능력을 활용, 직무기술서 개발

출처: 김면식, 김순호, 이선옥, 이승철, 최승규(2023). 이제부터는 공정채용이다. 박문각

먼저 1단계 직무관련 정보수집 및 분석에서는 직무파악의 단계로 조직에서 이미 보유하고 있는 직무분석 자료 및 직무기술서 등을 활용하여 분석하고자 하는 직무(직군)별 수행직무, 자격요건, 직무특성을 조사하고 현재 조직의 정원, 현원 관리에 따른 결원 및 미래의 인력수요를 감안, 채용분야 및 인원을 확정하는 것이다.

둘째, 채용하고자 하는 모집분야에 맞는 NCS를 찾기 위해, NCS 검색메뉴 내 분야별 검색창에 접속하여 대분류→중분류→소분류→세분류의 순으로 NCS를 검색한다. 효율적인 NCS 검색을 위해 사전에 채용 모집분야와 NCS 분류체계를 맵핑하여 획득하고자 하는 NCS를 파악한다.

셋째, 3단계 NCS 맵핑 타당성 검증에서는 SME의 의견을 인터뷰, 설문, 워크숍 등을 통해 NCS 맵핑 결과의 적절성을 검토한다. 이 과정에서 정의된 내용에 대한 일정 검토 기준 마련이 필요한데 1차 필터링(Filtering)을 거쳐 "수행업무 내용 및 직무수행의 필수 조건"을 도출하고, 2차 필터링을 통해 "우수한 직무수행의 요건"을 도출한다. 이렇게 도출된 결과를 SME와 인사 담당자의 최종 검토를 거쳐 채용직무의 직무능력(지식, 기술, 태도, 자격)으로 선정하는 것이다.

넷째, 4단계 직무능력 최종 선정에서는 SME 검토를 통해 채용에 필요한 직무능력들을 취합하고, 필요성 등을 기준으로 직무능력(지식, 기술, 태도)과 직업기초능력 등을 선정한다. 선정된 채용직무의 직무능력은 '직무설명자료(직무기술서)'로 개발 및 공개해야 하는데, 직무설명자료에는 채용직무, 업무내용, 세부수행내용, 직무요건(지식, 기술, 태도), 직업기초능력, 경험(경력), 자격 등에 대하여 기재하고, 채용 공고문에 포함하거나 또는 별첨 자료로 제시하여야 한다.

다섯째, 5단계 직무기술서 개발단계에서는 도출된 직무능력을 중심으로 직무기술서를 개발한다. 직무기술서에는 채용직무, 업무내용, 세부수행내용, 직무요건(지식, 기술, 태도), 직업기초능력, 경험(경력), 자격 등에 대해 기재하고, 이를 채용공고문에 포함시키거나 별첨자료로 제시해야 한다. 이를 통해 지원자는 채용공고와 직무기술서를 보고, 채용 직무와 업무내용을 알 수 있고, 취업을 위해 준비해야 할 사항이 무엇인지 파악할 수 있다.

2. 핵심 직무 역량 파악

– 특정 직무에서 요구되는 역량 분석 방법

핵심 직무 역량 파악은 특정 직무에서 성과를 내기 위해 필수적으로 요구되는 기술, 지식, 태도 등을 정의하고 분석하는 과정이다. 이 과정은 직무 수행에 필요한 핵심 역량을 체계적으로 이해하여, 맞춤형 스킬 개발과 적절한 인재 배치를 지원하는 데 필수적이다.

① **맞춤형 교육 프로그램 설계**: 직무별 핵심 역량을 기반으로 교육 프로그램을 맞춤형으로 설계해, 각 직무에 적합한 인재를 효율적으로 육성할 수 있다.

② **스킬 갭(Gap) 분석**: 현재 직원들이 갖춘 역량과 목표 직무에 필

요한 역량의 차이를 분석하여 업스킬링 및 리스킬링 전략을 수립할 수 있다.

③ 성과 향상 및 적재적소 인력 배치: 직무에 필요한 역량을 명확히 정의함으로써 적절한 인재를 적재적소에 배치하고, 직무 수행 능력을 극대화할 수 있다.

핵심 직무 역량 파악: 특정 직무에서 요구하는 역량 분석 사례를 ① IT 부서: 데이터분석 직무, ② 영업 부서 - 영업 관리 직무, ③ R&D 부서 - 연구개발 직무를 제시하면 다음과 같다.

사례 1 : IT 부서 - 데이터 분석 직무

• 분석 방법

- 데이터 수집 및 분석 능력: 데이터 수집과 분석 도구에 대한 이해와 활용 능력 파악.
- 통계 및 데이터 시각화 역량: 통계 기법과 시각화 툴을 활용하여 데이터를 해석하고 전달하는 능력 분석.
- 비즈니스 문제 해결 능력: 데이터를 기반으로 비즈니스 문제를 진단하고 해결 방안을 제시하는 역량 평가.

• 필요 역량 분석 결과

- 데이터 분석 기술(파이썬, SQL): 데이터를 추출, 처리, 분석할 수 있는 프로그래밍 역량.
- 데이터 시각화 도구(Tableau, Power BI): 분석 결과를 이해하기 쉽게 시각화하여 공유할 수 있는 역량.
- 비즈니스 사고력: 데이터를 바탕으로 비즈니스 가치를 창출하는 능력.

• 적용 예시

- 데이터 분석가의 역할에서 데이터 기반 보고서를 정기적으로 작성해야 하므로, 분석 결과와 통찰력을 효과적으로 전달하는 능력에 집중하여 교육 프로그램을 제공.

사례 2 : 영업 부서 - 영업 관리 직

• 분석 방법

- 고객 분석 및 니즈 파악 능력 : 고객의 요구사항과 시장 동향을 분석하고 이해하는 능력 평가.
- 협상 및 설득 기술 : 고객과의 협상에서 유리한 조건을 이끌어낼 수 있는 설득력과 협상 기술 파악.
- 관계 관리 : 장기적인 고객 관계를 유지하기 위한 커뮤니케이션 및 관계 관리 능력 분석.

• 필요 역량 분석 결과

- 고객 분석 능력 : 고객의 구매 패턴과 시장 요구를 분석할 수 있는 능력.
- 협상 기술 : 효과적인 커뮤니케이션과 협상 전략을 통해 계약을 성사시키는 역량.
- 관계 관리 기술 : 지속적인 고객 관리와 관계 유지를 위한 소통 역량.

• 적용 예시

- 영업 관리자는 주기적인 협상 스킬 향상 교육과 사례 중심의 협상 시뮬레이션 프로그램을 통해 실무에서 발생하는 다양한 상황을 대비할 수 있도록 함.

사례 3 : R&D 부서 - 연구개발 직무

• 분석 방법

- 문제 해결 및 창의적 사고 능력 : 새로운 아이디어를 창출하고 문제를 해결하는 창의적 사고 능력 분석.
- 기술적 이해도 및 응용 능력 : 최신 기술에 대한 이해와 이를 제품 개발에 응용할 수 있는 능력 평가.
- 프로젝트 관리 능력 : 개발 프로젝트를 효율적으로 관리하고 일정 내에 완료할 수 있는 관리 역량 파악.

• 필요 역량 분석 결과

- 기술적 전문성 : 제품 개발에 필요한 기술과 지식(예 : 기계 설계, 프로그래밍)에 대한 깊은 이해.
- 창의적 문제 해결 능력 : 창의적으로 문제를 접근하고 새로운 해결책을 찾아낼 수 있는 역량.
- 프로젝트 관리 능력 : 개발 일정과 자원을 효율적으로 관리하고 팀 협업을 이끄는 능력.

• 적용 예시
– 연구개발자의 경우 혁신적 기술과 제품 개발을 위해 창의적 사고 및 문제 해결 훈련과 프로젝트 관리에 대한 전문성을 함양할 수 있는 교육을 제공.

도출된 핵심 직무 역량을 업스킬링(현재 직무의 심화된 역량 개발)하는 방법을 제시하면 다음과 같다.

① 특화된 기술 교육 프로그램: 현재 직무에서 요구되는 심화된 기술을 배우기 위해 특화된 교육 프로그램을 제공하는 것이다. 예를 들어, IT 직무에서는 최신 데이터 분석 도구나 머신러닝 알고리즘, 영업 직무에서는 고급 협상 기법을 다루는 교육을 제공할 수 있다.

② 전문성 인증 및 자격증 취득 지원: 직무에 필요한 고급 자격증이나 인증을 통해 심화된 지식을 습득하도록 지원한다. 예를 들어, AI 엔지니어는 고급 AI 인증 프로그램을 통해 역량을 업그레이드할 수 있다.

③ 실제 프로젝드 기반 교육(Project-based Learning): 이론 학습뿐만 아니라 실제 현장에서 적용 가능한 프로젝트를 수행하여 실무 능력을 심화한다. 예를 들어, 고객 서비스 직무에서는 고객 문제 해결 프로젝트를 진행하여 대인 관계 및 커뮤니케이션 능력을 향상시킬 수 있다.

④ 멘토링 및 코칭 프로그램: 경력 개발을 돕기 위해 경력자와의 멘토링을 통해 실질적이고 구체적인 스킬 향상을 도모할 수 있다.

이 밖에, 리스킬링(새로운 직무로의 전환을 위한 역량 개발)하는 방법을 제시하면 다음과 같다.

① 기초 역량 교육 과정 제공: 새로운 직무에서 필수적인 기본 역량을 제공하는 교육 과정이다. 예를 들어, 비기술 직무에서 기술 직무로의 전환을 위한 기초 프로그래밍 과정이나 데이터 분석 입문 과정을 제공한다.

② 디지털 기술 훈련: 변화하는 디지털 환경에 대비하기 위해 클라우드, 사이버 보안, 데이터 관리 등 디지털 기술을 익힐 수 있는 교육을 제공한다. 디지털화는 다양한 직무에서 요구되기 때문에 이를 통해 다양한 직군으로의 전환이 가능해진다.

③ 기초 문제 해결 및 분석 능력 강화: 새로운 직무에서 요구되는 문제 해결 능력과 분석 능력을 강화하기 위한 교육이다. 예를 들어, IT 직무로의 전환을 위해 논리적 사고 및 문제 해결 과정을 포함한 학습 모듈을 제공한다.

④ 교차 직무 학습(Cross-functional Learning): 기존 업무와 다른 직무를 경험하도록 해 다양한 분야의 역량을 쌓을 수 있도록 한다. 예를 들어, 마케팅 부서 직원이 데이터 분석 부서로 이동하는 경우, 데이터 기반 분석 기술과 마케팅 통찰력을 결합할 수 있다.

3. 미래 직무 요구사항 예측

– 미래에 대비한 직무분석 도구

미래 직무 요구사항 예측은 빠르게 변화하는 기술 및 산업 트렌드에 맞춰 향후 필요한 직무와 역량을 사전에 파악하여 인재 전략을 수립하는 과정으로, 디지털화, 자동화, AI 기술 도입으로 인해 직무 구조와 요구 역량이 지속적으로 변하고 있으며, 이에 대비한 선제적 대응이 필요하다. 미래 직무분석 도구는 다양한 분석 도구들이 활용되고 있으며, 아래 도구들은 기업과 기관이 미래 인재 요구를 예측하는 데 도움이 된다.

① AI 기반 예측 분석 도구

AI 기반 도구는 직무의 미래 요구사항을 예측하기 위해 데이터 분석과 머신러닝 알고리즘을 활용한다. IBM Watson Talent는 직무 기술 분석과 AI 예측을 통해 미래 요구사항을 예측한다.

〈표 6-3〉 AI 기반 미래 직무 예측 분석 도구

도구	주요기능	활용사례
IBM Watson Talent	AI 기반 직무 역량 분석 및 예측	글로벌 제조업체의 역량 갭 분석
Burning Glass	직무 시장 데이터 분석	고사에 필요한 기술 트렌드 제공
LinkedIn Talent Insights	직무 및 인력 데이터 분석	기술 수요와 공급 예측

출처 : IBM Watson Talent Management(2020). AI-Powered Skills Insights. IBM Watson.

② 데이터 기반 직무분석 모델

데이터 기반 직무분석 모델은 빅데이터와 직무분석을 통해 현재 직무와 인력 구조의 변화를 분석하고 예측하는 모델로, Burning Glass는 전 세계 직업 시장 데이터를 수집하여 직무 간 격차 분석, 새로운 직무 요구사항을 예측하는 데 활용된다.

〈표 6-4〉 **데이터 기반 직무분석 모델**

시각화 유형	설명	일반적 구성	활용 사례
스킬 격차 히트맵	다양한 직무별 스킬 격차를 색상으로 표시하여 격차 수준을 나타냄.	X축: 직무; Y축: 필요 스킬; 색상: 격차 수준	조직 내 직무별 주요 스킬 격차 파악
직무 요구사항 레이더 차트	특정 직무에 필요한 스킬 수준과 현재 보유한 스킬 수준을 비교	중심: 직무 스킬; 선: 필요 역량과 현재 역량 비교	특정 직무의 스킬 격차 평가 및 교육 필요 분석
스킬 트렌드 라인 차트	다양한 직무에서 시간에 따른 스킬 요구 변화 트렌드를 나타냄.	X축: 시간; Y축: 스킬 수준; 선: 직무	다양한 직무에서 시간에 따른 스킬 요구 변화 추적
스킬 매트릭스	스킬과 직무 요구사항을 매트릭스로 구성하여 중요한 격차를 강조	열: 직무; 행: 필요 스킬; 표시: 중요한 격차	인력 계획 및 개발을 위한 스킬 격차 개요 제공

출처: Burning Glass Technologies(2021). The Future of Jobs in the Age of Automation. Burning Glass Technologies.

③ 시나리오 기반 예측 도구

여러 시나리오를 설정하고 각 시나리오에 따른 직무 요구사항을 예측한다. 예를 들어, AI 도입 가속화, 경제 변화 등 다양한 상황에 따른 직무 변화를 시뮬레이션한다. Deloitte는 시나리오 분석 도구를 활용하여 다양한 직무 요구사항을 예측하고 기업의 인재 전략을 수립한다.

〈표 6-5〉 **시나리오 기반 예측 도구**

시나리오	주요직무변화	요구역량
AI 도입 가속화	데이터 분석, 시스템 관리 직무 증가	AI 활용, 데이터 시각화
원격근무 확대	IIT 지원, 사이버 보안 직무 증가	클라우드 기술, 보안 프로토콜 이해
지속 가능성 강화	환경 관리, 지속 가능성 관련 직무 확대	ESG 지식, 친환경 제품 설계

출처 : Deloitte(2021). Future of Work : The Hybrid Workplace and Future Skills. Deloitte Insights.

미래 직무를 예측하는 직무분석 도구 중, ① AI 기반 예측 분석 도구이 장점은 정확도 높은 예측, 방대한 데이터 활용이 가능하지만, 비용 부담과 초기 도입의 기술적 난이도라는 단점을 지니고 있다. ② 데이터 기반 분석 모델의 장점으로는 시장 데이터 반영, 실시간 업데이트가 가능하지만, 최신 데이터에 대한 의존도가 높고, 분석 인프라가 필요하다는 단점을 지니고 있다. ③ 시나리오 기반 예측 도구의 장점은 다양한 시나리오 적용 가능, 전략적 대응 방안 마련에 유용하지만, 시나리오가 현실과 다를 수 있고, 다소 주관적일 수 있다는 단점을 지니고 있다.

구글은 머신러닝과 빅데이터를 활용한 예측 분석을 통해 미래 직무에서 필요한 핵심 기술을 파악하고, 필요한 교육 프로그램을 미리 설계하고 있다. 구글은 글로벌 인재 데이터와 자체 직무 데이터를 결합하여 기술 요구 변화를 실시간으로 모니터링하고, 이를 바탕으로 맞춤형 리스킬링 프로그램을 제공하여 직원들이 미래 직무에 대비하도록 하여, 이를 통해 구글은 디지털 역량을 갖춘 인재를 빠르게 육성하고 있으며, 기술 변화에 빠르게 적응할 수 있는 조직 문화를 유지하고 있다.

따라서 미래 직무를 예측하는 분석도구가 더욱 확대되기 이해서는 다음과 같은 지원 전략이 필요하다.

① 데이터 활용 범위 확대: 전 세계적인 직무 데이터를 더욱 폭넓게 수집하고, AI와 머신러닝 알고리즘을 통한 실시간 업데이트와 분석을 통해 예측 정확성을 높여가야 할 것이다.

② 예측 시나리오 다각화: 기술, 환경, 사회적 변화에 대응하는 다각적인 시나리오를 통해 예측 도구를 확장하고, 보다 포괄적인 직무 요구사항을 분석하도록 발전해야 할 것이다.

③ 개인 맞춤형 스킬 개발 지원: 예측된 미래 직무 요구사항에 맞춰 개인 맞춤형 업스킬링 및 리스킬링 프로그램을 강화하여, 직원들이 변화하는 직무에 맞춘 역량을 지속적으로 개발할 수 있도록 지원해야 할 것이다.

4. 직무별 스킬 매트릭스 작성

– 직무와 스킬 매칭을 위한 매트릭스 구축

직무별 스킬 매트릭스는 조직 내 다양한 직무에 대해 필요한 스킬과 현재 보유한 스킬을 시각적으로 정리한 표다. 직무와 스킬 간의 격차를 파악하고, 인재 개발 및 배치를 효율화하는 데 중요한 도구이다. 직무별 스킬 매트릭스를 통해서 다음을 파악할 수 있다.

① 스킬 격차 식별: 현재 인력의 스킬과 직무에 요구되는 스킬 간의 격차를 확인하여 맞춤형 교육 계획을 수립할 수 있다.
② 적재적소 인력 배치: 직무에 적합한 인재를 배치함으로써 업무 효율성을 높이고, 개인의 직무 만족도도 향상된다.
③ 역량 개발 전략 수립: 장기적인 인재 육성 및 스킬 향상 전략을 체계적으로 계획하는 데 유용하다.

직무 스킬 매트릭스 작성 방법으로는 다음과 같다.

단계	내용
1단계: 직무 정의	각 직무의 주요 업무와 목표를 설정하고 이를 기반으로 요구되는 스킬을 정의한다.
2단계: 필요한 스킬 목록화	직무 수행에 필수적인 기술, 지식, 태도 등의 핵심 스킬을 목록으로 작성한다.
3단계: 현재 스킬 수준 평가	직원들의 현재 스킬 수준을 평가하여 매트릭스에 입력한다.
4단계: 매칭 및 격차 분석	직무별 요구되는 스킬과 직원들의 현재 스킬을 비교하여 부족한 부분을 도출한다.

[그림 6-1] **직무 스킬 매트릭스 작성 방법**

① 1단계: 직무 정의(각 직무의 주요 업무와 목표를 설정하고 이를 기반으로 요구되는 스킬을 정의) → ② 2단계: 필요한 스킬 목록화(직무 수행에 필수적인 기술, 지식, 태도 등의 핵심 스킬을 목록으로 작성) ③

3단계: 현재 스킬 수준 평가(직원들의 현재 스킬 수준을 평가하여 매트릭스에 입력) → ④ 4단계: 매칭 및 격차 분석(직무별 요구되는 스킬과 직원들의 현재 스킬을 비교하여 부족한 부분을 도출)한다.

이를 통해 도출된 직무 스킬 매트릭스 사례는 다음과 같다.

〈표 6-6〉 **직무 스킬 매트릭스 예시**

직무	요구 스킬	보유 스킬 수준	스킬 격차	교육 필요 여부
데이터 분석	데이터 분석, 통계 지식	중	높음	필요
시스템 관리	네트워크 보안, 문제 해결	상	낮음	불필요
영업 관리	고객 분석, 협상 능력	중	높음	필요
연구 개발	창의적 사고, 기술 이해	상	낮음	불필요

예를 들어, 데이터 분석가는 데이터 분석과 통계 지식에 대한 스킬이 필수적이지만, 현재 보유한 수준이 중간 정도일 때, 해당 역량을 강화하기 위한 교육이 필요함을 파악할 수 있다.

기술 발전과 시장 변화에 맞춰 직무와 스킬 요구사항을 정기적으로 업데이트하여 변화하는 직무에 빠르게 대응할 수 있도록 하고, 직무 스킬 매트릭스에 기반하여 개인별로 맞춤형 교육 프로그램을 제공하고, 직무 전환이나 커리어 성장에 필요한 역량을 개발한다.

직무 스킬 매트릭스와 역량 모델링은 모두 인재 관리와 개발에 중요한 도구이지만, 직무 스킬을 기술적인 측면에서 바라봤을 때는 목적과 적용 범위에서 차이가 있다. 직무 스킬 매트릭스의 목적은 특정 직무에서 필요한 구체적인 하드스킬(기술)을 파악하고, 현재 보유한 스킬과의 격차를 시각적으로 확인하여 직무와 스킬의 매칭을 돕는 데 목적이 있다. 따라서 주요 특징으로는 첫째, 직무와 스킬 간 매칭에 집중하여, 특정 직무가 요구하는 기술적 역량을 중심으로 구성하고, 둘째, 각 직무의 필요 기술 목록과, 직원의 현재 스킬 수준을 비교하여 업스킬링과 리스킬링 필요성을 도출하며, 셋째, 보통 특정 기술의 수준을 평가하여 시각화한 매트릭스 형식으로 표현하게 된다(예 : 데이터 분석, 협상 능력 등). 따라서 특정 부서 또는 직무에서 기술적 격차 파악에 주로 사용하며, 빠르게 변하는 기술적 요구사항에 맞추어 주기적으로 업데이트할 수 있다.

반면에, 역량 모델링은 조직의 성공과 성과를 위해 모든 직무 전반에서 요구되는 핵심 역량(Competency), 즉 소프트스킬을 정의하고 체계화하여, 조직 내 인재의 종합적 성장과 개발을 지원하는 데 목적이 있다. 역량모델링의 주요 특징으로는 첫째, 지식, 기술, 태도 및 행동을 포함하는 포괄적 역량을 정의하고, 직무 수행에 필요한 핵심 역량을 설정하고, 둘째, 개인이 특정 직무에서 성공적으로 수행하기 위해 필요한 종합적인 역량 프레임워크를 제공하여, 인재 개발, 평가, 승진 등의 기준으로 활용하며, 셋째, 장기적인 인재 개발과 리더십 강화, 조직 문화 정착에 도움이 되는 핵심 가치와 태도도 포함한다. 따라서 조직 전체 또는 특정 직무군에서 장기적이고 지속적인 인재 개발을 목적으로 하며, 기술적 역량뿐 아니라 조직의 목표와 연계된 종합적 역량을 포함한다.

하지만, 직무 스킬과 역량을 종합해서 분석할 수도 있다. 다음은 보험영업 지점장의 직무 스킬 분석과과 역량분석을 한 사례다.

역량 ◀ 보험영업 지점장에게 요구되는 능력

직무 ◀ 보험영업 지점장이 수행하는 일

직무 \ 역량	비전 제시	변화 관리 및 주도	비즈니스 의사 결정	효과적 의사 소통	동기부여	업무 조직화	전문성 지향	분석적 사고
설계사 관계 구축	●	●		●	●			
설계사 후보자 발굴			●		●			●
설계사 오리엔테이션	●				●	●		
신입 육성		●			●	●		
설계사 활동 목표 관리	●	●		●				
고객 발굴			●				●	●
지점 매출 목표 관리		●		●		●		
고객 컨설팅				●			●	●
지점 운영 사항 점검	●		●			●		

[그림 6-2] **보험영업 지점장의 직무와 역량 매트릭스**

출처 : 박용호(2023). HRDer 일분석(Work Analysis) : 어떤 능력이 필요하고 어떤 일을 하는가? 한국산업인력공단 국가직무능력표준원 내부 교육자료.

직무 스킬과 역량을 동시에 다루는 매트릭스는 직무의 요구사항과 직원의 현재 역량을 모두 반영하여 직무 수행에 필요한 역량과 이를 바탕으로 직원의 스킬 격차를 파악할 수 있는 도구다. 이 매트릭스는 직무의 핵심 성과를 내기 위해 요구되는 기술적 스킬과 비기술적 역량을 동시에 분석하여 적재적소 인재 배치와 효과적인 스킬 향상 전략을 수립하는 데 매우 유용하다.

〈표 6-7〉 **직무 스킬과 역량 매트릭스 예시**

직무	필요 스킬	필요 역량	현재 스킬 수준	현재 역량 수준	스킬 격차	역량 격차	개선 전략
데이터 분석	데이터 분석, 통계 지식	문제 해결 능력, 분석력	중급	고급	높음	낮음	고급 시각화 교육 제공
시스템 관리	네트워크 보안, 시스템 관리	의사소통 능력, 책임감	고급	중급	낮음	중간	필요 없음
영업 관리	고객 분석, 협상 능력	대인 관계 능력, 설득력	중급	중급	높음	높음	맞춤형 고객 분석 및 협상 교육
연구 개발	창의적 사고, 기술 이해	창의성, 리더십	상급	중급	낮음	중간	리더십 향상을 위한 맞춤 교육

출제 예상문제

01. **직무분석의 주요 목적은 무엇입니까?**

① 인재 채용 절차 간소화　② 직원의 휴가 관리
③ 인재의 적절한 배치와 스킬 개발　④ 직원의 급여 산정

02. **직무분석을 통해 파악할 수 있는 것은 무엇입니까?**

① 직원의 개인 취미　② 필요한 교육 프로그램
③ 사무실 장식　④ 팀 빌딩 활동

03. **미래 직무 요구사항 예측에 사용되는 도구는?**

① 전통적인 직무 설명　② 직원 만족도 조사
③ AI 기반 예측 분석 도구　④ 연간 성과 평가

04. **직무별 스킬 매트릭스 작성의 이점은 무엇입니까?**

① 스킬 격차 식별　② 직원의 개인적 우선순위 설정
③ 사무용품 관리　④ 연차 계획 수립

05. **채용설계를 윟해 NCS활용 직무분석 과정에서 가장 마지막 단계는 무엇입니까?**

① 직무능력 최종선정　② 초기 정보 수집
③ NCS Mapping 타당성 검증　④ 직무기술서 개발

정답과 해설

01. ③

직무분석은 조직 내 다양한 직무의 요건을 체계화하고, 인재의 적절한 배치와 스킬 개발을 위한 기반을 마련하는 것을 목적으로 합니다.

02. ②

직무분석은 각 직무에 필요한 역량을 명확하게 정의하여, 이에 맞춘 교육 프로그램을 설계하는 데 도움을 줍니다.

03. ③

미래 직무 요구사항 예측에는 AI 기반 예측 분석 도구와 같은 현대적인 기술을 활용하여 직무의 미래 변화를 예측합니다.

04. ①

직무별 스킬 매트릭스는 조직 내 직무에 필요한 스킬과 현재 보유한 스킬 간의 격차를 시각적으로 확인하고, 맞춤형 교육 계획을 수립하는 데 유용합니다.

05. ④

직무분석 과정의 마지막 단계는 도출된 직무능력을 활용하여 직무기술서를 개발하는 것입니다. 이 기술서는 직무의 세부 사항과 필요 역량을 기술하고, 채용 공고에 포함시킵니다.

제7장

미래 직무를 위한 필수 스킬 스탠다드 적용 전략

Upskilling
Reskilling

학/습/개/요

이 장에서는 스킬 스탠다드의 개념과 필요성을 이해하고, 산업별로 필요한 기초 기술, 특화 기술, 소프트 스킬을 분석한다. 글로벌 동향과 함께 미국의 NOS, 영국의 NVQ, 한국의 NCS 등 사례를 통해 스킬 스탠다드가 직무 수행과 인재 관리, 직무 만족도 향상에 어떻게 기여하는지 제시한다.

학/습/목/표

1. 스킬 스탠다드의 개념과 필요성에 대해서 설명할 수 있다.
2. 산업별 스킬 스탠다드의 구성과 적용에 대해서 설명할 수 있다.
3. 글로벌 스킬 스탠다드 동향분석에 대해서 설명할 수 있다.
4. 스킬 스탠다드 적용 사례와 성과에 대해서 설명할 수 있다.

1. 스킬 스탠다드의 개념과 필요성

스킬 스탠다드는 특정 직무나 산업에서 필요한 기술과 지식을 표준화하여 정의한 지침이다. 근로자가 직무를 성공적으로 수행하기 위해 갖추어야 할 최소한의 기술과 역량을 명확히 규정하며, 이는 개인의 역량을 체계적으로 향상시키고 조직 내 일관된 성과관리를 가능하게 한다. 스킬 스탠다드의 주요 필요성은 다음과 같다.

① 직무 요구 명확화: 직무에서 요구되는 핵심 기술을 명확히 정의하여, 근로자가 자신이 수행해야 할 역할과 필요한 역량을 쉽게 파악할 수 있다.

> **예시**
>
> IT 산업의 소프트웨어 개발 직무에서 스킬 스탠다드는 프로그래밍 언어, 데이터베이스 관리, 문제 해결 능력 등 필요한 기술을 명시하여 개발자가 해당 직무를 성공적으로 수행하는 데 필요한 역량을 명확히 이해하게 한다. 이를 통해 근로자는 자신이 수행해야 할 역할과 필요한 기술을 정확히 파악할 수 있으며, 이러한 명확성은 조직에서 인재 관리와 인재 양성에도 큰 도움을 준다.

② 인재 양성: 교육 및 훈련 과정에서 필요한 기술을 체계적으로 습득할 수 있도록 방향을 제시하여, 조직과 개인 모두가 효과적으로 학습할 수 있도록 한다.

> **예시**
>
> 한국의 국가직무능력표준(NCS)은 다양한 산업별로 직무에 필요한 역량을 정의하고, 이를 기반으로 교육 과정이 설계되도록 하고 있다. IT 개발 직무의 경우, NCS는 데이터 분석, 소프트웨어 설계, 문제 해결 등 핵심 역량을 세분화하여 제시하며, 이를 기반으로 직업 교육과정과 훈련 과정이 개발되고 있다.

이를 통해 근로자는 직무와 관련된 모든 기술을 체계적으로 습득할 수 있다.

③ 성과관리: 직무 성과를 평가하는 기준을 제공하여 구성원이 일관된 성과를 달성하도록 지원한다.

> **예시**
>
> 영국의 NOS(National Occupational Standards) 제도는 다양한 직무에 대한 표준화된 역량 평가 체계를 갖추고 있으며, 이를 통해 직업 이동 시 필요한 역량을 명확히 제시하고 있다. 예를 들어, 제조업에서 고객 서비스 직무로 이동하려는 경우, NVQ는 고객 서비스 역량 및 의사소통 능력 등 새로운 직무에서 필요한 스킬을 제시하여 전환이 쉽게 이루어지도록 지원한다.

④ 직업 이동 지원: 전직이나 직무 전환 시 필요한 기술 수준을 객관적으로 파악하여, 새로운 직무로의 원활한 이동을 돕는다.

> **예시**
>
> 산업의 디지털화와 자동화가 가속화되며 기술 변화에 대응하는 역량 관리의 필요성이 증가하고 있다. 특히 한국을 비롯한 여러 국가에서는 다양한 산업에서 요구되는 직무 역량을 지속적으로 관리하고 최신화하기 위해 스킬 스탠다드를 체계적으로 발전시키고 있다. 예를 들어, 데이터 리터러시, 테크놀로지 리터러시와 같은 디지털 기술을 필수 역량으로 포함하고 있으며, AI 및 IoT 같은 새로운 기술도 스킬 스탠다드에 반영되어 직무에 필요한 최신 역량을 확보할 수 있게 하고 있다.

이와 같은 스킬 스탠다드는 조직의 일관된 성과관리와 인재 양성에 중요한 역할을 하며, 기술 변화와 산업의 발전 속에서 근로자들이 경쟁력 있는 역량을 갖추도록 돕고 있다. 이를 통해 직무 요구를 명확히 하고, 교육의 방향성을 제시하며, 성과 평가의 기준을 제공하고, 직무 이동성을 높이는 등 인재 관리와 역량 개발에 필수적인 역할을 하고 있다(Cedefop, 2010).

2. 산업별 스킬 스탠다드의 구성과 적용

산업별 스킬 스탠다드는 각 산업의 특성에 맞춘 기술 요구 사항을 세분화하여 정의하는 것으로, 직무별로 요구되는 기술과 역량을 구체적으로 파악할 수 있게 한다. 이를 통해 직무의 효과적인 수행뿐만 아니라 개인과 조직의 성장도 촉진된다. 스킬 스탠다드는 크게 기초 기술, 산업 특화 기술, 소프트 스킬로 나누어 구성된다.

① 기초 기술

기초 기술은 모든 직무에 필요한 기본적인 기술과 지식으로, 데이터 리터러시, 테크놀로지 리터러시, 정보 관리 능력 등을 포함한다. 이러한 기술들은 직무의 기초가 되며, 특히 현대 산업 환경에서 필수적으로 요구된다.

예시

- 금융업에서는 금융 데이터와 관련된 정보 분석 및 관리 능력이 필수다. 금융 전문가들은 데이터를 통해 시장 변동성, 고객 트렌드, 리스크 요인 등을 분석하여 전략을 수립한다.
- IT 업계에서는 테크놀로지 리터러시가 중요한 기초 기술로 자리잡고 있다. IT 전문가들은 최신 기술을 빠르게 습득하고 적용할 수 있어야 하며, 이를 바탕으로 고객이 필요로 하는 시스템과 애플리케이션을 개발한다.

② 산업 특화 기술

산업 특화 기술은 특정 산업에서만 필요한 특정 기술과 지식을 의미한다. 산업의 특성에 따라 직무에서 요구되는 역량이 크게 달라지기 때문에, 각 산업의 특화된 기술을 중심으로 스킬 스탠다드를 구성하는 것이 중요하다.

예시

- 제조업 : 제조업에서는 자동화 기술과 기계 조작 기술이 필수이다. 예를 들어, 자동차 제조업체에서는 로봇을 이용한 조립 자동화가 널리 사용되며, 이를 운영하고 유지하는 기술이 중요한 역량으로 평가된다. 또한, 제조업의 생산 라인에서 각 단계별 공정 관리를 통해 제품의 품질과 생산성을 높이는 것이 필수적이다. 예를 들어, 일본의 도요타 생산 방식(TPS)은 공정 관리와 효율성을 극대화한 대표적인 사례로, 근로자들은 정확하고 신속하게 공정을 운영하기 위해 고도화된 기술을 습득해야 한다.
- 의료 산업 : 의료 산업에서는 정확한 진단과 치료를 위해 진단 기기 사용 기술이 필수적이다. 예를 들어, 방사선사는 X-ray나 MRI 같은 의료 기기를 다룰 수 있어야 하며, 이를 통해 정확한 이미지를 획득하고 분석하여 의료진이 환자를 진단할 수 있도록 지원한다. 진단 기기 사용의 정확성과 안전성은 환자의 건강에 직접적으로 영향을 미치기 때문에, 고도의 숙련과 교육이 요구된다.
- IT 산업 : IT 산업에서는 프로그래밍 언어와 데이터 분석 능력이 기본적인 산업 특화 기술이다. 프로그래머는 파이썬, 자바, C++ 등의 프로그래밍 언어를 숙달하여, 효율적이고 견고한 코드 작성을 통해 애플리케이션과 시스템을 개발한다. 최근에는 빅데이터 분석과 AI 모델링을 위한 데이터 분석 역량도 매우 중요하게 여겨지고 있다. 예를 들어, 구글과 같은 IT 기업에서는 데이터 분석 기술을 활용해 사용자 패턴을 파악하고, 이를 기반으로 맞춤형 광고 및 서비스를 제공한다.

③ 소프트 스킬

소프트 스킬은 비기술적 역량으로, 다양한 산업과 직무에서 필수적인 역할을 한다. 특히 협업, 문제 해결 능력, 의사소통 역량은 조직 내에서 업무의 효율성과 관계를 개선하는 데 필수적이다.

예시

- 협업 능력: 프로젝트 매니저 역할에서 협업 능력은 필수적이다. 프로젝트 매니저는 다양한 팀과 협업하며 프로젝트의 목표와 일정을 조율하고, 각 팀의 역할과 책임을 명확히 하여 모든 팀원이 일관되게 목표를 향해 나아가도록 지원한다. 협업 능력은 특히 대규모 프로젝트에서 더욱 중요한 요소로 작용한다.
- 문제 해결 능력: 제조업에서 근로자는 생산 공정에서 발생하는 문제를 신속하게 해결해야 한다. 예를 들어, 조립 라인에서 기계 오류가 발생할 경우, 근로자는 문제의 원인을 빠르게 파악하고 해결하는 능력이 필요하다. 이러한 문제 해결 능력은 생산성을 유지하고 품질을 보장하는 데 중요한 역할을 한다.
- 의사소통 능력: 고객과의 의사소통이 중요한 서비스 산업에서는 고객의 요구를 정확히 파악하고, 이를 팀 내에 효과적으로 전달할 수 있는 능력이 필수적이다. 예를 들어, 고객 서비스 담당자는 고객의 불만사항을 수렴하고, 이를 내부 팀과 협력하여 문제를 해결할 수 있어야 하며, 고객에게 명확하게 해결 방안을 전달할 수 있어야 한다.

한국의 스킬 스탠다드인 NCS(National Competency Standards)로서, 한국에서는 직무별로 필요한 기술과 역량을 국가직무능력표준(NCS)으로 체계화하고 있다. NCS는 각 직무에서 필요로 하는 역량을 표준화하여 정의하고, 교육과 인재 관리에서 일관된 기준을 제공한다. 예를 들어, IT 개발 직무의 경우, 소프트웨어 개발의 기초부터 데이터 분석 및 프로젝트 관리에 이르기까지 직무별로 필요한 기술이 체계적으로 정의되어 있어 교육과 기업의 채용, 성과 평가에 폭넓게 활용된다.

[그림 7-1] **한국의 스킬 스탠다드 : NCS 홈페이지 화면**

출처 : 국가직무능력표준 홈페이지(2025). NCS학습모듈 검색. www.ncs.go.kr.

3. 글로벌 스킬 스탠다드 동향분석

산업이 디지털화되면서 전 세계적으로 필요한 역량도 변화하고 있으며, 주요 국가들은 이에 맞춰 각 산업에 필요한 스킬 스탠다드를 수립하고 활용하고 있다. 이 과정에서 기술적 역량뿐 아니라, 친환경 및 소프트 스킬의 필요성도 강조되고 있다. 글로벌 스킬 스탠다드의 주요 동향은 다음과 같다.

① 디지털 리터러시 강화

AI, 빅데이터, IoT와 같은 신기술이 급속히 발전하면서 디지털 리터러시는 거의 모든 산업에서 필수 기술로 자리 잡고 있다. 이에 따라 여러 국가에서는 디지털 기술 역량 강화를 위해 새로운 스킬 스탠다드를 도입하고 있다.

> **예시**
>
> • 독일의 '디지털화 전략'은 다양한 직무에서 디지털 리터러시를 필수 역량으로 규정하여 디지털 기술을 활용한 업무 자동화와 효율성을 증대시키고 있다. 특히 제조업 중심의 독일에서는 '인더스트리 4.0'을 기반으로 IoT와 자동화 기술이 도입되고 있으며, 근로자는 이를 운영하고 유지하는 기술을 필수적으로 갖추어야 한다. 독일 정부는 직무별로 디지털 스킬을 표준화하여 교육 시스템에 반영함으로써, 직무 역량을 일관되게 유지하고 있다.
>
> • 미국에서도 디지털 리터러시의 필요성이 강조되고 있다. 예를 들어, IT와 금융업에서는 데이터 분석, 클라우드 컴퓨팅, AI 활용 능력과 같은 디지털 역량을 필수 요건으로 포함하고 있으며, 이를 위한 교육 및 자격 제도도 활발히 운영되고 있다.

② 그린 스킬의 수요 증가

지속 가능성을 목표로 하는 기업들이 증가하면서 친환경 기술과 공정을 다룰 수 있는 '그린 스킬'에 대한 수요가 늘어나고 있다. 이는 기후 변화와 자원 절약을 위한 글로벌 움직임과 맞물려 있으며, 많은 국가와 기업들이 친환경 기술 도입을 통해 지속 가능성을 추구하고 있다.

> **예시**
>
> • 유럽연합(EU)은 그린 뉴딜(Green Deal)을 통해 다양한 산업에서 환경 친화적 기술을 필수로 요구하고 있다. 재생 에너지 산업에서는 태양광, 풍력, 수력과 같은 재생 에너지를 다룰 수 있는 기술과 환경 보호에 대한 전문 지식을 필수로 규정하고 있으며, 이를 위해 근로자들이 갖추어야 할 그린 스킬을 명확히 제시하고 있다. 또한, EU는 자동차 산업에서 전기차 배터리와 같은 친환경 제품을

다룰 수 있는 기술을 스킬 스탠다드에 포함시켜, 산업 내에서 환경 보호와 지속 가능성을 실현하고 있다.

- 캐나다에서도 그린 스킬이 강조되고 있으며, 특히 천연자원 산업에서 지속 가능한 자원 관리와 친환경 기술이 필수적인 역량으로 여겨지고 있다. 캐나다는 환경 보호와 지속 가능성에 중점을 둔 기술 인재를 양성하기 위해 산업별로 그린 스킬 기준을 마련하고, 이를 기반으로 교육을 진행하고 있다.

③ 소프트 스킬의 중요성 확대

기술 변화가 가속화됨에 따라 비기술적 소프트 스킬의 중요성도 증가하고 있다. 기술적 역량은 빠르게 발전하고 변화하기 때문에, 소프트 스킬은 다양한 직무에서 중요한 요소로 자리잡고 있다. 특히, 협업 능력, 문제 해결 능력, 의사소통 능력은 기술 산업뿐만 아니라 모든 산업에서 요구되고 있다.

예시

- 영국은 국가 수준의 소프트 스킬 프레임워크를 통해 소프트 스킬을 표준화하고 있다. 예를 들어, 프로젝트 관리 직무에서는 협업 능력과 의사소통 능력을 필수 스킬로 정의하고, 이를 기반으로 평가와 교육을 진행하고 있다. 특히, 다수의 팀원과 협력해야 하는 업무에서는 소프트 스킬이 필수적이며, 이를 통해 생산성과 효율성을 높이고 있다.
- 일본은 서비스 산업에서 소프트 스킬의 중요성을 강조하고 있다. 고객 서비스 분야에서 고객과의 원활한 의사소통을 위한 능력, 고객 문제 해결 능력이 중요시되며, 이를 스킬 스탠다드로 정립해 교육 과정에 포함시키고 있다. 일본의 대표적인 호텔 체인인 리츠칼튼은 직원 교육에 소프트 스킬 강화를 위한 프로그램을 포함하여 고객 만족도를 높이고 있으며, 이러한 소프트 스킬은 특히 서비스 품질에 큰 기여를 하고 있다.

④ 글로벌 표준화 추세

산업이 글로벌화되면서 국제 노동 시장에서의 인재 이동성이 중요해지고 있다. 이에 따라 여러 국가에서는 직무 역량을 국제적으로 통일된 표준으로 설정하여 직무 간의 상호 호환성을 높이고 있다. 국제노동기구(ILO)와 세계경제포럼(WEF)와 같은 국제 기관은 각국의 산업에서 활용할 수 있는 글로벌 스킬 스탠다드를 제시하고 있다.

예시

- 국제노동기구(ILO)는 직무별로 글로벌 표준화된 역량 모델을 제안하여, 각국의 노동 시장에서 일관되게 활용할 수 있도록 하고 있다. ILO의 스킬 스탠다드는 특히 개발도상국에서 고용 가능한 인재를 양성하는 데 있어 중요한 역할을 하고 있으며, 국제 시장에서의 고용 기회를 확대하고 있다.
- 세계경제포럼(WEF)은 '미래의 일자리 보고서(Future of Jobs Report)'에서 다양한 산업과 직무에서 요구되는 주요 역량을 제시하며, 국가 간 직무 이동성과 호환성을 높이기 위한 글로벌 스킬 스탠다드를 개발하고 있다. 예를 들어, 디지털 기술, 데이터 분석, 협업 능력 등의 필수 역량을 강조하며, 이러한 역량을 통해 글로벌 노동 시장에서 경쟁력을 강화할 수 있도록 지원하고 있다.

이와 같이 글로벌 스킬 스탠다드는 디지털 리터러시 강화, 그린 스킬 수요 증가, 소프트 스킬 중요성 확대, 글로벌 표준화라는 주요 동향을 반영하며, 각국에서 이를 통해 인재 양성과 직무 성과관리에 적극 활용되고 있다.

4. 스킬 스탠다드 적용 사례와 성과

스킬 스탠다드는 전 세계적으로 직무별 교육과 성과관리를 위해 널리 활용되고 있다. 각 국가에서는 산업 특성에 맞는 스킬 스탠다드를 수립하고, 이를 통해 일관된 역량 평가와 인재 이동성을 확보하고 있다. 대표적인 사례로 미국의 NIMS, 영국의 NVQ, 한국의 NCS가 있다. 이들은 각국의 산업에서 효과적으로 적용되어, 숙련 인재 양성과 직무 성과관리를 지원하고 있다.

① 미국의 NIMS(National Institute for Metalworking Skills)

미국의 NIMS는 금속가공 산업에 필요한 직무 스킬을 표준화하고, 이를 기반으로 인재 양성과 성과 평가 시스템을 운영하는 표준화 제도다. NIMS는 금속가공과 제조업에서 요구되는 다양한 기술을 체계적으로 정의하고, 근로자가 이를 학습할 수 있도록 훈련 프로그램을 제공한다. 기업과 교육 기관은 NIMS가 정한 표준을 따라 교육과 훈련을 실시하고, 이를 통해 숙련된 인재를 양성한다.

사례

- 제너럴 일렉트릭(GE)와 같은 미국의 대기업들은 NIMS 인증을 받은 인재를 채용하며, 금속가공과 제조 기술을 습득한 인재들이 필요할 때 NIMS 인증을 신뢰할 수 있는 자격으로 간주한다. 이 인증을 받은 근로자는 공작 기계 조작, 금속 성형, 고정밀 조립 등 금속가공 분야에서 일관된 역량을 갖춘 인재로 평가받으며, 여러 기업에서 일관된 역량을 인정받을 수 있다.
- 현장 적용: NIMS 인증을 받은 근로자는 금속가공 현장에서 표준화된 절차에 따라 고도로 숙련된 기술을 발휘할 수 있다. 예를 들어, 공작 기계 조작을 하는 근로자는 NIMS 인증을 통해 공정의 정확성과 품질을 유지하며 작업할 수 있는

기술을 갖추게 된다. 이러한 표준화된 인증은 기업이 일정 수준 이상의 성과를 기대할 수 있도록 하며, 일관된 작업 품질을 유지하는 데 큰 도움을 준다.

② 영국의 NOS(National Occupational Standards)

NOS는 특정 직업이나 직무에서 요구되는 지식, 기술, 태도를 정의한 기준이고, NVQ(National Vocational Qualification)는 NOS를 기반으로 한 국가자격제도이다. NVQ는 다양한 산업의 직무별로 필요한 역량을 정의하고, 교육과 실습을 통해 학습자들이 이를 실제로 적용할 수 있도록 지원한다. NVQ는 직무 중심의 자격 기준인 NOS로 평가되며, 현장에서 활용할 수 있는 실무 역량을 강조한다.

사례

- 영국 내 건강·사회복지 분야 : NVQ는 특히 사회복지나 간호와 같은 분야에서 활용도가 높다. 예를 들어, 사회복지사 자격을 취득하기 위해서는 NVQ 레벨 3을 이수하여 기본적인 돌봄과 상담 기술을 습득해야 한다. 이 자격을 통해 사회복지사는 현장에서 발생하는 다양한 돌봄 상황에 대응할 수 있는 역량을 갖추게 되며, 근로자는 이를 통해 현장 경험을 쌓고 직무 능력을 평가받는다.
- 자동차 정비업 : NVQ 인증을 받은 자동차 정비사는 엔진 조립, 차량 수리, 예방 정비 등의 기술을 갖추고 있다는 것을 증명한다. NVQ 레벨 3 자격을 취득한 정비사는 엔진 부품의 정밀 조립과 안전한 수리 절차를 수행할 수 있으며, 이를 통해 영국 내에서 일관된 정비 품질을 유지하고 있다. 예를 들어, 포드(Ford) 같은 자동차 회사에서는 NVQ 인증을 받은 정비사들이 현장에서 표준화된 수리 절차를 수행하도록 교육하고 있으며, 이러한 자격은 정비사의 이동성을 높이는 데 기여하고 있다.

③ 한국의 NCS(National Competency Standards)

한국의 NCS는 다양한 산업에 걸쳐 직무별로 필요한 역량을 표준화한 국가직무능력표준이다. 한국 정부는 NCS를 통해 각 직무에 필요한 지식, 기술, 태도를 세분화하여 정의하고 있으며, 이를 통해 인재 채용, 교육, 성과관리에 일관성을 부여하고 있다. NCS는 특히 제조업과 서비스 산업에서 활발하게 활용되며, 직무별로 교육 및 역량 개발을 지원하고 있다.

사례

- A 대기업의 제조 현장 : 한국의 A 대기업은 NCS를 기반으로 직무별 역량 교육을 운영하고 있다. 제조 현장에서는 근로자가 기초 역량부터 고급 기술까지 체계적으로 습득할 수 있도록 교육 프로그램을 설계하며, NCS를 통해 각 직무에 필요한 역량을 단계적으로 배우게 된다. 예를 들어, 제조 현장에서 근무하는 조립 공정 담당자는 NCS의 '조립 기술' 기준에 따라 기초적인 조립 방법부터 고도의 정밀 조립 기술까지 학습하고 평가받는다. 이를 통해 제조업 근로자들은 직무 이동 시에도 일관된 기준으로 평가받으며, 체계적인 역량 강화를 통해 현장에서의 생산성과 품질을 높이고 있다.
- 서비스 산업 : 서비스 업계에서도 NCS는 고객 응대와 서비스 제공에 필요한 역량을 표준화하여 적용하고 있다. 예를 들어, 국내 B호텔 체인은 고객 서비스 직무를 NCS 기준으로 설정하여, 직원들이 고객 응대의 기본 매너부터 클레임 대응 방법까지 체계적으로 학습하도록 지원한다. 이 체계를 통해 호텔은 일관된 서비스 품질을 유지할 수 있으며, 고객 만족도 역시 높아지고 있다. 또한, NCS 인증을 받은 직원은 서비스 산업 내에서 이동성을 가지며, 다른 서비스 업종에서도 일정 수준 이상의 능력을 인정받을 수 있다.

출제 예상문제

01. 스킬 스탠다드의 주된 필요성은 무엇입니까?

① 교육 비용 절감
② 직무 요구 명확화
③ 직원 모집 간소화
④ 경영진 교육

02. IT 산업에서 스킬 스탠다드에 의해 강조되는 필수 기술은 무엇입니까?

① 인문학 지식
② 문제 해결 능력
③ 프로그래밍 언어
④ 체육 교육

03. 스킬 스탠다드가 교육 및 훈련 프로그램 설계에 어떤 영향을 미칩니까?

① 교육의 필요성 감소
② 교육 과정의 무작위 개발
③ 필요한 기술 체계적 습득 방향 제시
④ 전통 교육 방식의 강화

04. 스킬 스탠다드의 구성 요소가 아닌 것은 무엇입니까?

① 기초 기술
② 산업 특화 기술
③ 소프트 스킬
④ 지역 관습

05. 그린 스킬의 수요가 증가하는 이유는 무엇입니까?

① 전통 산업의 성장
② 친환경 기술과 공정의 필요성 증가
③ 저기술 직무의 확대
④ 기술 사용의 감소

정답과 해설

01. ②

스킬 스탠다드는 직무에서 요구되는 핵심 기술을 명확하게 정의하여 근로자가 자신의 역할과 필요한 역량을 쉽게 파악할 수 있도록 돕습니다.

02. ③

IT 산업의 스킬 스탠다드는 프로그래밍 언어, 데이터베이스 관리, 문제 해결 능력 등 필요한 기술을 명시하여 개발자가 해당 직무를 성공적으로 수행하는 데 필요한 역량을 명확히 이해하게 합니다.

03. ③

스킬 스탠다드는 교육 및 훈련 과정에서 필요한 기술을 체계적으로 습득할 수 있도록 방향을 제시하여 조직과 개인 모두가 효과적으로 학습할 수 있도록 합니다.

04. ④

스킬 스탠다드는 기초 기술, 산업 특화 기술, 소프트 스킬을 포함하며, 지역 관습은 스킬 스탠다드의 구성 요소가 아닙니다.

05. ②

지속 가능성을 목표로 하는 기업들이 증가하면서 친환경 기술과 공정을 다룰 수 있는 '그린 스킬'에 대한 수요가 늘어나고 있습니다. 이는 기후 변화와 자원 절약을 위한 글로벌 움직임과 맞물려 있습니다.

제8장

경력 개발을 위한 직무분석과 스킬 매핑

Upskilling
Reskilling

학/습/개/요

이 장에서는 경력 개발을 효과적으로 지원하기 위한 직무분석과 스킬 매핑의 개념과 방법을 다룬다. 주요 산업별 직무 매핑 기법과 직무별 핵심 스킬 도출 과정에 대해서 제시하고, NCS를 통한 직무분석과 스킬 도출 사례를 제시한다.

학/습/목/표

1. 직무분석의 개념과 접근 방법에 대해서 설명할 수 있다.
2. 주요 산업별 직무 매핑 기법에 대해서 설명할 수 있다.
3. 직무별 핵심 스킬 도출 과정에 대해서 설명할 수 있다.
4. NCS를 통한 직무분석과 스킬 도출 사례에 대해서 설명할 수 있다.

1. 직무분석의 개념과 접근 방법

직무분석은 조직 내 직무 역할에 대한 주요 사항을 체계적으로 식별하고 문서화하는 과정이다. 이를 통해 업무의 과업, 책임, 필요한 기술, 지식, 능력을 파악하여 조직 목표에 부합하도록 한다. 직무분석은 채용, 교육, 경력 개발, 성과관리 등 다양한 인사관리 기능의 기초가 된다. 예를 들어, 제조업에서 '조립 라인 작업자'와 '품질 관리 검사원' 역할을 직무분석을 통해 명확히 구분하여, 해당 직무에 필요한 기술 및 안전 규정을 파악하고 맞춤형 교육 프로그램을 설계할 수 있다. 이를 통해 적합한 인재를 선별하고 교육할 수 있다.

직무분석은 조직 내에서 필요한 직무 기대치와 역량을 명확히 설정하여 인적 자원을 효과적으로 관리하는 데 목적이 있다. 이를 통해 조직의 필요와 직원의 능력을 일치시켜 자원 배분을 최적화하고, 다양한 의사결정의 기초 자료로 활용된다.

① 인력 계획

직무분석을 통해 각 직무에 필요한 역량과 기술을 구체적으로 이해함으로써, 조직의 인력 요구를 예측하고 필요한 역량의 격차를 파악한다. 이를 바탕으로 승계 계획을 수립하거나, 장기적으로 필요한 인재를 양성할 수 있는 기반을 마련한다.

사례

한 IT 기업은 직무분석을 통해 특정 프로젝트에 필요한 직무와 요구 역량을 명확히 정의했다. 이를 통해 향후 필요한 인력을 예측하고, 새로운 기술 트렌드에 맞춰 직원들의 기술 격차를 미리 파악하여 사전 교육을 진행했다. 또한, 고위직에 대한 승계 계획을 수립하여 해당 프로젝트에서 성과를 낸 중간 관리자들을 차세대 리더 후보군으로 육성하였다. 이와 같은 인력 계획은 프로젝트의 원활한 수행뿐만 아니라, 조직의 미래 리더를 체계적으로 준비하는 데 도움이 되었다.

② 성과관리

직무분석은 각 직무의 성과 기준을 명확하게 제시하여 객관적이고 공정한 평가를 가능하게 한다. 이는 성과 평가 시 명확한 기준을 제공하고, 평가 결과에 기반한 맞춤형 개발 기회를 제공하여 직원들이 자신의 역량을 향상시킬 수 있도록 한다.

사례

한 제조업체에서는 '생산 관리 매니저' 직무에 대한 직무분석을 실시해 생산 효율성, 품질 관리, 원가 절감 등의 주요 성과 기준을 설정했다. 이를 통해 매니저의 성과를 평가할 때 객관적인 기준이 마련되었으며, 평가 결과에 따라 개별 매니저에게 필요한 역량 개발 프로그램을 제공했다. 예를 들어, 품질 관리 성과가 뛰어난 매니저에게는 고급 품질 인증 교육을 지원하고, 원가 절감에서 부족함을 보인 매니저에게는 재무 관리 교육을 제안하는 등 맞춤형 성과관리를 진행했다. 이러한 접근은 직원의 성과 향상과 업무 몰입도를 높이는 데 크게 기여했다.

③ 경력 개발

직무분석을 통해 직무별 경력 경로와 역량 프레임워크를 설계하여 직원이 조직 내에서 지속적으로 성장할 수 있도록 지원한다. 직원들이 경력 목표를 세우고 필요한 기술과 경험을 쌓을 수 있도록 경력 개발 방향을 제시한다.

사례

한 금융기관에서는 직무분석을 통해 '고객 서비스 담당자' 역할에 필요한 핵심 기술과 향후 경력 경로를 명확히 설정했다. 이를 통해 고객 서비스 담당자가 일정 기간 후 '고객 서비스 매니저'로 진급할 수 있도록 필요한 교육과 경험을 제공했다. 또한, 경력 경로에 맞춰 단계별 역량을 갖출 수 있는 훈련 프로그램을 운영하여, 직원들이 자신의 경력 개발 목표에 맞춰 성장할 수 있도록 지원했다. 이와 같은 경력 개발 체계는 직원들이 자신의 미래 경력을 조직 내에서 실현할 수 있는 기회를 제공하며, 이로 인해 직원의 장기적 근속 및 만족도가 높아지는 효과가 나타났다.

④ 경력 개발을 위한 경력 경로 설정 및 지원

직무분석은 직원들이 경력을 발전시키는 데 필요한 지식과 경험을 제공하고, 조직 내에서 성장할 수 있도록 지원한다. 경력 경로와 관련 역량을 제공함으로써 직원들이 자신의 장기적인 목표를 설정하고, 발전할 수 있는 기회를 제시한다.

사례

한 공공 기관은 '프로젝트 관리 전문가' 직무를 분석하여, 계획 수립, 자원 관리, 의사소통 역량 등을 경력 개발 필수 요소로 파악하였다. 이를 바탕으로 직원들은 직무 수행 후 '프로젝트 관리자'로서 승진할 수 있는 경로와 교육 기회를 제공받으며, 필요할 경우 외부 인증 교육에도 참여할 수 있다. 이러한 경력 경로 제공을 통해 직원들은 자신의 경력을 조직 내에서 발전시킬 수 있으며, 조직은 고도의 전문성을 가진 인재를 확보하여 다양한 프로젝트에서 안정적인 성과를 도출할 수 있었다.

2. 주요 산업별 직무 매핑 기법

산업별 특성에 맞춘 직무와 스킬 매핑은 업스킬링과 리스킬링을 하는 데 있어서 가장 기본이 된다. 직무 매핑은 각 직무에서 수행하는 구체적인 작업과 필요한 역량을 분석하여, 해당 산업에서 효과적으로 맞춤형 인재를 양성할 수 있도록 지원하는 과정이다. 이를 통해 조직은 특정 산업에 부합하는 세부 기술을 갖춘 인재를 양성하고, 직원들이 자신의 직무를 효율적으로 수행할 수 있도록 돕는다.

직무 매핑과 스킬 분석에 활용할 수 있는 양식을 제시하면, 이 양식은 직무와 해당 직무에서 필요한 세부 스킬을 체계적으로 분석하고 문서화할 수 있도록 도와줄 수 있다. 양식을 구성하는 주요 요소는 직업(역할)명, 주요 직무(작업), 필요 스킬, 숙련도, 교육 및 훈련 필요성, 그리고 평가 지표다.

〈표 8-1〉 **직무분석 및 스킬 매핑 양식**

항목	설명
산업/부서	해당 직무가 속한 산업이나 부서를 기재 (예: 제조업/생산 관리 부서)
직업(역할)명	직업(역할)의 이름을 명확하게 기재 (예: 생산 관리 매니저)
주요 직무 (작업)	해당 직무에서 수행하는 주요 업무 또는 작업 (예: 생산 일정 관리, 품질 검사)
필요 스킬	직무를 수행하기 위해 필요한 스킬이나 기술 (예: 문제 해결 능력, 품질 기준 이해)
숙련도	해당 스킬에 요구되는 숙련도 수준 (초급, 중급, 고급 등)
교육 및 훈련 필요성	스킬 또는 역량을 향상하기 위한 교육/훈련 필요 여부 (예: 필요/불필요)

항목	설명
평가 지표	성과를 측정할 수 있는 기준 또는 지표 (예: 불량률 감소, 생산성 향상 비율 등)
비고	추가로 기재할 사항이나 주의할 점 (예: 특정 장비 사용 능력이 필요함)

① 제조업/생산의 "생산 관리 매니저"의 주요 직무(작업)로 생산 일정 관리와 품질 검사를 수행하며, 문제 해결 능력과 품질 기준 이해가 필요하다. 고급 숙련도가 요구되며, 교육이 필요하다. 평가 지표로는 생산성 향상 비율과 불량률을 사용하며, 품질 검사 장비 사용에 숙련이 필요하다.

② 금융업/리스크의 "리스크 매니저"는 위험 요소 분석과 평가가 주요 직무(작업)이며, 데이터 분석과 리스크 평가 능력이 필요하다. 중급 숙련도가 요구되며, 교육이 필요하고, 리스크 감소 비율이 평가 지표이며, 데이터 분석 소프트웨어 사용 숙련이 요구된다.

③ IT/개발팀의 "소프트웨어 엔지니어"는 코드 작성 및 디버깅이 주요 직무(작업)며, Java 프로그래밍과 문제 해결 능력이 필요하다. 고급 숙련도가 요구되며, 교육이 필요하다. 평가 지표로는 코드 오류 발생률 감소가 사용되며, 클라우드 환경에서 코드 테스트 능력이 요구된다.

④ 의료/간호팀의 "간호사"는 환자 기록 관리와 응급 대처가 주요 직무(작업)며, 환자 관리 능력과 위기 대처 능력이 필요하다. 중급 숙련도가 요구되며, 교육이 필요하다. 평가 지표로는 환자 안전 만족도가 사용되며, 의료 기록 시스템 사용 숙

련이 요구된다.

〈표 8-2〉 **주요 산업별 직무분석 및 스킬 매핑 예시**

산업/ 부서	직업 (역할)명	주요 직무(작업)	필요 스킬	숙련도	교육 및 훈련 필요성	평가 지표	비고
제조업/ 생산	생산 관리 매니저	생산 일정 관리, 품질 검사	문제 해결 능력, 품질 기준 이해	고급	필요	생산성 향상 비율, 불량률	품질 검사 장비 사용 숙련 필요
금융업/ 리스크	리스크 매니저	위험 요소 분석, 평가	데이터 분석, 리스크 평가 능력	중급	필요	리스크 감소 비율	데이터 분석 소프트웨어 사용 숙련
IT/ 개발팀	소프트 웨어 엔지 니어	코드 작성 및 디버깅	프로그래밍 능력 (Java), 문제 해결	고급	필요	코드 오류 발생률 감소	클라우드 환경에서 코드 테스트 필요
의료/ 간호팀	간호사	환자 기록 관리, 응급 대처	환자 관리 능력, 위기 대처 능력	중급	필요	환자 안전 만족도	의료 기록 시스템 사용 필요

좀 더 구체적으로 주요 산업별 직무 매핑과 스킬 분석 사례를 제시한다.

① 제조업: 생산 및 품질 관리 직무 매핑

제조업은 생산 공정의 효율성을 최적화하고 품질을 보증하는 것이 핵심이다. 각 직무에서 필요한 기술과 안전 절차가 매우 중요하며, 작업 자동화와 생산 라인 모니터링이 주요 과업으로 포함된다.

• 직무 매핑 기법 : 제조업에서는 '기계 유지보수 및 관리', '생산 공정 모니터링', '품질 검사 및 결함 확인'과 같은 세부 직무가 있으며, 각 직무에 필요한 역량을 구체적으로 매핑한다. 예를 들어, '기계 유지보수 및 관리'에서는 기계 작동법과 안전 절차 숙지가 필요하고, '품질 검사 및 결함 확인' 직무는 결함을 감지하는 능력과 품질 기준 이해가 필수적이다.

사례

한 자동차 제조업체는 직무 매핑을 통해 '기계 유지보수 및 관리' 직무에서 중요한 작업을 구체화했다. 이 직무에 종사하는 직원은 기계 부품의 마모 상태를 점검하고, 생산 중 기계 결함 발생 시 빠르게 조치하는 역량이 필요하다. 이를 바탕으로 신입 직원에게는 기계 조작 및 안전 교육을 실시하고, 기존 직원에게는 주기적인 심화 교육을 제공하여 장비 가동률을 높이고 기계 고장 발생률을 줄였다.

산업 특성	직무	핵심 기술	활용 예시
생산 효율성과 품질 관리에 중점을 두며, 특정 기술 및 안전 지식이 필요함.	기계 유시보수 및 관리, 생산 공정 모니터링, 품질 검사 및 결함 확인.	기계 조작, 안전 절차 준수, 품질 기준 이해.	생산 작업자들에게 기계 조작 및 안전 절차 교육을 제공하여 불량률 감소 및 효율성 향상.

② 금융업 : 리스크 관리 및 고객 서비스 직무 매핑

금융업은 고객 신뢰와 철저한 리스크 관리가 중요하며, 금융 제품에 대한 깊은 이해와 고객과의 소통 능력이 필수적이다.

• 직무 매핑 기법 : 금융업에서는 '위험 요소 분석 및 평가', '고객 응대 및 상담', '투자 포트폴리오 관리'와 같은 구체적인 직무를

정의하고, 각각의 직무에 필요한 금융 지식과 평가 능력을 매핑한다. 예를 들어, '위험 요소 분석 및 평가'는 금융 시장의 변화에 대응할 수 있는 분석력과 위험 요소 파악이 필요하며, '고객 응대 및 상담'은 고객 질문 해결 능력과 금융 상품에 대한 이해가 필요하다.

사례

한 은행에서 '위험 요소 분석 및 평가' 직무의 세부 작업으로 시장 리스크 요인 식별, 고객의 투자 리스크 평가, 금융 환경 분석을 명확히 정의했다. 이를 통해 리스크 매니저에게는 금융 데이터 분석 도구 사용과 최신 경제 동향을 반영한 리스크 평가 방법을 교육했다. 이를 통해 금융사고 발생을 줄이고 고객 신뢰를 높이는 성과를 거두었다.

산업 특성	직무	핵심 기술	활용 예시
고객과의 신뢰 및 정확한 리스크 관리가 중요하며, 금융 지식 및 의사소통 능력이 요구됨.	위험 요소 분석 및 평가, 고객 응대 및 상담, 투자 포트폴리오 관리.	금융 상품 지식, 리스크 평가, 고객과의 의사소통.	리스크 매니저에게 시장분석 도구 및 고객 서비스 교육을 제공하여 금융사고 예방 및 신뢰 향상.

③ IT 산업 : 소프트웨어 개발 및 데이터 분석 직무 매핑

IT 산업은 기술 발전 속도가 빠르고, 최신 기술을 활용해 문제를 해결할 수 있는 역량이 중요하다. 개발 작업과 데이터 분석이 주요 직무로 구성되며, 효율적인 코드 작성과 정확한 데이터 관리가 필수적이다.

• 직무 매핑 기법 : IT 산업에서는 '코드 작성 및 테스트', '데이터

분석 및 시각화', '서버 및 네트워크 관리'와 같은 직무로 나누어 구체적인 기술과 역량을 매핑한다. 예를 들어, '코드 작성 및 테스트' 직무는 프로그래밍 언어와 코드 최적화 능력이 필요하고, '데이터 분석 및 시각화'는 데이터 관리와 통계적 분석 능력이 중요하다.

사례

한 소프트웨어 개발 회사는 '코드 작성 및 테스트' 직무에 대한 세부 작업으로, 기능 코드 작성, 버그 테스트, 성능 최적화를 포함하여 각 작업의 필요 역량을 정의했다. 이를 기반으로 개발자들에게 Python, Java 프로그래밍 언어와 성능 테스트 도구 사용법을 교육했으며, 이를 통해 제품 품질이 향상되고 출시 주기가 단축되는 효과를 얻었다.

산업 특성	직무	핵심 기술	활용 예시
빠르게 변화하는 기술 환경으로, 소프트웨이 개발, 데이터 분석, 네트워크 관리 기술이 필요함.	코드 작성 및 테스트, 데이터 분서 및 시각화, 서버 및 네트워크 관리.	프로그래밍(예: Python, Java), 데이터 시각화, 클라우드 컴퓨팅.	소프트웨어 개발자에게 프로그래밍 언어 및 클라우드 기술 교육을 제공하여 제품 품질과 적응력 강화.

④ 의료 산업: 의료 관리 및 환자 서비스 직무 매핑

의료 산업은 환자와의 소통과 세밀한 의료 관리가 핵심으로, 정확한 의료 절차를 따르고 환자 기록을 관리하는 것이 중요하다. 환자 건강을 보호하고 긴급 상황에 대처하는 능력이 필수적이다.

- 직무 매핑 기법 : 의료 산업에서는 '환자 기록 관리', '의료 절차

지원', '응급 상황 대처 및 초기 대응'과 같은 직무를 세분화하고, 직무별로 필요한 의료 지식과 절차 이해를 매핑한다. 예를 들어, '환자 기록 관리'는 의료 기록 정확성 관리가 중요하며, '응급 상황 대처 및 초기 대응'은 응급처치 능력과 환자 상태 파악이 필요하다.

사례

한 종합병원에서 '응급 상황 대처 및 초기 대응' 직무를 분석해 응급환자 초기 조치, 의료 장비 사용법 숙지, 빠른 상황 판단 등이 필수 작업으로 설정되었다. 이를 바탕으로 신규 간호사에게 응급 대처와 관련 장비 사용 교육을 실시하여 응급 상황에서의 대응 능력을 향상시켰다. 이러한 교육을 통해 환자 안전이 강화되었고, 병원 서비스 만족도가 높아졌다.

산업 특성	직무	핵심 기술	활용 예시
환자 건강관리에 중점을 두며, 지속적인 의료 지식과 환자 관리 기술이 필요함.	환자 기록 관리, 의료 절차 지원, 응급 상황 대처 및 초기 대응.	환자 관리, 의료 기록 관리, 위기 대응.	신규 간호사에게 환자 관리 및 기록 관리 교육을 실시하여 의료 서비스 품질과 환자 만족도 향상.

3. 직무별 핵심 스킬 도출 과정

직업이나 역할 내에서 수행해야 할 구체적인 직무에 필요한 필요 역량을 체계적으로 도출하는 방법으로, 이를 통해 각 직무에 요구되는 스킬과 역량을 분석하여 채용 및 교육에 활용할 수 있다.

① 직무분석을 통한 핵심 필요 역량 도출

필요 역량을 도출하기 위해, 먼저 직업이나 역할 내에서 수행해야 할 구체적인 직무를 분석한다. 직무분석을 통해 해당 직무의 주요 활동과 책임을 파악하고, 직무를 수행하기 위해 필수적인 역량을 도출할 수 있다.

사례

- 한 제조업체에서 생산 계획 수립이라는 직무를 분석하기 위해, 이 직무에 포함된 세부 작업을 식별했다. 이를 통해 생산 일정 조정, 자원 관리, 생산량 예측과 같은 세부 활동들이 주요 작업으로 포함된다는 것을 확인했다.
- 생산 일정 조정 : 이 작업은 전체 생산 계획을 기반으로 특정 제품이나 부품이 생산될 시기를 조정하는 역할이다. 예를 들어, 고객의 주문량 변화나 생산 라인의 가동 상태에 따라 일정이 조정될 수 있다(필요 역량 : 일정 조정과 관련하여 문제 해결 능력이 중요하다. 예기치 않은 문제(예 : 자재 공급 부족, 기계 고장 등)가 발생할 때 빠르게 해결하고 대응할 수 있는 능력이 요구된다).
- 자원 관리 : 자원 관리 작업은 인력, 장비, 원자재 등 생산에 필요한 자원을 효과적으로 배치하고 사용하는 것이다. 예를 들어, 생산 라인에 필요한 인력을 계획하거나 자재를 적절히 확보하여 원활한 생산이 이루어지도록 한다(필요 역량 : 자원을 효율적으로 배분하고 최적의 생산 환경을 유지하기 위해 데이터 분석 능력이 필요하다. 이를 통해 각 자원의 사용량과 가용 상태를 파악하고 예측할 수 있다.)
- 생산량 예측 : 생산량 예측 작업은 시장의 수요를 예측하여 적정한 생산량을 계획하는 것이다. 예를 들어, 수요가 높은 제품의 생산량을 조정하거나, 예상되는 판매량에 맞춰 생산 목표를 설정하는 과정이 포함된다(필요 역량 : 이 작업에서는 데이터 분석 능력과 더불어, 다른 부서(예 : 마케팅, 영업)와 협력하여 필요한 정보를 공유하는 의사소통 능력이 필요하다. 이를 통해 수요 예측 데이터를 기반으로 정확한 생산량을 설정할 수 있다.)

② 도출된 요구 역량을 바탕으로 핵심 스킬 식별

직무 수행에 필요한 역량을 도출한 후, 이러한 역량을 세분화하여 구체적인 스킬을 정의한다. 여기서 스킬은 해당 직무를 효과적으로 수행하기 위해 요구되는 실제적인 지식, 기술, 태도를 의미한다. 스킬 식별 과정은 각 역량이 어떻게 직무 수행에 기여하는지를 명확히 하고, 채용 및 교육에서 필요한 기준을 설정하는 데 유용하다.

사례

- 도출된 요구 역량을 세부적으로 분석 : 직무에서 요구되는 각 역량을 구체적인 활동과 작업으로 세분화하여 분석한다. 이를 통해 각 역량이 실제 업무에 어떻게 적용되는지를 이해한다.
- 각 역량을 발휘하기 위한 구체적인 스킬 나열 : 각 역량을 실현하기 위해 필요한 구체적인 스킬을 나열한다. 예를 들어, "품질 기준 이해"라는 역량이 필요하다면, 이를 수행하기 위해 필요한 품질 검사 지식, 관련 장비 사용 능력 등을 포함한다.
- 유사한 스킬을 그룹화하여 핵심 스킬로 식별 : 나열된 스킬을 그룹화하고, 이를 통해 해당 직무에 필수적인 핵심 스킬을 정의한다. 그룹화 과정에서 유사한 기술이나 지식을 묶어 핵심 스킬로 정리한다.
- 품질 기준 이해 역량을 발휘하기 위한 구체적인 스킬 나열.
  - 품질 표준 및 검사 기준 숙지 : 품질 관리 체계에서 요구하는 표준을 정확히 이해하고, 검사 기준에 맞추어 평가하는 능력.
  - 검사 장비 사용 능력 : 품질 검사를 수행하기 위해 필요한 장비(예 : 현미경, 테스트 장비 등)를 올바르게 사용하는 기술.
  - 결함 발견 및 보고 능력 : 제품의 결함을 식별하고 이를 체계적으로 보고하는 능력.
  - 데이터 기록 및 보고 능력 : 검사 결과를 데이터로 기록하고, 이를 분석하여 품질 관리에 활용할 수 있는 기술.
- 유사한 스킬을 그룹화하여 핵심 스킬로 식별 : 위에서 나열된 스킬을 그룹화하여 품질 검사 수행 직무에 필수적인 핵심 스킬을 식별한다.

- 품질 기준 이해 스킬: 품질 표준 및 검사 기준을 이해하고 이를 바탕으로 제품 상태를 평가하는 능력.
- 검사 장비 사용 스킬: 검사 장비를 올바르게 사용하여 검사를 효율적으로 수행하는 능력.
- 결함 식별 및 보고 스킬: 결함을 식별하고 정확히 보고하여 품질 관리에 필요한 정보를 제공하는 능력.
- 데이터 기록 및 분석 스킬: 검사 데이터를 체계적으로 기록하고 분석하여 품질 개선에 활용할 수 있는 능력.

• 이러한 과정을 통해 품질 검사 수행 직무의 핵심 스킬을 도출할 수 있으며, 이를 기반으로 해당 스킬을 갖춘 인재를 선발하거나 교육할 수 있다.

③ 필요 스킬의 중요도와 빈도 분석

도출된 핵심 스킬과 직무 수행에 요구되는 중요도와 빈도를 분석한다. 이 과정은 각 스킬이 직무 성과에 미치는 영향을 파악하고, 우선순위를 설정하여 직무 맞춤형 교육 프로그램을 개발하는 데 도움을 준다.

사례

• 분석 과정: 각 스킬이 직무 성과에 미치는 중요도와 빈도를 평가한다. → 상관성 매트릭스를 통해 스킬과 역량 간의 관계를 시각적으로 분석한다. → 상관성이 높은 스킬을 우선 교육 대상으로 설정한다.

• 예시: 생산 라인 모니터링이라는 직무에서 문제 해결 능력이 핵심 역량 중 하나라는 것을 발견했다. 특히, 생산 라인에서 문제를 신속하게 해결하는 능력은 생산 중단 시간을 줄이고, 불량률 감소에 크게 기여한다. 따라서 문제 해결 능력을 교육의 우선 대상으로 설정하였고, 이에 따라 직무 맞춤형 문제 해결 워크샵을 설계했다.

④ 역량 기반 채용 및 직무 맞춤형 교육 프로그램 개발

도출된 핵심 스킬을 통해 채용과 교육 프로그램을 체계적으로 설계할 수 있다. 핵심 스킬을 기준으로 채용 과정에서 직무에 적합한 인재를 선발할 수 있으며, 부족한 스킬에 대해 맞춤형 교육을 제공하여 직원의 역량을 강화할 수 있다.

사례

- 예시 : 한 IT 회사에서 코드 최적화라는 직무를 수행하는 개발자에게 필요한 핵심 스킬은 프로그래밍 능력, 코드 리뷰 및 디버깅 능력으로 도출되었다. 이를 통해 채용 시 해당 스킬에 대한 평가 항목을 마련하고, 신입 개발자에게 코드 최적화 워크샵을 제공하여 직무 수행 능력을 높였다.

4. NCS를 통한 직무분석과 스킬 도출 사례

국가직무능력표준은 분야별 직무분석을 통해 능력단위라는 하드스킬과 직업기초능력이라는 소프트스킬을 제시하고 있다. NCS 홈페이지에서 검색할 수 있다. 여기서는 [금융]분야의 직무능력 사례를 제시한다.

금융분야 직무 트렌드를 분석하면, 최근 급격한 금리 인상으로 예금상품 관련 문의가 증가하고 있다. 창구에서 가입하는 상품의 예금금리보다 비대면으로 가입하는 상품의 예금금리가 더 높은데, 젊은 층의 고객들은 주로 비대면 상품을 가입하지만 고령층 고객의 경우 디지털화가 익숙하지 않기 때문에 창구에 내점하시는 경

우가 대부분이다.

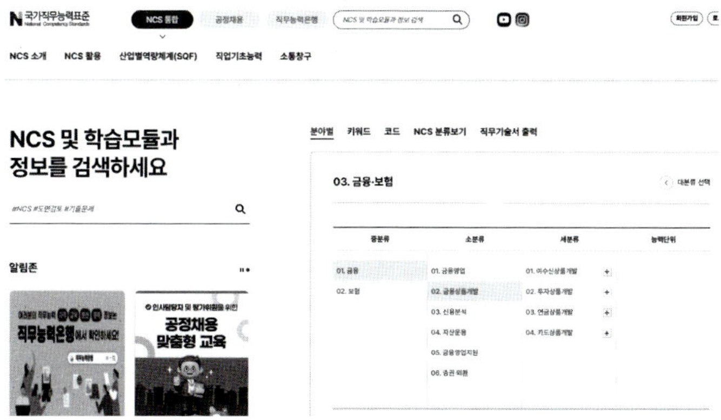

[그림 8-1] 국가직무능력표준 직무정보에서 [금융]분야 핵심 스킬 탐색

출처 : 국가직무능력표준 홈페이지(2025). NCS학습모듈 검색. www.ncs.go.kr.

비대면 거래는 고객이 가입이나 거래 절차를 직접 진행하게끔 만들어 놓은 서비스인데, 고령층 고객들은 디지털 기기를 활용하여 직접 거래하는 것에 매우 불편함을 느끼고 어려워하시기 때문에 지점에 방문하여 거래하시는 분들이 대다수다. 따라서 고령층 고객의 눈높이에 맞춰 상품에 대한 안내와 서비스를 제공할 수 있는 능력이 더욱 요구되고 있으며, 고령층 고객뿐 아니라 지점에 방문한 고객이 무엇을 원하는지(니즈 파악), 어떠한 유형의 고객인지 신속하게 파악하고 이에 맞추어 적절한 대응을 할 수 있는 능력, 친절을 바탕으로 신뢰를 줄 수 있는 능력이 매우 중요하다.

이에 현장에서는 고객에게 신속 정확하고 친절한 응대에 적합한 인재에 대한 요구가 크며 그와 더불어 직원들과도 조화로울 수 있는 인재를 요구한다. 취업 준비 시 너무 딱딱한 모습보다는 밝고 긍정적인 모습을 준비한다면 취업에 도움이 될 것으로 생각된다. 참고로 금융업 또는 은행업이라는 관점에서 본다면 ESG 경영이나 디지털 전환, Z세대 금융(자이낸스) 등과 같은 키워드를 주요 이슈 및 트렌드로 손꼽을 수 있으나 지점에서 일반 고객을 대상으로 근무하는 창구 사무의 경우 은행 지점에 방문하는 고객층의 특성상, 직무 자체의 특성상 이러한 트렌드를 체감하지는 못한다. 더군다나 디지털 전환에 따라 오프라인 창구와 인력을 점점 줄여 나가는 추세다.

관련 소프트 스킬을 살펴보면, 의사소통능력(경청, 기초외국어, 문서이해, 문서작성, 의사표현), 수리능력(기초연산, 기초통계, 도표분석, 도표작성), 대인관계능력(갈등관리, 고객서비스, 리더십, 팀워크, 협상), 정보능력(정보처리, 컴퓨터활용), 직업윤리(공동체윤리, 근로윤리)가 있다.

직무수행능력은 NCS 능력단위에서 살펴보면, 능력단위란 특정 직무에서 업무를 성공적으로 수행하기 위하여 요구되는 능력을 교육훈련 및 평가가 가능한 기능 단위로 개발한 것으로, 인사 직무의 능력단위와 정의는 다음과 같다.

〈표 8-3〉 **금융분야 하드스킬의 수준 및 정의**

하드스킬	수준	정의
예금상품 세일즈 (0301010102_14v1)	3	예금상품 세일즈란 고객의 목돈마련과 여유자금 운용을 위해 실명확인 절차와 적합한 금융상품 추천을 거쳐 예금신규를 처리하는 능력이다.
제신고 처리 (0301010103_14v1	3	제신고 처리란 은행거래 관련 고객정보의 변경, 증서의 재발행 또는 각종 증명서를 발행하기 위해 본인확인 절차와 근거서류를 징구하여 고객의 제신고 요청사항을 처리하는 능력이다.

하드스킬	수준	정의
출납관리 (0301010104_14v1)	2	출납관리란 창구업무에 필요한 시재, 중요증서 관리를 위해 일일대사를 거쳐 텔러 보유시재와 금고시재의 일치여부를 확인하는 능력이다.
외국환거래 (0301010105_14v1)	3	외국환거래란 고객의 외국환 거래를 위해 외국환 관련 규정과 실명확인 절차에 따라 환전, 외화예금, 해외송금을 처리하는 능력이다.
전자금융 서비스 (0301010106_14v1)	2	전자금융 서비스란 고객이 은행방문 없이 전자금융 서비스를 이용하도록 하기 위해 본인확인과 전자금융 이용방법을 설명하여 인터넷·모바일·텔레뱅킹을 등록, 제신고, 해지하는 능력이다.
개인대출 세일즈 (0301010107_16v2)	3	개인대출 세일즈란 고객의 필요자금 지원을 위해 적절한 대출 상품을 안내하고 필요한 서류를 징구하여 대출을 실행, 사후 관리하는 능력이다.
펀드 세일즈 (0301010108_14v1)	4	펀드 세일즈란 고객의 목돈마련과 여유자금 투자를 위해 고객 투자성향을 파악하여 적합한 펀드상품을 판매하고 추가매수 또는 환매업무를 수행하는 능력이다.
방카슈랑스 세일즈 (0301010109_14v1)	4	방카슈랑스 세일즈란 고객의 장기저축과 위험보장을 위해 고객니즈를 파악하여 적합한 보험상품 판매와 서비스를 제공하는 능력이다.
신용카드 세일즈 (0301010110_14v1)	3	신용카드 세일즈란 고객의 편리한 지급결제 수단 제공과 신용공여를 위해 고객니즈를 파악하여 적합한 신용카드 발급과 관련 서비스를 제공하는 능력이다.
부수업무 처리 (0301010111_16v2)	2	부수업무 처리란 고객의 금융관련 부수업무 처리를 위해 관련 법규와 내부처리 절차에 따라 주금납입, 공과금, 대여금고 업무를 처리하는 능력이다.
금융소비자 보호 (0301010112_14v1)	3	금융소비자보호란 고객의 안전한 금융거래를 위해 업무처리 관련 법규와 감독기준에 따라 고객정보를 관리하며 민원 발생을 사전에 예방하고 고객요청 업무를 처리하는 능력이다.
입지급 거래 (0301010113_16v2)	2	입지급 거래란 고객의 자금 예치와 인출 요구를 처리하며, 자기앞수표를 발행 지급하는 능력이다.
예금 관리 (0301010114_16v2)	2	예금 관리란 금융실명제를 이해하여, 실명확인을 통해 예금을 신규하고, 본인확인을 통해 예금을 해지하는 능력이다.

출처 : 한국산업인력공단(2022). NCS홈페이지-NCS학습모듈 검색(금융분야 능력단위).

도출된 핵심스킬을 키우기 위한 교육훈련과정은 NCS 홈페이지에서 해당 분야 훈련기준을 참고할 수 있다. 다음은 [금융분야-금융영업-창구사무]분야 직무를 수행하기 위한 업(리)스킬링을 위한 경로다.

수준 \ 직종	창구사무	기업영업	PB영업	카드영업
6		가망기업 고객 발굴 대상기업 분석 거래 제안·협상 기업고객 관리		
5		기업고객 상담 기억고객니즈 파악·분석 거래신청 심사·승인 기업 거래심화	금융자산 투자설계 비금융 자산 상담·자문 고객제안·실행 투자 사후관리	
4	펀드세일즈 방카슈랑스 세일즈	고객접촉갈등·관계형성 거래약정	고객창출 고객상담 고객정보수집·분석 고객관리 PE컴플라이언스	기업영업 제휴영업 직원마케팅 가맹점마케팅 신용리스크관리
3	예금상담 세일즈 제신고 저리 외국환거래 개인대출 세일즈 신용카드 세일즈 금융소비자 보호			개인영업 고객상담 심사관리 반급관리 국내 정산관리 국제 정산관리
2	출납관리 전자금융 서비스 부수업무 처리 입지금 거래 예금 관리			
	직업기초능력			

[그림 8-2] **국가직무능력표준 직무정보에서 [금융]분야 스킬링을 위한 경로 예시**

출처 : 국가직무능력표준 홈페이지(2024). NCS학습모듈 검색-금융분야 훈련기준.

출제 예상문제

01. **경력개발 과정에서 직무분석과 스킬 매핑이 필요한 이유는 무엇입니까?**

① 모든 직원의 역할을 동일하게 만들기 위해
② 업무에 대한 일상적인 보고를 강화하기 위해
③ 직무 요구사항과 개인의 스킬을 정확하게 매칭시켜 경력 목표를 달성하기 위해
④ 관리자의 업무 부담을 줄이기 위해

02. **효과적인 경력개발 프로그램의 핵심 요소는 무엇입니까?**

① 일회성 워크숍
② 지속적인 학습과 전문성 개발 기회
③ 엄격한 규율과 감독
④ 고정된 역할 할당

03. **직무분석을 통한 핵심 역량 도출 과정에서 가장 중요한 단계는 무엇입니까?**

① 직무 수행 빈도 조사
② 필요 역량과 스킬의 세분화
③ 구체적인 직무 활동 파악
④ 임직원 만족도 조사

04. **NCS를 활용한 직무분석 및 스킬매핑의 이점은 무엇입니까?**

① 조직 내 의사결정 가속화
② 글로벌 기준과의 일치
③ 하드스킬과 소프트스킬의 체계적 도출
④ 재무 관리의 효율성 향상

05. **한 중견 기업의 인사팀은 직무분석을 통해 기술 판매 직무의 중요성이 크게 증가하고 있음을 발견하였습니다. 이에 따라 기존 직원들의 업무 역량을 강화하기 위해 특별 교육 프로그램을 개발하였습니다. 이 상황에서 직무분석이 경력개발에 미친 주요 영향은 무엇입니까?**

① 직원들의 기존 업무 부담 증가
② 직원들이 새로운 기술을 습득하고 경력 발전의 기회를 얻음
③ 직원 이직률 증가
④ 기업 문화의 단기적 변화

정답과 해설

01. ③

경력개발에서 직무분석과 스킬 매핑은 개인의 현재 스킬과 직무 요구 사항을 비교 분석하여 스킬 갭을 식별합니다. 이 정보는 개인이 필요한 스킬을 개발하여 경력 목표를 효과적으로 달성할 수 있도록 하는 데 중요합니다. 이 과정을 통해 개인은 자신의 경력 발전을 체계적으로 계획하고 실행할 수 있습니다.

02. ②

효과적인 경력개발 프로그램은 지속적인 학습과 직무 내 전문성 향상을 중심으로 구성되어 있으며, 이를 통해 직원들이 자신의 경력을 계속 발전시키고 새로운 기회에 대응할 수 있도록 합니다.

03. ③

직무분석에서 가장 중요한 단계는 각 직무별로 구체적인 활동과 책임을 파악하고, 그에 필요한 필수적인 역량을 정확히 도출하는 것입니다. 이 과정을 통해 조직은 효과적인 인재 개발 및 관리 전략을 수립할 수 있습니다.

04. ②

NCS는 하드스킬과 소프트스킬을 체계적으로 도출하여 직무별로 요구되는 능력을 명확하게 분석하고 정의함으로써, 교육 및 채용에서 직무에 맞는 인재를 선발하고 훈련하는 데 유용합니다.

05. ③

직무분석을 통해 변화하는 시장과 기술 요구사항을 이해하고 이에 맞추어 직원들의 업무 역량을 강화함으로써, 직원들은 필요한 새로운 기술을 습득하고 자신의 경력 발전에 필요한 기회를 얻을 수 있게 되었습니다. 이는 장기적으로 직원의 직무 만족도와 기업의 경쟁력 향상에 기여합니다.

제3부

업스킬링&리스킬링 전문가 1급과정

제9장

업스킬링을 위한 학습 전략

Upskilling Reskilling

학/습/개/요

이 장에서는 학습자가 자기 주도적으로 학습 계획을 수립하고 실행하는 방법과, 온라인 학습(MOOC, e-러닝 플랫폼)을 활용한 자기계발 전략을 제시한다. 또한 VR, AR, AI 등 최신 교육 기술을 활용한 혁신적인 학습 경험과 프로젝트 기반 실습 학습 전략을 통해 실질적인 스킬을 향상하는 방법을 제시한다.

학/습/목/표

1. 자기 주도 학습 방법론 : 학습자가 스스로 학습 계획을 세우고 실행하는 방법을 설명할 수 있다.
2. 온라인 학습의 활용 : MOOC, e-러닝 플랫폼을 통한 자기계발 방법을 설명할 수 있다.
3. 최신 교육 기술 적용 : VR, AR, AI 등을 활용한 혁신적인 학습 경험을 설명할 수 있다.
4. 실습 기반 학습 전략 : 프로젝트 기반 학습과 실습을 통한 스킬 향상방법을 설명할 수 있다.

1. 자기 주도 학습 방법론

– 학습자가 스스로 학습 계획 및 실행

자기 주도 학습(Self-Directed Learning: SDL)은 학습자가 자신의 학습 과정을 계획하고 주도적으로 실행하여 목표를 달성하는 학습 방법이다. 즉, 자기 주도 학습이란 학습자가 목표를 설정하고 계획을 수립하여 학습에 필요한 자원을 찾고 스스로 평가하는 과정으로, 학습자는 외부의 지시나 통제 없이 스스로 자신의 학습 방향을 설정하며, 필요에 따라 새로운 학습 방법을 탐색하고 조정한다.

① 목표 달성 능력 향상: 자기 주도 학습을 통해 학습자는 구체적인 목표를 세우고 달성하는 과정을 경험하게 되어, 목표 지향적 사고가 강화된다.

② 문제 해결 능력 개발: 주도적으로 학습 과정에서 발생하는 문제를 해결하며 비판적 사고와 문제 해결 능력을 기를 수 있다.

③ 평생 학습 태도 형성: 스스로 학습하는 습관을 기름으로써 학습자가 평생 학습의 중요성을 인식하고 계속해서 자기계발을 이어갈 수 있다.

단계	내용
1단계 : 학습 목표 설정	학습자는 자신의 학습 목표를 SMART 기준(구체적이고, 측정 가능하며, 달성 가능하고, 관련성 있는, 시간 제한이 있는 목표)으로 설정한다. 예를 들어, "3개월 내에 기본적인 데이터 분석 기술을 습득하여 개인 프로젝트에 적용할 수 있게 한다"와 같은 구체적인 목표를 세운다.
▼	▼
2단계 : 학습 자원 조사 및 확보	학습 목표를 달성하기 위한 필요한 자원과 자료를 조사합니다. 예를 들어, MOOC 플랫폼에서 적합한 강의를 수강하거나 참고 서적을 확보하는 등 목표 달성에 도움이 될 리소스를 마련한다.
▼	▼
3단계 : 학습 일정과 단계별 목표 설정	목표 달성을 위해 구체적인 일정과 학습 단계를 계획합니다. 일정은 주간 또는 월간으로 나눠 설정하고, 각 단계별 목표를 세분화하여 진행 상황을 측정할 수 있도록 한다.
▼	▼
4단계 : 학습 기록과 피드백 반영	학습 과정에서의 진도를 기록하고, 계획과 비교하여 피드백을 반영합니다. 학습 진도를 주기적으로 평가하며 필요에 따라 목표나 학습 방법을 수정한다.

[그림 9-1] **자기 주도 학습 계획을 세우는 방법**

위와 같이 ① 1단계 : 학습 목표 설정(학습자는 자신의 학습 목표를 SMART 기준(구체적이고, 측정 가능하며, 달성 가능하고, 관련성 있는, 시간 제한이 있는 목표)으로 설정) → ② 2단계 : 학습 목표를 달성하기 위한 필요한 자원과 자료 조사 → ③ 3단계 : 학습 일정과 단계별 목표 설정(목표 달성을 위해 구체적인 일정과 학습 단계를 계획) → ④ 4단계 : 학습 기록과 피드백 반영(학습 과정에서의 진도를 기록하고, 계획과 비교하여 피드백 반영)한다.

〈표 9-1〉 자기 주도 학습 계획 사례

학습 목표	학습자원	학습 일정	단계별 목표	구체적 계획	피드백 및 조정
데이터 분석 기술 습득	온라인 강의 (Coursera, Udacity)	주 3회, 1회 2시간	1개월 내 파이썬 기초 습득, 3개월 내 데이터 분석 프로젝트 완료	1주차: 데이터 분석 개론 수강 2주차: 파이썬 기초 실습 3주차: 실전 데이터 프로젝트 시작	매주 학습 진도 확인 후 목표 재조정
영어 회화 능력 향상	영어 회화 모임, 유튜브 강의	매주 2회, 회당 1시간	1개월 내 기초 회화 문장 구사, 3개월 내 중급 수준의 대화 가능	1주차: 기본 문장 연습 2주차: 영화 대사 따라 말하기 3주차: 외국인과 대화 모임 참여	매월 성취도 평가 후 회화 주제 조정
프로젝트 기반 학습 방법 습득	관련 도서, 세미나 참여	주 2회, 회당 3시간	1개월 내 기초 개념 이해, 3개월 내 프로젝트 기획 완성	1주차: 기초 개념 리서치 2주차: 사례 조사 3주차: 아이디어 기획작성	2주마다 학습 내용 점검 후 피드백 반영

2. 온라인 학습의 활용

- MOOC, e-러닝 플랫폼을 통한 자기계발 방법

온라인 학습은 인터넷을 통해 언제 어디서나 다양한 학습 콘텐츠에 접근할 수 있도록 지원하는 방법이다. MOOC(Massive Open Online Courses)와 e-러닝 플랫폼은 전 세계의 학습자들에게 고품질의 교육을 제공한다. MOOC는 다양한 대학 및 기관에서 제공하는 무료 또는 유료 온라인 강좌로, 대규모 학습자가 참여할 수 있는 공개 교육 과정이다. Coursera, edX, FutureLearn, Khan Academy와 같은 플랫폼이 대표적이다.

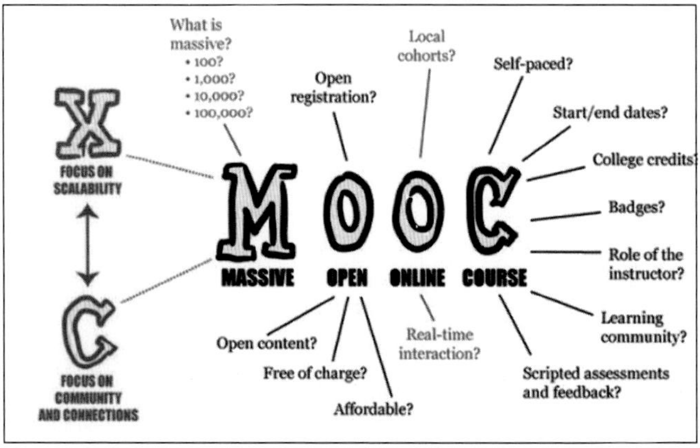

[그림 9-2] **온라인 학습 MOOC**

출처 : https://www.flickr.com/photos/mathplourde/8598377412

e-러닝 플랫폼은 학습자가 스스로 속도와 시간에 맞춰 학습할 수 있는 온라인 학습 플랫폼으로, Udacity, coursera, edx 등이 대표적이다.

[그림 9-3] **e-러닝 플랫폼**(Udacity, coursera, edx)

① 접근성: MOOC와 e-러닝은 지리적, 경제적 제약을 넘어서 누구나 필요한 지식을 습득할 수 있는 기회를 제공한다.
② 지속적인 자기계발 지원: 일과 학업을 병행하면서 새로운 스킬을 배우거나 자신의 전문 분야에서 역량을 강화할 수 있다.
③ 다양한 분야 학습 가능: 프로그래밍, 데이터 분석, 비즈니스 전략, 디자인, 인문학 등 다양한 주제를 다룬 강좌가 있어 학습자가 필요에 따라 선택할 수 있다.

한국의 공공영역에서 제공하는 온라인 학습 플랫폼은 주로 국민 평생교육과 직무 역량 강화를 지원하기 위해 정부와 공공기관에서 운영하고 있다.

① K-MOOC(Korea Massive Open Online Course)

교육부 주관의 공공 온라인 학습 플랫폼으로, 대학 및 공공 교육기관의 강의를 무료로 제공하며, 학습자가 고등 교육 수준의 강의를 수강할 수 있도록 지원한다. K-MOOC의 특징은 다양한 주제의 강좌가 제공되며, 일부 강좌는 학점으로 인정받을 수 있다. 대학과 협력하여 운영되며, 인문학, 과학, 기술, 예술 등 분야별 강의가 제공된다(https://www.kmooc.kr).

② 지식(GSEEK)

경기도에서 운영하는 온라인 평생학습 플랫폼으로, 다양한 학습 콘텐츠를 무료로 제공하여 도민들의 자기계발과 역량 강화를 지원한다. 학습 분야는 취업, 창업, 외국어, 인문학, IT, 자녀교육, 건강, 문화 예술 등 매우 폭넓으며, 경기도민뿐만 아니라 전국 누구나 이용할 수 있다(https://www.gseek.kr).

③ STEP(The Smart Training Education Platform)

고용노동부와 한국산업인력공단이 운영하는 스마트 온라인 직업훈련 플랫폼이다. STEP은 주로 구직자와 재직자, 취업 준비생을 대상으로 하며, 직무에 필요한 다양한 역량을 개발할 수 있도록 직무 중심의 교육 콘텐츠를 제공한다. 특히, IT, 기계, 전기, 서비스업, 경영, 외국어 등 다양한 산업 분야의 교육 과정을 통해 학습자가 필요로 하는 직업 기술을 강화할 수 있도록 지원한다(https://www.step.or.kr).

④ 나라배움터

인사혁신처에서 운영하는 공무원과 공공기관 임직원을 위한 직무 교육 플랫폼으로, 공공기관 직원의 역량 강화를 위해 다양한 교육 프로그램을 제공한다. 공직자로서 필요한 직무 역량 교육과 공공기관 맞춤형 강좌가 제공된다. 또한, 성과관리, 리더십, 디지털 역량 교육과 같은 업무와 직접적인 관련이 있는 강의들이 많다(https://www.step.or.kr).

⑤ 서울시 평생학습포털

서울시민이 언제 어디서나 원하는 학습 콘텐츠에 접근할 수 있도록 지원하는 온라인 학습 플랫폼이다. 다양한 분야의 강좌, 학습

자료, 그리고 학습 공동체 활동 등이 제공되며, 시민 누구나 무료로 학습할 수 있다. 주된 학습 카테고리로는 인문학, 직업교육, 생활과학, 문화예술 등이 있으며, 각종 자격증 과정과 자기계발 강좌도 마련되어 있다(https://sll.seoul.go.kr).

⑥ 중소벤처기업부 온라인 정책 교육 플랫폼

중소벤처기업부에서 운영하는 중소기업 경영자와 직원들을 위한 온라인 교육 플랫폼이다. 중소기업에서 필요한 정책과 지원 사업을 안내하고, 경영, 마케팅, 재무 관리 등 실질적인 비즈니스 교육을 제공한다(https://ssup.kosmes.or.kr).

〈표 9-2〉 **e-러닝 플랫폼을 통한 자기계발 방법**

자기계발 단계	내용
1. 목표 설정과 계획 수립	학습 목표를 명확히 설정하고 학습 계획을 수립.
2. 플랫폼별 강좌 탐색과 적합한 강좌 선택	Coursera, edX, K-MOOC 등 플랫폼을 탐색하고 적합한 강좌 선택.
3. 코스 커리큘럼에 따라 체계적 학습	커리큘럼과 과제를 따라가며 체계적으로 학습.
4. 피드백과 평가를 통한 자기 점검	피드백과 퀴즈를 통해 학습 성과 점검 및 보완.
5. 학습 커뮤니티와 네트워킹	커뮤니티와 포럼에서 학습자와 교류하며 네트워크 형성.
6. 실생활에 적용하기	배운 내용을 실생활에 적용하여 실제 문제 해결에 활용.
7. 자격증과 수료증 획득	자격증이나 수료증을 획득하여 학습 성과를 증명하고 경력에 추가.

MOOC와 e-러닝은 시간과 장소에 구애받지 않고 원하는 분야의 강좌를 선택해 자기계발을 할 수 있는 유용한 도구다. 체계적인 학습 계획을 세우고, 끈기 있게 실천한다면 다양한 지식과 스킬을 지속적으로 쌓아갈 수 있을 것이다.

3. 최신 교육 기술 적용

– VR, AR, AI 등을 활용한 혁신적인 학습 경험

최신 교육 기술(VR, AR, AI)을 활용한 혁신적인 학습 경험이란 VR(가상현실), AR(증강현실), AI(인공지능)와 같은 첨단 기술을 통해 전통적인 교육 방식을 넘어 학습자에게 몰입감 있고 맞춤형의 학습 기회를 제공하는 것을 의미한다. 이러한 학습 경험은 학습자가 지식을 단순히 습득하는 것을 넘어서, 실질적인 경험을 통해 체득할 수 있도록 돕는다. 이의 중요성을 정리하면 다음과 같다.

① 몰입형 학습으로 이해와 기억력 향상: VR과 AR 기술은 학습자가 실생활에서 경험하기 어려운 상황을 안전하고 경제적으로 체험할 수 있게 해 준다. 예를 들어, 화학 실험을 가상으로 체험하거나, 역사 속 사건을 AR로 탐험하면서 학습자는 보다 깊이 있는 이해와 강한 기억을 형성할 수 있다.

② 개인 맞춤형 학습 제공: AI 기술은 학습자의 학습 패턴과 성과를 분석하여, 각 학습자에게 최적화된 학습 콘텐츠와 피드백을 제

공한다. 이를 통해 학습자는 자신에게 맞는 진도와 난이도에서 학습을 진행할 수 있으며, 부족한 부분을 보완할 수 있어 효율적인 학습이 가능하다.

③ 실전 훈련 기회 제공: 안전이 필요한 환경이나 고가의 장비가 필요한 실습을 가상으로 대체할 수 있다. 예를 들어, 항공기 조립이나 의료 수술 훈련 등을 가상 환경에서 학습할 수 있어, 비용과 안전 문제를 해결할 수 있다.

④ 자기 주도적 학습 환경 조성: 최신 기술을 활용한 학습은 학습자가 시간과 장소에 구애받지 않고 자기 주도적으로 학습할 수 있는 환경을 제공한다. 특히 e-러닝과 AI 기반 학습은 학습자에게 다양한 선택지와 개별화된 경로를 제공하여, 주체적으로 목표를 설정하고 학습할 수 있게 돕는다.

이처럼 최신 교육 기술을 활용한 학습 경험은 전통적인 강의 중심 교육을 보완하고 발전시키며, 학습자의 요구와 능력에 맞춘 개별화된 교육을 실현하여 미래의 학습 환경을 혁신하고 있다. 하지만 다음과 같은 단점도 있다.

① 비용 부담: 초기 도입 비용이 높은 편이며, VR/AR 장비나 AI 시스템 구축에 상당한 자원이 필요하다.

② 기술적 한계: VR 장비 사용 시 어지럼증이나 피로감을 느낄 수 있으며, AR 콘텐츠 개발은 실제 환경에 맞춘 디자인이 필요하여 시간이 많이 소요된다.

③ 기술 의존성 증가: 기술적 오류가 발생할 경우 학습 진행에 문제가 발생할 수 있다.

좀 더 구체적으로 살펴보면, VR(Virtual Reality)은 3D 환경을 통해 학습자가 가상의 세계에 몰입하여 실제와 유사한 학습 경험을 제공하는 기술이다. 고글과 같은 VR 기기를 통해 학습자는 안전하고 제어된 환경에서 복잡한 작업이나 절차를 실습할 수 있다. 예를 들어, 위험 요소가 많은 산업 현장을 시뮬레이션하여 안전 교육을 진행하거나, 다양한 역사적 장소를 가상으로 탐방하며 생생한 역사 학습을 제공할 수 있다.

① 산업 안전 교육: 위험한 환경을 가상으로 체험할 수 있어 산업 안전 교육에 활용된다. 예를 들어, 건설 현장의 안전 관리 교육이나 화학 물질 취급 훈련을 VR로 제공하여 학습자가 직접 체험할 수 있게 한다.

② 과학 및 역사 탐험: 학생들이 VR을 통해 우주 탐사나 고대 유적 탐험을 경험할 수 있어, 학문적 호기심을 자극하고 학습에 대한 흥미를 높일 수 있다.

사례
제너럴 일렉트릭(General Electric)은 VR을 활용한 산업 안전 교육 프로그램을 통해 위험 요소가 높은 작업 환경에서의 안전 훈련을 지원한다. 이 프로그램을 통해 직원들은 실제 위험 상황에 대처하는 방법을 미리 체험해볼 수 있다.

그 다음으로 AR(Augmented Reality)은 현실 세계에 디지털 정보를 겹쳐 놓아 학습자가 실제 환경 속에서 필요한 정보를 시각적으로 확인할 수 있도록 돕는 기술이다. 예를 들어, 스마트폰이나 태블릿으로 제품에 카메라를 비추면, 그 제품의 조립 과정이나 사용 방법이 화면에 시각적으로 안내된다. AR을 통한 학습은 현장성을 높여 실제 환경에서 학습자가 직관적으로 이해할 수 있게 하며, 학습 내용을 실시간으로 확인할 수 있어 실용적인 이해를 돕는다. 특히, 의료 교육이나 기계 조립 등에서 활용도가 높다.

① 의료 교육: 의학 훈련에서 AR을 사용하여 수술 과정이나 해부학 교육을 시각적으로 제공함으로써 학습자의 이해를 돕는다.
② 기계 조립 및 유지보수 훈련: AR 기기를 사용해 실제 기계에 디지털 가이드를 오버레이하여, 조립이나 수리 과정에서 실시간으로 시각적 지침을 제공한다.

사례
에어버스(Airbus)는 항공기 조립 교육에서 AR 기술을 활용하여 조립 과정에 대한 실시간 가이드를 제공한다. 직원들은 조립 부품을 실시간으로 확인하고 단계별로 지침을 받아 작업의 정확성과 효율성을 높일 수 있다.

마지막으로, AI(Artificial Intelligence)는 머신러닝과 데이터 분석을 통해 학습자의 성과와 패턴을 분석하고, 이에 맞춘 맞춤형 학습 콘텐츠를 제공하는 기술이다. AI는 각 학습자의 수준과 필요에 따라 학습 경로를 설계하고, 자동화된 피드백을 제공한다. AI 기반 학습은 학습자 개개인에 맞춘 맞춤형 교육을 가능하게 하여 학습 효과를 극대화하고, 효율성을 높인다. 학습자의 이해도를 높이고 학습 과정에서 부족한 부분을 자동으로 보완할 수 있는 점이 큰 장점이다.

① 언어 학습: AI 기반 언어 학습 플랫폼(Duolingo 등)을 통해 학습자의 수준에 맞춰 언어 학습 경로와 피드백을 제공한다.
② 개인 맞춤형 학습 경로 제안: 학습자가 더 잘 이해할 수 있도록 AI가 분석한 데이터를 기반으로 강의 내용을 추천하고, 학습 성과를 추적하여 개선할 수 있다.

사례

Duolingo의 AI 기반 언어 학습 프로그램은 학습자의 실력과 학습 속도에 맞춘 커리큘럼을 제공한다. 이 프로그램은 실시간으로 학습자 데이터를 분석하여 최적의 학습 경로를 설정하고, 부족한 부분에 대한 피드백을 자동으로 제공하여 학습 효과를 극대화한다.

이러한 혁신적인 학습 기술들은 전통적인 교육 방식을 보완하고 발전시키며, 학습자의 참여도와 이해도를 높이는 데 기여한다. 첨단 기술을 활용한 학습 방법은 초기 도입 비용이 높을 수 있지만, 이를 보다 효율적으로 접근하고 활용하는 방법은 여러 가지가 있다. 다음과 같은 전략으로 첨단 학습 기술을 경제적으로 도입하고 접근할 수 있다.

① 공공 지원 프로그램 활용

정부나 교육 기관에서 제공하는 기술 보조금 또는 지원 프로그램을 활용하면 초기 비용 부담을 줄일 수 있다. 예를 들어, 정부의 디지털 교육 혁신 사업이나 AI 교육 지원 프로그램을 통해 무료로 기술을 접하거나 부분적으로 비용 지원을 받을 수 있다. 교육부 또는 고용노동부 같은 정부 부처는 VR, AR, AI 교육을 지원하는 프로젝트나 자금을 종종 제공한다. 이를 통해 학교나 직업 교육 기관이 혁신적인 학습 기술을 더 쉽게 도입할 수 있다.

② 구독형 서비스 이용

많은 VR, AR, AI 학습 플랫폼은 구독형 요금제로 운영되어 비용을 절감할 수 있다. 예를 들어, 일부 플랫폼은 정액 요금제를 통해 교육 콘텐츠와 학습 시스템을 구독하는 형태로 제공하기 때문에 초기 장비 구매 비용 없이 바로 학습할 수 있다. 특히 AI 기반 맞춤형 학습 서비스를 제공하는 플랫폼(예 : Duolingo, Coursera 등)은 사용량에 따라 요금을 부과하거나 구독형 옵션을 통해 부담을 낮춘다.

③ 공유형 인프라 및 장비 활용

학교나 교육 기관 간의 공유형 인프라를 이용하면 VR 기기나 AR 장비를 공동으로 사용할 수 있어 비용을 크게 줄일 수 있다. 예를 들어, 지역 단위의 평생 교육 센터 또는 직업 훈련 센터와 협력하여 학습 장비를 대여하거나 공동으로 사용할 수 있다. 또한 VR

카페 또는 AI 실험실 같은 공유 학습 공간을 이용하면 개인이나 소규모 학습자가 필요할 때마다 학습기기를 사용할 수 있다.

④ 저가형 혹은 오픈소스 솔루션 활용

비용 효율적인 학습 솔루션을 도입하려면 저가형 기기(예 : Google Cardboard)나 오픈소스 AI 학습 솔루션을 활용하는 것도 좋은 방법이다. 예를 들어, Google Cardboard를 활용하면 저렴하게 VR 학습 환경을 경험할 수 있으며, 오픈소스 AI 도구를 통해 기본적인 AI 학습을 무료로 시도할 수 있다. 코드랩(Codelabs) 또는 Github 같은 오픈소스 플랫폼에서는 다양한 학습 프로젝트와 샘플 코드가 제공되므로 AI 학습 프로젝트를 구현할 때 유용하게 활용할 수 있다.

⑤ 비용 절감을 위한 단계적 도입

첨단 기술을 교육에 전면 도입하기보다는, 단계적으로 시범 도입하여 비용과 효과를 검토하면서 확장하는 방법도 있다. 예를 들어, 일부 학습 콘텐츠만 VR 또는 AR로 제공해 보고, 성과가 검증된 후에 확대 도입하는 방식으로 비용을 절감할 수 있다. 교사나 트레이너의 기술 역량을 먼저 키우고, 소규모 파일럿 프로젝트를 실행하여 성공 여부를 평가하는 과정이 중요하다.

⑥ 민간 협력 및 공동 연구

민간 기업과의 협력이나 산학 연계 프로그램을 통해 첨단 기술을 교육에 활용할 수 있다. 예를 들어, 기업이 개발한 AI, VR 기술을 교육 현장에서 실험적으로 활용하고 피드백을 제공하는 식으로 상호 협력 관계를 맺으면 비용을 절감할 수 있다. 교육 기관에서 민간 기업과의 공동 연구 프로젝트를 진행하면, 비용 부담을 줄이면서도 최신 기술을 접할 수 있는 기회를 확보할 수 있다. 이러한 접근법을 통해 초기 비용의 부담을 줄이고 효율적으로 첨단 학습 기술을 도입할 수 있다.

4. 실습 기반 학습 전략

– 프로젝트 기반 학습과 실습을 통한 스킬 향상방법

실습 기반 학습은 학습자가 이론을 배운 후 직접 실습을 통해 지식을 경험하고 습득하는 학습 방식이다. 이 중에서도 프로젝트 기반 학습(Project-Based Learning, PBL)과 실습을 통한 스킬 향상은 실무 역량을 키우고 문제 해결력을 높이는 데 매우 효과적인 학습 방법이다. 프로젝트 기반 학습(PBL)은 학습자가 실생활과 관련된 문제나 과제를 중심으로 학습 활동을 수행하는 방식으로 학습자는 문제를 해결하는 과정에서 이론을 실습하며 문제 해결력과 비판적 사고력을 키우게 된다. 실습을 통한 스킬 향상은 학습자가 특정 스킬을 숙달할 때까지 반복적으로 연습하는 학습 방식으로 실제 상황을 가상으로 재현하여 실습하거나, 소규모 프로젝트를 통해 필요한 기술을 경험함으로써 지식과 스킬을 체득하게 된다. 이 학습 방법이 왜 중요한지 제시하면 다음과 같다.

① 실무 능력 강화: 단순한 이론 학습을 넘어서 실습을 통해 실제 문제를 해결하는 능력을 기르게 된다. 프로젝트 기반 학습은 학습자가 자신의 지식을 실전에 바로 적용할 수 있게 하여 직무 수행에 필요한 역량을 강화한다.

② 자기 주도 학습 촉진: 프로젝트 기반 학습과 실습은 학습자가 스스로 목표를 설정하고 문제를 해결할 수 있도록 주도권을 부여한다. 이를 통해 자기 주도적 학습 능력이 향상된다.

③ 협업과 의사소통 능력 배양: 프로젝트 수행 과정에서 팀원들과 소통하고 역할을 분담하면서 협업 능력을 기를 수 있다. 특히, 다학제적인 프로젝트에서는 다양한 배경의 사람들과 함께 일하면서 시너지 효과를 경험할 수 있다.

④ 실제 상황 대응력: 실습을 통해 실제 상황에서 발생할 수 있는 문제를 미리 경험하고, 대처하는 능력을 기른다. 이는 직장에서 마주할 수 있는 다양한 상황에 유연하게 대응하는 데 큰 도움이 된다.

사례

- IT 프로그래밍 수업: 학생들이 웹 애플리케이션을 기획하고 구현하는 프로젝트를 수행하면서, 각자 역할을 맡아 협업하며 실무 역량을 키운다.
- 엔지니어링 교육: 실제 사회에서 필요한 제품을 설계하고 시제품을 제작하는 프로젝트를 통해 엔지니어링 이론을 실습으로 확인하고 이해한다.
- 비즈니스 플랜 작성 프로젝트: 경영학 수업에서 가상의 기업을 창업하고 비즈니스 플랜을 작성해보는 프로젝트를 통해 시장분석과 전략 수립을 체험한다.

사례

- 의료 실습: 의과 대학 학생들이 모의 수술실에서 의학 지식과 기술을 실습하며 숙련도를 높인다.
- 비즈니스 시뮬레이션: 비즈니스 학습자가 가상의 회사 경영을 실습하면서 재무 분석, 마케팅 전략, 인사 관리 등 각 기능을 이해하고 관리할 수 있는 경험을 얻는다.
- 언어 학습: AI 기반 언어 학습 플랫폼에서 가상 회화를 실습하며 언어 스킬을 향상시키는 학습 방식이다.

실습 기반 학습 전략은 학습자들이 이론과 실무를 연결하여 문제 해결 능력과 실질적인 스킬을 갖추는 데 중요한 역할을 한다. 프로젝트 기반 학습과 실습을 통해 학습자들은 실무 상황에 대비하고 자신감을 키울 수 있으며, 학습 이후에도 직무 수행 능력을 지속적으로 향상시키는 데 도움이 된다.

① 현실 문제 중심으로 프로젝트 설계: 학습자가 실제 상황에서 맞닥뜨릴 수 있는 문제를 선정하여 학습의 동기 부여를 강화한다.
② 역할 기반 팀 구성: 학습자 각자의 역량을 고려하여 역할을 분담하고, 협업 능력을 높일 수 있도록 팀을 구성한다.
③ 성과 기반 피드백 제공: 프로젝트나 실습 과정에서 학습자가 얻은 성과를 바탕으로 피드백을 제공하여, 발전할 부분과 잘한 부분을 구체적으로 알 수 있게 한다.
④ 반복 학습을 통해 심화: 특히 실습을 통한 학습에서는 반복 학습을 통해 스킬의 정확도와 숙련도를 높인다.

프로젝트 기반 학습 절차를 전체 프로젝트 진행에 약 4~6주 동안의 [IT, 엔지니어링 등 프로젝트 기반 학습 전반]의 사례를 제시하면 다음과 같다.

〈표 9-3〉 **프로젝트 기반 학습 절차**

절차	내용	소요시간	예시
1. 문제 정의	프로젝트의 목표와 해결할 문제 상황을 구체적으로 설정하여 방향성을 명확히 합니다.	약 2~3일	IT 프로젝트 목표 설정: 모바일 앱 개발 목표와 기능 정의
2. 계획 수립	프로젝트 성공을 위해 필요한 과업을 정의하고 각자의 역할을 설정하여 팀 단위 계획을 세웁니다.	약 3~5일	모바일 앱 개발을 위한 역할 분담과 작업 일정 수립
3. 자료 수집 및 분석	필요한 정보를 조사하고 분석하여 해결 방안을 모색하고 실천 가능성을 높입니다.	약 1~2주	유사 앱 분석 및 시장 조사 수행
4. 프로젝트 실행	설정한 계획에 따라 구체적인 작업을 실행하며 문제 해결을 위한 해결책을 실행합니다.	약 2~3주	앱 프로토타입 개발 및 기능 구현
5. 평가 및 피드백	결과를 평가하여 성과와 개선점을 확인하고, 피드백을 통해 부족한 부분을 보완합니다.	약 2~3일	베타 테스트 결과 평가 및 개선 피드백 반영
6. 발표 및 공유	완성된 결과물을 발표하여 성과를 공유하고 프로젝트 과정에서의 학습 내용을 반성하여 발전 방안을 모색합니다.	약 1일	완성된 앱 발표 및 팀원 간 경험 공유

실습을 통한 스킬 향상 절차를 개별 스킬 향상에 2~4주 동안의 [의료, 비즈니스, 프로그래밍 등 실습 기반 학습]의 사례를 제시하면 다음과 같다.

〈표 9-4〉 **실습을 통한 스킬 향상 절차**

절차	내용	소요시간	예시
목표 설정	습득하고자 하는 스킬을 구체적으로 설정하고, 학습 목표를 명확히 정합니다.	약 1~2일	의료 스킬 향상을 위한 정확한 목표 설정 (예: 주사 기술 숙련)
기본 개념 학습	기초적인 개념을 학습하여 실습에 필요한 배경 지식을 갖춥니다.	약 2~4일	기초 해부학 및 주사 기술 관련 기본 개념 학습
단계별 실습	기초 실습부터 고급 실습으로 난이도를 높여가며 스킬을 연습합니다.	각 단계별로 1주	간단한 주사 실습부터 어려운 주사법까지 단계별 연습
피드백 받기	실습 과정에서 부족한 점을 피드백 받고, 부족한 부분을 반복적으로 학습하여 개선합니다.	약 2일	실습 결과에 대한 피드백 받아 부족한 부분 개선
반복 연습	목표 수준에 도달할 때까지 반복 실습하며 숙련도를 높이고 스킬을 완성합니다.	목표 달성까지 2주 이상 반복 연습	목표 달성까지 반복적인 연습을 통해 주사 기술 숙련도 향상

출제 예상문제

01. 자기 주도 학습에서 학습자의 주요 활동은 무엇입니까?

① 강사의 지시 따르기 ② 학습 목표 설정 및 계획 수립
③ 오직 강의 수강 ④ 동료 평가에만 참여

02. MOOC 플랫폼의 주된 이점은 무엇입니까?

① 한정된 강좌 제공 ② 지역적 제약
③ 고품질 교육의 접근성 향상 ④ 강의 시간 제한

03. VR 기술을 활용한 학습의 주요 이점은 무엇입니까?

① 비용 증가 ② 몰입형 학습 경험 제공
③ 학습 효과 감소 ④ 기술 접근성 제한

04. 실습 기반 학습 전략 중 프로젝트 기반 학습의 주요 목적은 무엇입니까?

① 이론만 배우기 ② 문제 해결력과 비판적 사고력 강화
③ 팀워크 감소 ④ 실습 기회 제한

05. AI 기반 학습 플랫폼에서 학습자에게 제공되는 주요 혜택은 무엇입니까?

① 단일 학습 경로 제공 ② 개인 맞춤형 학습 경로 제안
③ 교육 콘텐츠 제한 ④ 상호작용의 부재

정답과 해설

01. ②

자기 주도 학습에서 학습자는 자신의 학습 목표를 설정하고 이를 달성하기 위한 계획을 수립하는 주도적인 역할을 합니다.

02. ③

MOOC는 다양한 주제의 고품질 교육을 전 세계 어디서나 접근할 수 있도록 제공하여 지리적, 경제적 제약을 줄입니다.

03. ②

VR(가상현실) 기술은 몰입형 학습 경험을 제공하여 학습자가 실제와 유사한 환경에서 실습하고 이해도를 높일 수 있게 합니다.

04. ②

프로젝드 기빈 학습은 실제와 관련된 문제를 중심으루 수행되며, 이 과정에서 학습자는 문제 해결력과 비판적 사고력을 키울 수 있습니다.

05. ②

AI 기술은 학습자의 성능과 필요를 분석하여 개인에게 최적화된 학습 경로와 콘텐츠를 제공함으로써 맞춤형 교육 경험을 가능하게 합니다.

제10장

리스킬링을 통한 경력 전환

Upskilling
Reskilling

학/습/개/요

이 장에서는 급격한 기술 변화와 산업 환경의 변화로 인해 필요한 리스킬링의 중요성과 경력 전환 전략을 제시한다. 특히, 성공적인 리스킬링을 통해 경력을 전환한 사례를 분석하여, 실질적인 적용 방법을 이해하도록 돕는다. 또한, 경력 전환을 위해 필요한 다양한 교육 프로그램과 리스킬링에 적합한 교육과정을 소개하여, 학습자가 자신의 직무 역량을 향상하고 새로운 직무로 원활하게 전환할 수 있는 방법을 제시한다.

학/습/목/표

1. 리스킬링의 필요성 : 급격한 기술 변화에 따른 직무 전환의 필요성에 대해서 설명할 수 있다.
2. 성공적인 경력 전환 전략 : 개인이 새로운 직무로 원활하게 전환하는 방법에 대해서 설명할 수 있다.
3. 리스킬링 사례분석 : 다양한 업종에서 성공한 리스킬링 사례에 대해서 설명할 수 있다.
4. 경력 전환을 위한 교육 프로그램 : 리스킬링에 적합한 교육과정 및 프로그램에 대해서 설명할 수 있다.

1. 리스킬링의 필요성

- 급격한 기술 변화에 따른 직무 전환의 필요성

리스킬링은 빠르게 변화하는 기술 환경에서 직무에 필요한 새로운 기술을 배우고 습득하여, 기존의 경력에서 새로운 분야로 전환하거나 고도화된 기술을 요구하는 직무에 대응할 수 있도록 하는 과정이다. 리스킬링은 기존 업무에 대한 기술이 더 이상 요구되지 않거나 기술 발전에 따라 업무 변화가 필요한 경우 필수적이다.

① 기술 격차 해소: 디지털 전환과 AI, 자동화 등 첨단 기술의 도입으로 직무에 필요한 기술이 급변하고 있다. 리스킬링은 기존 기술의 유효성을 유지하고 새로운 기술을 습득함으로써, 이러한 기술 격차를 해소한다.

② 고용 가능성 증대: 급변하는 노동 시장에서 새로운 직무로 전환하는 과정에서 필요한 역량을 갖추면, 경력 전환을 원활히 수행할 수 있으며 고용 가능성을 높일 수 있다.

③ 조직의 경쟁력 강화: 직원들이 최신 기술에 대응할 수 있는 역량을 보유하게 되면, 조직 또한 혁신적이고 효율적인 업무 수행이 가능해져 경쟁력을 확보할 수 있다.

다양한 업종에서 리스킬링을 통해 성공적으로 경력을 전환한 사례를 통해 리스킬링의 가능성을 엿볼 수 있다.

〈표 10-1〉 **리스킬링 사례**

사례	리스킬링 내용
IT : 개발자 → 데이터 분석가	데이터 분석 기술과 도구(예 : Python, SQL, Tableau)를 습득하여 데이터 기반 업무 수행 능력 향상
제조업 : 생산직 근로자 → 로봇 운영 전문가	로봇 제어 및 유지보수 기술을 학습하여 자동화 라인 운영 및 유지보수 능력 확보
금융 : 영업직 → 데이터 사이언티스트	머신러닝과 통계 지식을 습득하여 고객 분석을 통한 맞춤형 서비스 제공
헬스케어 : 간호사 → 건강 정보 관리자	건강 정보 시스템 및 데이터 관리 학습을 통해 병원 시스템 내 정보 관리 효율성 개선

리스킬링을 위한 다음과 같은 학습방법을 활용할 수 있다.

① 온디맨드 학습 : 필요에 따라 학습자가 원하는 시점에 필요한 기술을 습득하는 학습 방식(예 : Udacity 나노디그리 프로그램)
② 직무 기반 학습 : 실제 직무에서 필요한 기술을 실습 위주로 배우는 학습 방식(예 : 구글의 UX 디자인 코스)
③ 멘토링과 코칭 : 경험이 풍부한 전문가의 도움을 받아 학습하는 방식(예 : IBM의 사내 리스킬링 프로그램)
④ 블렌디드 학습 : 온라인 강의와 오프라인 학습을 결합하여 학습하는 방식(예 : Coursera + 현장 실습 병행)

리스킬링을 위해 각 분야별 평생경력개발를 활용하여 자신의 목표를 설정할 수 있다. 다음 그림과 같은 NCS 기반 평생경력개발경로를 활용할 수 있다. 즉, 경로 모형이 자신의 목표와 유사하면 그대로 활용하고, 상이한 경우에는 개인의 진로목표에 맞게 내용을 변경하여 활용하기도 하다.

평생경력개발 경로를 기반으로 한 리스킬링 경력개발 모형은 경력의 초기부터 중·후기 단계까지 개인의 기술과 역량을 지속적으로 발전시키는 방식이다. 이 모형은 경력 전환 및 리스킬링이 필요한 시점을 예측하고, 단계별로 필요한 기술을 습득할 수 있도록 돕는다.

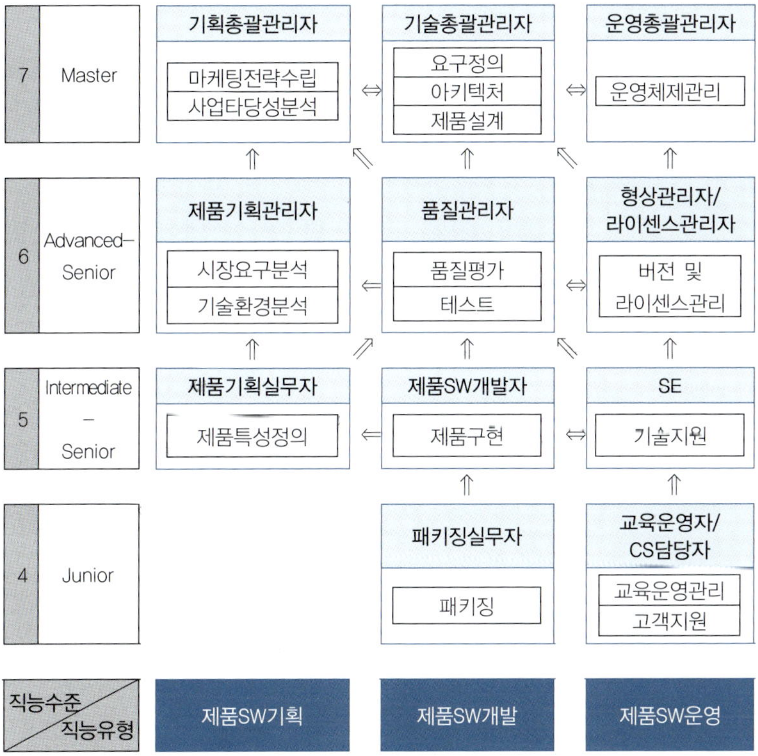

[그림 10-1] NCS의 평생경력개발체계도 작성(예시)

① 경력 초기 단계: 기본 기술 및 역량 개발

• 목표: 경력 초기에 필요한 기초 역량과 직무 기술을 익히고,

다양한 분야의 기본 지식을 쌓는다.

• 주요 리스킬링 사례 : 전통 마케팅 담당자 → 디지털 마케팅 전문가
• 기본적인 마케팅 전략을 학습한 후, 소셜 미디어 마케팅, SEO, 데이터 분석 등의 디지털 역량을 추가 습득하여 디지털 마케팅 분야로 전환한다.

② 경력 중기 단계: 심화 및 특화 기술 습득

• 목표 : 해당 직무에서 전문성을 강화하고, 필요에 따라 새로운 기술을 습득하여 다른 부서나 직무로의 전환을 준비한다.
• 주요 리스킬링 사례 : 개발자 → 데이터 엔지니어
• 기존의 소프트웨어 개발 기술을 활용하여 데이터베이스 관리, 데이터 파이프라인 구축 등을 학습하고 데이터 엔지니어로 전환한다.

③ 경력 전환기: 전문 경력 전환을 위한 리스킬링

• 목표 : 산업 변화나 기술 발전에 따라, 새로운 직무로의 전환을 통해 경력을 지속한다.
• 주요 리스킬링 사례 : 제조업 기술자 → AI 기반 설비 관리 전문가
• 기존 제조 기술을 바탕으로 AI와 IoT를 활용한 설비 관리 기술을 학습하고, 자동화 설비 관리 전문가로서의 경력 전환을 실현한다.

④ 경력 후기 단계: 지속 가능한 경력 유지 및 전문성 강화

• 목표 : 경력 후기에는 축적된 지식을 바탕으로 자문, 교육 등

새로운 역할을 수행하며 경력을 지속한다.

- 주요 리스킬링 사례 : IT 관리자 → 사이버 보안 자문가
- 기존의 IT 관리 기술에 사이버 보안 지식을 추가하여 보안 자문 전문가로 활동하며 조직의 보안을 강한다.

〈표 10-2〉 **평생경력개발경로 기반 경력단계별 리스킬링 사례**

경력단계	경력 전환 사례	리스킬링 내용	기대되는 성과
경력 초기	전통 마케팅 → 디지털 마케팅	소셜 미디어 마케팅, SEO, 데이터 분석	디지털 환경에 맞춘 마케팅 역량 강화
경력 중기	개발자 → 데이터 엔지니어	데이터 파이프라인 구축, 데이터 관리	데이터 기반 직무로 전환, 높은 데이터 활용도
경력 전환기	제조업 기술자 → AI 기반 설비 관리	AI, IoT 활용한 설비 관리 기술	자동화 설비 관리 전문가로서의 경력 확장
경력 후기	IT 관리자 → 사이버 보안 자문	사이버 보안 기술 습득, 위험 분석	조직 보안 강화 및 자문 역할 수행

2. 성공적인 경력 전환 전략

– 개인이 새로운 직무로 원활하게 진환하는 방법

경력 전환(Career Transition)은 한 직무에서 다른 직무로 이동하는 과정으로, 일반적으로 산업 또는 역할의 변화가 포함된다. 경력 전환은 개인이 새로운 직무, 산업, 또는 조직으로 이동할 때 필요한 과정과 변화로서, 업스킬링 및 리스킬링을 포함하며, 직무 만족도와 경력 지속 가능성을 높이는 방법이다.

경력 전환의 유형으로는 세 가지를 들 수 있다.

① 수평적 전환 : 동일하거나 유사한 산업 내에서의 역할 이동(예 : 마케팅에서 제품 관리로)으로 리스킬링이 필요함
② 수직적 전환 : 승진 또는 더 높은 책임을 가진 역할로의 이동(예 : 팀원에서 팀장으로)으로 업스킬링이 필요함
③ 완전히 새로운 분야로의 전환 : 업스킬링 및 리스킬링을 통해 전혀 다른 직무나 산업으로 이동(예 : 교사에서 HRD 전문가로, 마케팅에서 데이터 분석가로).

경력 전환의 중요성은 다음과 같이 정리할 수 있다.

① 변화하는 직업 시장 대응 : 자동화와 디지털 전환으로 인해 특정 직무가 대체되고 새로운 직무가 생겨남에 따라, 경력 전환이 필수적으로 인식됨.
② 지속 가능한 경력 관리 : 장기적인 경력 성장을 위해 다양한 기술과 경험이 필요하며, 경력 전환을 통해 이를 획득할 수 있음.
③ 개인 및 조직 차원에서의 이점 : 조직은 적응력이 강한 인재를 확보하고, 개인은 다양한 역량을 개발하여 경력 만족도를 높일 수 있음.

경력 전환을 하기 위해서는 다음 사항을 고려해야 한다.

① 자기 인식(Self-assessment) : 강점, 약점, 관심사, 가치관, 그리고 새로운 직무에 필요한 기술을 파악함. MBTI, Clifton

Strengths 등 자기 평가 도구를 활용할 수 있음

② 스킬 매핑 및 개발 : 새로운 직무에 필요한 핵심 역량 파악 후, 이를 개발하기 위한 구체적인 학습 및 경험 계획 수립. 예를 들어, 데이터 분석가로 전환할 경우 Python, R, SQL 등 학습이 필요

③ 멘토링 및 네트워크 구축 : 직무 경험자와의 네트워킹을 통해 구체적인 조언과 현실적인 정보 수집. 또한 멘토링을 통해 실질적인 지원을 받을 수 있음

④ 실제 경험 확보 : 인턴십, 프로젝트 기반 학습(PBL), 프리랜서 프로젝트, 자원봉사 등을 통해 새로운 직무에 대한 실전 경험을 쌓음

⑤ 심리적 준비 및 리스크 관리 : 직무 전환 시 발생할 수 있는 리스크를 인식하고 이를 위한 심리적 준비를 함. 경제적 안전망 준비도 포함됨

경력 전환 사례를 마케팅에서 데이터 분석가로 전환한 사례와 교사에서 HRD 전문가로 전환한 사례를 제시한다.

① 마케팅에서 데이터 분석가로 성공적으로 전환한 사례

- 배경 : 기존 마케팅 경력자, 고객 분석과 시장 조사에서 강점을 가짐
- 전환 방법 : 데이터 관련 온라인 코스 수료, SQL과 Python을 집중적으로 학습하고, 마케팅 데이터 분석 프로젝트에 참여

• 결과 : 데이터 분석가로 입사하여 마케팅 데이터 해석 및 캠페인 성과 분석 담

② 교사에서 HRD 전문가로 성공적으로 전환한 사례

• 배경 : 중학교 교사로서 교육 과정 개발 및 학생 지도 경험을 바탕으로 HRD 전문가로 전환

• 전환 방법 : HR 관련 자격증 취득, 학습 관리 시스템 및 성인 교육 프로그램 설계 경험을 위해 기업 인턴십 및 자원봉사 참여

• 결과 : HRD 부서에 합류하여 직원 교육 프로그램 개발과 역량 강화 훈련을 담당

〈표 10-3〉 **경력 전환의 성공적 사례**

경력 전환 사례	이전 직무 기술	새로운 직무 기술	전환 전략	도전 과제	결과
마케팅에서 데이터 분석가로 전환	시장 조사, 고객 분석, 캠페인 관리, 전략적 계획, 콘텐츠 제작	데이터 분석, SQL, Python, R, 데이터 시각화, 통계 모델링	SQL, Python, 데이터 시각화 온라인 과정 수료; 현재 직무에서 데이터 프로젝트 참여; 데이터 분석가와 멘토링 연결	기술 학습 초기 단계의 어려움, 데이터 중심 사고로의 적응, 복잡한 데이터 구조 다루기	마케팅 인사이트 해석을 담당하는 데이터 분석가로 성공적으로 전환, 기술 회사에 입사
교사에서 HRD 전문가로 전환	교육 과정 개발, 학생 평가, 의사소통, 강의 기술, 교실 관리	교육 프로그램 설계, HR 실무, 학습 관리 시스템, 성과 평가, 역량 개발	HRD 자격증 취득; HR 워크숍 참여; 기업 교육 세션에서 자원봉사; HRD 전문가와 네트워킹	기업 HR 문화 이해, 성인 학습 원칙 적용, 교육과 비즈니스 초점 균형 맞추기	교육 조직에서 HRD 역할 확보, 교육 모듈 설계 및 역량 강화 워크숍 리딩

3. 리스킬링 사례분석

– 다양한 업종에서 성공한 리스킬링 사례

경력 전환을 설계하기 위해서는 각 분야별 평생경력개발경로를 이해한 이후에 목표에서 요구하는 스킬을 개발할 필요가 있다.

① 경력 전환 목표: 소프트웨어 개발자

• 리스킬링 로드맵

기초 단계 (1~6개월)	실무 경험 단계 (6~12개월)	중급 단계 (1~2년)	전문가 단계 (2~3년)
• 학습: Python, Java 등의 프로그래밍 언어 기초 학습(온라인 강좌: Coursera, Udemy 등) • 자격증: 기초 프로그래밍 관련 자격증 취득 (예: Python Foundations) • 네트워킹: IT 관련 세미나 및 커뮤니티 가입	• 프로젝트 경험: 간단한 웹사이트나 애플리케이션 개발 프로젝트 참여 • 오픈 소스 프로젝트 기여: GitHub에서 오픈 소스 프로젝트 기여 시작 • 포트폴리오 구축: 개발한 프로젝트를 정리하여 온라인 포트폴리오 생성	• 심화 학습: 알고리즘, 데이터베이스, 소프트웨어 공학에 대한 학습 • 인턴십: 스타트업이나 소프트웨어 개발 회사에서 인턴십 진행 • 자격증: AWS Certified Developer 자격증 취득	• 취업: 중소기업 또는 대기업 소프트웨어 개발자 포지션 지원 • 계속적인 학습: 신기술(예: 클라우드, 인공지능, 머신러닝) 학습 및 관련 프로젝트 참여 • 리더십 개발: 팀 프로젝트 리더 경험 및 기술 리더 역할 학습

[그림 10-2] 소프트웨어 개발자를 목표로 하는 직무능력 경력개발 로드맵 예시

• 기초 단계 : 프로그래밍 언어 Python, Java 등의 기초를 온라인 강의나 무료 학습 사이트에서 익히고, 기초 자격증(예: Python Foundations)을 취득하며 소프트웨어 개발의 기본을 이해한다.

- 실무 경험 단계 : 실제 프로젝트에 참여하여 기초 코드를 작성하고, Github 등 플랫폼을 활용해 포트폴리오를 제작한다. 이 단계에서 단순한 애플리케이션을 개발해 보며 실전 경험을 쌓는다.
- 중급 단계 : 스타트업이나 소프트웨어 개발 회사에서 인턴십을 하며 실무 프로젝트를 진행하며, AWS Certified Developer와 같은 중급 자격증을 획득해 경력을 쌓아간다.
- 전문가 단계 : 머신러닝이나 인공지능을 활용한 소프트웨어를 개발하며 전문가로서의 경력을 확립하고, 팀 리더로서 프로젝트를 관리하며 다양한 경험을 축적해 나간다.
- 성공 사례 : 비전공자였던 한 사람이 이러한 경력 경로를 따라 리스킬링을 통해 소프트웨어 개발자가 되었고, 이후 스타트업에서 주요 개발자로 입사하여 데이터 처리 및 분석 소프트웨어를 개발하는 데 성공한다.

② 경력 전환 목표 : 디지털 마케터

• 리스킬링 로드맵

기초 단계 (1~6개월)	실무 경험 단계 (6~12개월)	중급 단계 (1~2년)	전문가 단계 (2~3년)
• 학습: 디지털 마케팅 기초 학습 (Google Ads, Face book Ads 등) • 자격증: Google Analytics, Facebook Blueprint 자격증 취득 • 블로그 운영: 개인 블로그 개설하여 콘텐츠 기획 및 디지털 마케팅 실습	• 프로젝트 경험: 소규모 비즈니스 또는 비영리 단체의 디지털 마케팅 캠페인 참여 • 포트폴리오 구축: 캠페인 성과를 정리한 마케팅 포트 폴리오 작성 • 네트워킹: 마케팅 컨퍼런스, 세미나 참석 및 전문가와의 네트워킹	• 인턴십: 마케팅 에이전시나 대기업 마케팅 부서에서 인턴십 경험 • 심화 학습: 데이터 분석 및 마케팅 자동화 툴(예: Hub Spot, Marketo) 사용법 학습 • 자격증: Google Ads 전문가 자격증 취득	• 취업: 디지털 마케터 포지션 취업 후, 대규모 마케팅 캠페인 관리 • 리더십 개발: 마케팅 팀 리더 역할 또는 프로젝트 매니저 경험 • 커리어 확장: SEO, SEM, 소셜미디어 마케팅 전문가로 커리어 확장

[그림 10-3] **디지털 마케터를 목표로 하는 직무능력 경력개발 로드맵 예시**

• 기초 단계 : 재무 기초 지식, Excel과 같은 필수 도구를 학습하고 자격증(예 : Excel 활용 자격증)을 취득해 기본적인 재무 지식을 쌓는다.

• 실무 경험 단계 : 인턴십을 통해 재무팀의 기본 업무를 수행하며, 실제 데이터를 다루고 보고서를 작성하는 등의 경험을 쌓는다. CFA Level 1 등의 자격증을 준비하며 실력을 쌓는다.

• 중급 단계 : 중소기업이나 금융기관에서 실무를 경험하며 CFA 자격증을 추가로 취득해 전문성을 강화한다.

• 전문가 단계 : 재무 보고서 작성, M&A 분석 등 고급 업무를 수행하며 팀을 이끌게 되고, 복잡한 재무 데이터 분석 프로젝트를 주도한다.

• 성공 사례 : 비재무 출신의 한 지원자는 경력 경로를 통해 재무 분석가로 리스킬링을 성공했으며, 이후 대형 금융기관에서 재무 분석 팀의 리더로 성장하여 복잡한 재무 리포트와 투자 분석을 담당하게 되었다.

③ 경력 전환 목표 : 재무 분석가

• 리스킬링 로드맵

기초 단계 (1~6개월)	실무 경험 단계 (6~12개월)	중급 단계 (1~2년)	전문가 단계 (2~3년)
• 학습 : 재무 회계 기본 개념 및 재무제표 분석 학습(MOOC, Coursera 강좌) • 자격증 : Excel 및 재무 모델링 관련 자격증 취득 • 가상 포트폴리 오 제작 : 투자 포트폴리오 관리 시뮬레이 션 실행	• 프로젝트 경험 : 가상의 재무 분석 보고서 작성 및 분석 결과 포트폴리오 작성 • 인턴십 : 회계 또는 재무 부서 에서 인턴십을 통해 실무 경험 습득 • 자격증 : CFA Level 1 자격증 준비 및 취득	• 심화 학습 : 고급 재무 분석, 자산 관리, 기업 가치 평가 학습 • 자격증 : CFA Level 2 준비 및 취득 • 실무 경험 : 재무팀 또는 자산운용사에서 실무자로 근무	• 취업 : 재무 분석가로서 중소기업 또는 대기업에서 근무 • 계속적인 학습 : M&A 분석, 포트폴리오 관리 고급 기술 습득 • 리더십 개발 : 팀 리더로서의 역할 및 프로젝트 관리

[그림 10-4] **재무 분석가를 목표로 하는 직무능력 경력개발 로드맵 예시**

• 기초 단계 : 디지털 마케팅의 기본인 Google Ads, Facebook Ads 등을 학습하고, 자격증을 취득하여 마케팅 기초 역량을 확

보한다.

- 실무 경험 단계 : 인턴십이나 소규모 프로젝트에 참여하여 광고 캠페인을 기획하고 관리해 보며 실제 마케팅 실무를 경험한다.
- 중급 단계 : 전문 마케팅 도구와 데이터를 활용한 캠페인 분석을 하며, 시장 트렌드를 분석하고 마케팅 전략을 수립해 중급 마케팅 전문가로 성장한다.
- 전문가 단계 : 마케팅 총괄로서 캠페인 관리 및 대규모 프로모션을 기획하고, SEO와 콘텐츠 마케팅 등의 다양한 영역을 통합 관리하게 된다.
- 성공 사례 : 기존에 다른 직무에 있던 한 지원자는 마케팅 경로를 통해 리스킬링하여 기업의 디지털 마케팅 팀 리더로 승진하게 되었으며, 브랜드 인지도를 높이는 주요 캠페인을 성공적으로 이끌었다.

④ 경력 전환 목표 : 인사 관리자

• 리스킬링 로드맵

기초 단계 (1~6개월)	실무 경험 단계 (6~12개월)	중급 단계 (1~2년)	전문가 단계 (2~3년)
• 학습 : 인적자원 관리(HRM) 기초 학습, 성과관리 및 보상 관리 기본 개념 습득 • 자격증 : HR 관련 기초 자격증 (SHRM-CP) 준비 및 취득 • 관련 법률 학습 : 노동법 및 근로 기준법 기본 개념 학습	• 프로젝트 경험 : 채용 프로세스 기획 또는 인사 관리 프로그램 개발 프로젝트 참여 • 인턴십 : 기업의 인사부서에서 인턴십을 통해 채용, 보상, 성과관리 경험 • 네트워킹 : HR 관련 세미나, 워크숍 참석 및 전문가와의 네트워킹	• 심화 학습 : 조직 개발, 변화 관리, 인재 유지 전략 학습 • 자격증 : SHRM-SCP 자격증 취득 준비 • 실무 경험 : HR팀에서 실무자로 근무하며 다양한 HR 프로젝트 관리	• 취업 : 인사 관리자 포지션에서 조직 성과관리 및 인재 개발 프로젝트 리드 • 리더십 개발 : HR 부서 팀 리더로서의 역할 수행 • 커리어 확장 : 조직 컨설팅, 기업 변화 관리 전문가로 커리어 확장

[그림 10-5] **인사 관리자를 목표로 하는 직무능력 경력개발 로드맵 예시**

• 기초 단계 : 인적 자원 관리의 기초 개념을 학습하고, HR 기본 자격증을 취득하며 HR의 기초를 다진다.

• 실무 경험 단계 : 인턴십이나 자원봉사 활동을 통해 HR 부서의 실무 경험을 쌓고, 채용 및 인력 관리의 기초 업무를 배운다.

• 중급 단계 : SHRM-CP와 같은 중급 자격증을 취득하고, 인재 관리 및 성과 평가 등 중급 HR 업무를 수행한다.

• 전문가 단계 : HR 부서에서 인사 관리와 조직 개발 전략을 수립하며 HR 전문가로서의 경력을 쌓고, 팀 리더로 활동하며 HR

정책을 주도한다.

- 성공 사례 : 교육 분야에서 HR로 리스킬링한 한 지원자는 HR 경력 경로를 따라 전문 HR 리더로 성장하였으며, 대기업의 인재 개발 프로그램을 성공적으로 운영하게 되었다.

4. 경력 전환을 위한 교육 프로그램

– 리스킬링에 적합한 교육과정 및 프로그램

경력 전환을 위한 교육 프로그램의 개념은 특정 직무나 기술을 습득하도록 체계적으로 설계된 과정이며, 경력 전환이나 리스킬링에 필요한 핵심 역량을 개발하는 데 중점을 둔다. 즉 개인이 새로운 직무에 필요한 지식, 기술, 역량을 단계별로 습득할 수 있도록 체계적으로 구성되는 프로그램으로, 리스킬링(Re-skilling) 프로그램이므로 현재 직무와는 다른, 새로운 분야로의 전환을 위해 새로운 기술을 습득하는 과정으로, 디지털 전환과 같은 사회적 변화로 인해 더욱 중요해진다.

① 직업 시장의 변화 대응: 기술 발전으로 인해 기존 직무가 변형되거나 소멸될 수 있으므로, 리스킬링 교육 프로그램은 변화에 대응하는 유연성을 제공한다.

② 직무 만족도와 안정성 증대: 개인의 성취감을 높이고 장기적인 직업 만족도를 높이는 데 기여하며, 개인의 직업 안정성도 증

대시킨다.

③ 기업의 경쟁력 강화: 조직은 유연하고 다양한 역량을 갖춘 인재를 확보하여 조직의 지속적인 성장을 도모할 수 있다.

여기서 교육과정과 프로그램의 차이는 교육과정(Curriculum)은 교육의 큰 틀과 방향을 제시하는 개념으로, 주로 학습 내용과 학습 방법을 포함하며 장기적인 목표를 담고 있는 반면에, 교육 프로그램(Training Program)은 특정 목표를 달성하기 위해 설계된 구체적인 학습 계획과 일정. 주로 단기적이고 특정 직무나 기술 습득에 초점을 맞춘 것이다.

〈표 10-4〉 **리스킬링에 적합한 교육과정 및 프로그램 사례**

리스킬링 교육과정 (Curriculum)	교육 프로그램 (Training Program)	총 교육 기간	수업 방법	세부 내용	설명
데이터 분석 전문가 과정	Python 기초 프로그램, SQL 데이터베이스 관리, 데이터 시각화 프로그램	6개월	온라인 강의, 실습 과제, 프로젝트 기반 학습	Python 및 SQL 기초를 배우고, Tableau를 사용한 데이터 시각화 프로젝트 진행	데이터 분석가로 리스킬링을 목표로 하는 학습 경로로, 데이터 수집, 분석, 시각화 능력 습득을 위한 프로그램으로 구성
디지털 마케팅 전문가 과정	SEO 최적화 프로그램, Google Analytics 활용, 디지털 광고 실습 프로그램	5개월	이론 강의, 실습 과제, 캠페인 분석 실습	SEO와 Google Analytics를 활용한 마케팅 전략 분석 및 디지털 광고 캠페인 실습	디지털 마케팅 분야로 전환을 원하는 대상자에게 디지털 광고와 SEO 등의 기술을 교육하는 프로그램으로 구성

리스킬링 교육과정 (Curriculum)	교육 프로그램 (Training Program)	총 교육 기간	수업 방법	세부 내용	설명
소프트웨어 개발 전문가 과정	HTML/CSS 기초 프로그램, JavaScript 실습, 프로젝트 기반 웹 개발 프로그램	8개월	온라인 강의, 코드 작성 실습, 팀 프로젝트	웹 개발 기초부터 JavaScript를 사용한 인터랙티브 웹사이트 제작까지 실습	비전공자가 소프트웨어 개발자가 되기 위한 학습 경로로, 웹 개발의 기초부터 실무 프로젝트까지 포함한 프로그램으로 구성

출제 예상문제

01. **리스킬링의 주요 목적은 무엇입니까?**

① 기존 기술의 유지 ② 새로운 분야로의 직업 전환
③ 기술의 사용을 중단 ④ 경력 변동 없이 현 직업 유지

02. **리스킬링을 통해 경력 전환 시 기대할 수 있는 이점은 무엇입니까?**

① 고용 가능성 감소 ② 조직의 경쟁력 약화
③ 고용 가능성 증대 ④ 기술 격차 확대

03. **리스킬링의 중요한 구성 요소 중 하나는 무엇입니까?**

① 전통적 교육 방식 유지 ② 자동화 기술 배제
③ 멘토링과 코칭 ④ 기술 개발 무시

04. **리스킬링 과정에서 온디맨드 학습의 장점은 무엇입니까?**

① 일정에 구애받는 학습 ② 제한된 접근성
③ 필요에 따른 학습 시점 선택 ④ 고정된 교육 프로그램

05. **블렌디드 학습 방식의 주요 이점은 무엇입니까?**

① 강의만으로 구성된 학습
② 온라인 강의와 오프라인 학습의 결합
③ 학습 기회의 제한
④ 기술 사용의 제한

정답과 해설

01. ②

리스킬링은 빠르게 변화하는 기술 환경에 적응하고, 기존의 경력에서 새로운 분야로 전환하거나 고도화된 기술을 요구하는 직무에 대응하기 위한 과정입니다.

02. ③

리스킬링을 통한 경력 전환은 급변하는 노동 시장에서 새로운 직무로 원활하게 전환하고 고용 가능성을 높이는 데 도움이 됩니다.

03. ③

리스킬링 프로그램에서는 멘토링과 코칭이 중요한 역할을 하며, 경험이 풍부한 전문가의 도움을 받아 학습하는 것이 포함됩니다.

04. ③

온디맨드 학습은 학습자가 원하는 시점에 필요한 기술을 습득할 수 있게 해주어, 유연성과 접근성을 높입니다.

05. ②

블렌디드 학습은 온라인 강의와 오프라인 학습을 결합하여 실습과 이론을 모두 포괄하는 포괄적인 학습 환경을 제공합니다.

제11장

개인 맞춤형 경력 전환 및 재취업 상담 지원 역량

Upskilling
Reskilling

학/습/개/요

이 장에서는 개인 맞춤형 경력 전환 및 재취업 상담과 지원 역량 강화에 대한 장으로서, 먼저, 경력 전환을 위한 맞춤형 상담 기법을 통해 개인의 상황에 맞는 전환 전략을 수립하는 방법을 다룬다. 이어서 재취업 성공을 위한 개별 지원 전략을 살펴보고, 스킬 격차 분석을 통해 개인에게 필요한 역량 개발 경로를 설정하고, 진단 도구를 활용하여 개인별 스킬을 평가하고 피드백을 제시한다.

학/습/목/표

1. 경력 전환을 위한 맞춤형 상담 기법에 대해서 설명할 수 있다.
2. 재취업 성공을 위한 개별 지원 전략에 대해서 설명할 수 있다.
3. 스킬 격차 분석을 통한 맞춤형 경로 설정에 대해서 설명할 수 있다.
4. 진단 도구를 활용한 개인별 스킬 평가와 피드백에 대해서 설명할 수 있다.

1. 경력 전환을 위한 맞춤형 상담 기법

경력 전환을 위한 맞춤형 상담 기법은 개인이 새로운 직무나 산업으로 이동할 때, 개인의 상황과 목표에 맞춘 상담을 통해 필요한 지원을 제공하는 기법으로, 단순히 새로운 직업이나 구직 정보를 제공하는 것을 넘어, 개인의 강점, 직업적 가치관, 현재 역량, 스킬 격차 등을 종합적으로 분석하여 최적의 전환 경로를 제시한다. 이러한 상담은 경력 전환 과정에서 생길 수 있는 불확실성과 불안감을 줄이고, 명확한 목표와 실행 계획을 통해 효과적으로 경력 전환을 지원하는 데 중점을 둔다.

경력 전환은 직업 변화로 인한 새로운 환경 적응과 다양한 스킬 요구사항을 포함하기 때문에 철저한 사전 준비가 필요하다. 맞춤형 상담은 이러한 전환 과정에서 발생할 수 있는 다양한 도전과제를 파악하고 개인 맞춤형 해결책을 제시함으로써, 성공적인 전환과 재취업을 돕는 역할을 한다.

경력 전환은 개인의 삶에 큰 변화를 가져올 수 있으며, 심리적 안정과 직업 만족에 중요한 영향을 미친다. 맞춤형 상담 기법은 이러한 전환 과정에서 발생할 수 있는 불확실성과 두려움을 줄이고, 개인이 보다 자신감 있게 전환을 준비할 수 있도록 도와준다. 특히, 재취업 시장에서는 지원자들이 각자의 특성과 상황에 맞는 맞춤형 상담을 통해 차별화된 경쟁력을 가질 수 있다.

경력 전환을 통해 새로운 직업에 성공적으로 정착한 사람들은 대체로 맞춤형 상담을 통해 자신에게 맞는 경로를 설정하고 필요한 스킬을 습득한 사례가 많다. 경력 전환 과정에서 불확실성이 높을수록, 전문적인 상담을 통해 명확한 목표와 계획을 수립하는 것이 중요한 역할을 한다.

① 1:1 코칭(Coaching)

1:1 코칭은 개인의 강점과 약점을 구체적으로 파악하고, 이를 바탕으로 직업적 목표를 설정하여 달성할 수 있도록 돕는 상담 기법이다. 코칭 과정에서는 전문 코치가 개인의 목표 설정을 도와주고, 실행 계획을 수립하여 필요한 기술과 역량을 습득하도록 돕는다. 이는 특히 경력 전환 시 경험 부족으로 인해 발생할 수 있는 불안감을 줄이고, 개인에게 동기를 부여하여 성장을 지원한다.

사례

글로벌 기업 IBM은 비개발 직군에서 IT 부서로 전환을 희망하는 직원들을 위해 1:1 코칭 프로그램을 운영한다. 한 직원이 마케팅 부서에서 IT 부서로 이동하고자 했을 때, 코치는 그의 강점인 데이터 분석 능력을 IT 업무에 어떻게 적용할 수 있을지를 함께 고민하며, 필요한 기술 학습 계획을 수립했다. 이 과정에서 직원은 기본적인 코딩 기술을 학습하고, IT 시스템에 대한 이해를 높일 수 있었다. 코치의 지도와 피드백을 통해 직원은 자신감을 얻었고, IT 부서의 직무에 원활하게 적응할 수 있었다.

② 성격 및 역량 진단 기반 상담

성격 및 역량 진단 기반 상담은 개인의 성격적 특성과 직무 역량을 분석하여, 개인에게 가장 적합한 직무나 산업을 추천하는 기법이다. 성격 진단 도구(MBTI, DISC 등)나 역량 진단 도구를 활용하여 개인이 적응할 수 있는 직무 환경을 파악하고 이에 맞는 경력 전환 경로를 제안한다. 이 기법은 특히 직무 적합성과 만족도를 높일 수 있는 전환 방향을 제시하는 데 효과적이다.

> **사례**
>
> 국내 대기업 삼성은 경력 전환을 원하는 직원들을 위해 성격 및 역량 진단 기반 상담 프로그램을 운영한다. 한 직원이 영업 부서에서 기획 부서로의 전환을 희망할 때, 회사는 MBTI와 역량 진단을 통해 그의 분석적 성향이 기획 업무에 적합함을 확인했다. 이를 바탕으로 직원은 기획 부서의 직무에 적응할 수 있는 교육을 받고, 본인의 역량을 효과적으로 발휘할 수 있었다. 이러한 상담 과정을 통해 직원은 자신의 성향과 직무의 적합성을 파악하고, 기획 부서에 성공적으로 정착할 수 있었다.

③ 스킬 격차 분석을 통한 맞춤형 경로 설정

스킬 격차 분석은 현재 개인이 보유한 스킬과 전환하려는 직무에 필요한 스킬을 비교하여 격차를 파악하고 이를 메우기 위한 경로를 제시하는 기법이다. 이 기법을 통해 부족한 역량을 보완할 수 있는 학습이나 훈련 계획을 수립하여, 경력 전환의 성공 가능성을 높인다.

> **사례**
>
> 한 금융 회사의 직원이 데이터 분석 부서로 이동하기를 희망했으나, 필요한 데이터 분석 기술을 갖추지 못한 상태였다. 회사는 스킬 격차 분석을 통해 직원이 필요한 데이터 분석 스킬을 파악하고, 이를 보완하기 위해 맞춤형 교육 프로그램을 제공했다. 회사는 해당 직원이 파이썬, R 등의 데이터 분석 언어를 학습할 수 있도록 외부 강의를 추천하고, 내부에서 멘토링을 통해 실무 경험을 쌓도록 지원했다. 이로 인해 직원은 데이터 분석 부서에서 필요한 역량을 갖추게 되었고, 원활히 직무를 수행할 수 있었다.

④ 심리적 안정 지원 상담

경력 전환 시 심리적 부담감과 불안이 큰 경우, 심리적 안정 지원 상담이 유용하다. 이 상담은 개인이 전환 과정에서 느낄 수 있는 불안감을 줄이고, 새로운 환경에서 자신감을 갖고 도전할 수 있도록 돕는다. 전환 과정에서의 심리적 어려움을 논의하고, 이를 극복할 수 있는 구체적이고 실질적인 방법을 제안하는 데 중점을 둔다. 심리적 안정 지원 상담은 경력 전환 시 발생할 수 있는 심리적 장벽을 극복하는 데 큰 도움이 되며, 특히 경력 전환으로 인해 직무 변화가 클 경우 필수적인 지원 요소로 작용할 수 있다.

사례

비영리 단체에서 근무하던 A씨는 민간 기업으로의 전환을 결정했으나, 새로운 업무 환경에 대한 두려움과 불안감이 컸다. 이에 A씨는 심리적 안정 지원 상담을 통해 자신의 불안감과 직면할 수 있는 어려움에 대해 논의했다. 상담사는 새로운 환경에서 발생할 수 있는 상황을 구체적으로 설명해주며, A씨가 스스로 긍정적인 마인드셋을 유지하고 도전할 수 있도록 조언을 아끼지 않았다. 또한, 변화에 적응하는 데 도움이 되는 관련 교육과 지원 프로그램을 추천했다. 그 결과, A씨는 새로운 기업 환경에 대해 자신감을 갖고 경력 전환을 성공적으로 이루어냈다.

위의 다양한 기법을 복합적으로 운영한 사례를 제시하면, 국내 IT 회사 C사는 경력 전환을 원하는 직원들을 위해 맞춤형 상담 프로그램을 운영하고 있다. 이 회사의 프로그램은 성격 및 역량 진단 기반 상담과 1:1 코칭을 결합하여 개인에게 적합한 전환 경로를 제시한다. 예를 들어, 마케팅 부서에서 엔지니어링 부서로 전환을 희망하는 직원에게 맞춤형 상담을 제공하여, 엔지니어링 업무에 필요한 스킬을 명확히 하고, 이를 습득할 수 있는 온라인 강의 및 사내 교육 프로그램을 추천했다. 또한, 스킬 격차 분석을 통해 직원이 현재 보유한 역량과 새로운 직무에서 요구되는 역량을 비교하고, 격차를 메우기 위한 구체적인 계획을 세웠다. 이를 통해 해당 직원은 자신이 원하는 직무로 성공적으로 전환할 수 있었고, 새로운 업무 환경에서의 만족도와 성과도 높아졌다. C사는 이러한 맞춤형 상담 기법을 통해 직원들의 전환 성공률을 높이고 있으며, 결과적으로 회사 내부의 인재 유동성을 증대시키는 긍정적인 효과를 보고 있다.

2. 재취업 성공을 위한 개별 지원 전략

재취업 성공을 위한 개별 지원 전략은 구직자 각각의 경력과 상황에 맞춘 맞춤형 지원을 제공하여, 이들이 새로운 직장에서 성공적으로 적응하고 성과를 낼 수 있도록 돕는 접근 방식이다. 이 전략은 구직자의 경력 전환과 관련된 불안과 불확실성을 줄이고, 재취업 과정에서 필요한 역량 강화, 네트워킹, 면접 준비 등에서 실질적인 지원을 제공하는 것을 목표로 한다. 개별 지원 전략은 구직자가 새로운 직무 환경에 신속하게 적응하고 성과를 발휘할 수 있도록 도우며, 재취업 성공률을 높이고 재취업 후 만족도를 증대시키는 데 기여한다.

재취업을 준비하는 구직자들은 종종 새로운 산업이나 직무에 적응해야 하며, 기존의 경험이나 스킬이 충분하지 않을 수 있다. 이러한 상황에서 개별 지원 전략은 구직자가 자신의 강점과 약점을 파악하고 이를 바탕으로 효과적인 재취업 경로를 설정하도록 돕는다. 또한, 전략적 지원을 통해 구직자는 필요 역량을 강화하고 네트워크를 확장하며, 면접에서 자신감을 갖고 경쟁력을 발휘할 수 있게 됩니다. 특히, 경력 단절자나 경력 전환을 희망하는 구직자에게는 이와 같은 맞춤형 지원이 성공적인 재취업의 중요한 요인이 될 수 있다.

구체적인 개별 지원 전략으로는 역량 재평가와 스킬 강화, 네트워크 확장 지원, 맞춤형 이력서 및 면접 컨설팅, 멘토링 프로그램 등이 있다.

① 역량 재평가와 스킬 강화

역량 재평가는 구직자의 현재 보유 역량과 재취업을 위해 필요한 역량 간의 차이를 파악하여, 추가적인 스킬이나 경험을 보완하는 과정입니다. 이를 통해 구직자는 부족한 역량을 채우고 재취업 시장에서 경쟁력을 높일 수 있다.

사례

전직 제조업 관리자로 일했던 B씨는 데이터 분석 부서로의 재취업을 희망했지만, 데이터 분석에 필요한 통계와 프로그래밍 지식이 부족했다. 재취업 지원 센터에서는 B씨의 기존 역량을 평가하고, 필요 역량을 분석하여 맞춤형 학습 계획을 수립했다. B씨는 추천받은 Python과 데이터 시각화 강의를 통해 분석 스킬을 강화하고, 실제 프로젝트를 통해 실무 경험을 쌓았다. 이를 통해 B씨는 데이터 분석 부서에서 요구하는 기술 요건을 충족하게 되었고, 최종적으로 목표한 부서에 재취업할 수 있었다.

② 네트워크 확장 지원

네트워크 확장은 구직자가 직무와 관련된 네트워킹 기회를 얻을 수 있도록 지원하는 전략으로, 업계 전문가와의 연결, 네트워킹 이벤트 참여, 관련 협회 활동 등을 통해 취업 기회를 확대한다. 특히, 경력 단절 기간이 길거나 새로운 산업으로 이동하려는 구직자에게 매우 유용하다.

> **사례**
>
> 경력 단절 후 재취업을 희망하던 C씨는 네트워크가 부족해 구직 정보와 관련 인사이트를 얻는 데 어려움을 겪고 있었다. 이에 재취업 지원 센터는 C씨가 관련 산업 네트워킹 행사와 채용 설명회에 참석할 수 있도록 지원했다. 이 과정에서 C씨는 다양한 업계 전문가와의 대화를 통해 최근 트렌드와 인재상에 대해 이해하고, 취업 정보도 얻을 수 있었다. 또한, 네트워킹을 통해 알게 된 한 회사의 추천으로 C씨는 그 회사에 면접 기회를 얻었고, 이를 통해 성공적으로 재취업할 수 있었다.

③ 맞춤형 이력서 및 면접 컨설팅

맞춤형 이력서 및 면접 컨설팅은 구직자의 경력과 강점을 반영한 이력서 작성법과 면접 전략을 교육하여, 구직자가 자신을 효과적으로 표현할 수 있도록 돕는다. 특히 경력 전환자에게는 새로운 직무에 맞춰 기존 경력을 재구성하는 것이 중요하다.

> **사례**
>
> 비즈니스 애널리스트로 일했던 D씨는 마케팅 직무로 재취업을 희망했으나, 마케팅 관련 경력이 없어 이를 어떻게 이력서에 표현해야 할지 어려움을 느꼈다. 재

취업 지원 센터에서는 D씨가 데이터 분석과 전략 수립 경험을 마케팅 분야와 연결할 수 있도록 이력서를 재구성하는 데 도움을 주었고, 고객 데이터를 분석해 마케팅 전략을 강화할 수 있다는 점을 강조하도록 조언했다. 또한, 모의 면접을 통해 마케팅 관련 예상 질문에 대한 답변 연습을 진행하여, 면접에서 자신감 있게 본인의 강점을 어필할 수 있었다. 최종적으로 D씨는 마케팅 부서로 재취업에 성공했다.

④ 멘토링 프로그램

멘토링 프로그램은 구직자에게 같은 분야에서 성공적으로 경력을 쌓은 멘토와 연결하여, 업계의 이해와 실질적인 조언을 받을 수 있는 기회를 제공하는 전략이다. 멘토링을 통해 구직자는 새로운 직무와 산업에 대해 미리 이해하고 준비할 수 있으며, 재취업 과정에서 겪는 도전과제에 대한 실질적인 해결 방안을 찾을 수 있다.

사례

공공기관에서 오랜 시간 근무했던 E씨는 민간 기업으로의 재취업을 준비하면서, 새로운 업무 방식에 대한 두려움과 자신감 부족을 느꼈다. 이에 재취업 지원 센터는 민간 기업에서 성공적으로 경력을 쌓은 멘토와 연결해주었다. 멘토는 E씨에게 민간 기업의 문화와 업무 방식을 설명해 주었으며, 특히 변화에 대한 적응력과 자율성이 중요한 점을 강조했다. 또한, 업무 상황별 대응 방법과 관련 스킬을 익히는 과정을 추천하였고, E씨는 이를 바탕으로 재취업 준비를 철저히 할 수 있었다. 그 결과 E씨는 민간 기업에 성공적으로 재취업하였으며, 새로운 환경에서도 빠르게 적응할 수 있었다.

이처럼 재취업 성공을 위한 개별 지원 전략은 구직자의 현재 상황과 목표에 맞춰 다양한 접근 방식을 제공하여, 재취업의 가능성과 안정적인 적응을 돕는 데 매우 효과적이다. 이러한 맞춤형 지원은 구직자가 자신감을 가지고 새로운 도전에 나설 수 있도록 하며, 성공적인 경력 전환을 이루는 데 중요한 역할을 한다.

3. 스킬 격차 분석을 통한 맞춤형 경로 설정

스킬 격차 분석을 통한 맞춤형 경로 설정은 현재 구직자가 보유한 역량과 목표 직무 또는 산업에서 요구하는 역량을 비교하여, 부족한 기술이나 지식을 보완하기 위한 구체적인 경로를 설정하는 과정이다. 스킬 격차 분석은 개인이 가진 기술과 목표 직무의 요구사항을 상세히 평가하여, 필요한 추가 학습이나 훈련을 통해 구직자가 해당 직무에서 성공할 수 있도록 돕는다. 맞춤형 경로 설정을 통해 구직자는 보다 효율적으로 준비하여 재취업 또는 경력 전환에 필요한 역량을 강화할 수 있다.

현대의 급변하는 산업 환경에서, 새로운 직무나 산업으로의 경력 전환을 시도하는 구직자는 직무의 요구사항과 본인이 가진 스킬 간의 격차를 이해하고 이를 메우는 것이 필수적이다. 스킬 격차 분석은 다음과 같은 이유로 중요하다.

① 효율적인 준비: 구직자는 목표 직무에서 요구하는 구체적인 스킬을 파악하여, 불필요한 학습을 줄이고 필요한 역량을 집중적으로 개발할 수 있다.

② 재취업 가능성 증대: 구체적인 목표와 경로를 통해 구직자는 필요한 역량을 강화하고, 채용 담당자에게 자신이 해당 직무에

적합하다는 확신을 줄 수 있다.

③ 장기적 성장 가능성: 스킬 격차를 체계적으로 보완하는 과정에서 구직자는 장기적인 직무 성과와 적응력을 높일 수 있다.

스킬 격차 분석을 통한 맞춤형 경로 설정 과정은 다음과 같은 단계로 진행된다.

① 목표 직무분석 : 첫 단계는 구직자가 목표로 하는 직무에서 요구하는 핵심 기술과 역량을 명확히 파악하는 것이다. 이를 위해 구직자는 다음과 같은 방법을 활용하여 직무 요구사항을 체계적으로 분석할 수 있다.

1단계 : 목표 직무분석

- 채용 공고 분석: 목표 직무와 관련된 다양한 채용 공고를 검토하여 해당 직무에서 요구하는 기술과 경험, 자격 요건 등을 구체적으로 확인한다.
- 직무 설명서 검토: 각 회사의 직무 설명서를 분석하여 공통적인 요구사항과 필수 기술을 파악한다.
- 전문가 상담: 직무 관련 전문가와의 상담을 통해 해당 직무의 트렌드와 필수 역량에 대해 보다 깊이 있는 이해를 도모한다.
- 예시) 데이터 분석가를 목표로 할 경우, 데이터 시각화, Python, SQL, 통계 분석과 같은 구체적인 기술을 파악하는 것이 필요하다. 이러한 정보를 통해 구직자는 목표 직무에서 요구하는 필수 스킬과 역량을 명확히 이해할 수 있다.

② 현재 역량 진단 : 두 번째 단계는 자신의 현재 스킬과 지식을 객관적으로 평가하는 것이다. 이 단계에서는 다양한 방법을 활용하여 본인의 역량을 진단할 수 있다.

2단계 : 현재 역량 진단

- 자기 평가 : 구직자가 본인의 스킬 수준과 경험을 스스로 평가하여 강점과 약점을 파악한다.
- 역량 진단 도구 활용 : 온라인 역량 진단 도구나 프로그램을 활용하여 기술 수준을 객관적으로 측정하고, 어느 영역에서 보완이 필요한지 확인한다.
- 전문가 피드백 : 직무 관련 코칭이나 멘토링을 통해 현재 보유한 역량에 대해 전문가의 피드백을 받는다.
- 예시 : 데이터 분석가가 되고자 하는 구직자가 기본적인 데이터 분석 방법이나 사용 도구에 대한 이해가 부족하다고 판단된다면, 이러한 역량 진단을 통해 부족한 영역을 확인할 수 있다.

③ 스킬 격차 분석 : 세 번째 단계는 목표 직무에서 요구되는 스킬과 현재 보유한 스킬 간의 차이를 구체적으로 분석하는 과정이다. 이 단계에서는 다음을 고려하여 격차를 파악한다.

3단계 : 스킬 격차 분석

- 요구 스킬과 현재 스킬 비교 : 목표 직무에서 필요로 하는 기술과 본인이 보유한 기술을 구체적으로 비교하여 어떤 부분이 부족한지 분석한다.
- 구체적 보완 목표 설정 : 격차를 메우기 위해 어떤 수준까지 역량을 향상해야 하는지 구체적인 목표를 설정한다.
- 예시 : 목표 직무가 Python을 사용한 데이터 분석 능력을 요구할 경우, 현재 Python의 기초 수준에 머물러 있는 구직자는 중급 수준의 데이터 처리와 분석 기술을 익힐 필요가 있음을 확인할 수 있다. 이러한 스킬 격차 분석을 통해 구직자는 자신의 학습 우선순위를 명확히 설정할 수 있다.

④ 보완 학습 및 훈련 계획 수립 : 스킬 격차 분석을 통해 필요한 역량이 파악되면, 이를 보완할 수 있는 구체적인 학습과 훈련 계획을 수립한다. 이 과정에서 구직자는 다음과 같은 방법을 활

용하여 학습 계획을 실행할 수 있다.

4단계 : 보완 학습 및 훈련 계획 수립

- 교육 프로그램 참여 : 부족한 기술을 보완할 수 있는 온라인 코스나 강의에 등록하여 학습을 시작한다. 예를 들어, 구직자는 Coursera, Udacity, Udemy와 같은 플랫폼에서 Python 중급 강의를 수강할 수 있다.
- 인증 과정 등록 : 일부 기술이나 역량에 대해 인증을 요구하는 경우, 관련 인증 과정을 통해 역량을 검증받고 신뢰도를 높일 수 있다.
- 프로젝트 경험 쌓기 : 실제 데이터를 다루거나 실무 프로젝트에 참여하여 학습 내용을 실습하고 실무 경험을 축적한다.
- 예시 : 데이터 분석가로 재취업을 준비하는 구직자가 중급 수준의 Python 실력을 쌓기 위해 Kaggle과 같은 데이터 분석 플랫폼에서 프로젝트에 참여하거나, 강의 중 제공되는 실습을 적극 활용하는 방식으로 학습할 수 있다.

⑤ 진행 상황 평가와 피드백 : 학습과 훈련이 진행되는 동안, 구직자는 본인이 설정한 목표에 따라 스킬 격차가 줄어들고 있는지 주기적으로 평가하고, 개선이 필요한 부분에 대해 피드백을 받아야 한다. 이 단계는 학습 목표 달성 여부를 검토하고 학습 계획을 조정하며, 목표 직무에 맞춰 자신의 역량을 지속적으로 향상시킬 수 있도록 돕는다.

5단계 : 진행 상황 평가와 피드백

- 주기적 학습 목표 검토 : 매달 또는 주 단위로 학습 목표를 검토하여 현재 학습 수준이 목표에 부합하는지 평가한다. 예를 들어, 구직자가 Python 중급 과정을 학습하고 있다면, 매달 진행된 내용 중 자신이 익힌 내용을 검토하고, 부족한 부분이 없는지 확인한다.
- 실습과 모의 프로젝트를 통한 평가 : 학습한 스킬을 실질적으로 적용할 수 있도록 실습과 모의 프로젝트를 수행하여 학습 성과를 확인한다. 데이터 분석가를 목표로 하는 구직자는 Kaggle과 같은 플랫폼에서 프로젝트를 수행하면

서 실제 데이터 분석 능력을 테스트하고, 자신의 실력을 객관적으로 평가할 수 있다.

- 피드백 세션: 전문가나 멘토와의 피드백 세션을 통해 학습 상황을 점검받고, 개선이 필요한 부분에 대한 조언을 얻는다. 특히 구직자는 직무 관련 전문가의 피드백을 받아 부족한 역량을 보완할 수 있으며, 전문가의 실무 경험을 바탕으로 더 나은 학습 전략을 수립할 수 있다.
- 자기 평가 및 수정: 자기 평가를 통해 학습 진도와 수준을 스스로 점검하고, 추가 학습이 필요한 부분에 대해 계획을 수정한다. 예를 들어, 데이터 시각화 기술이 부족하다고 느낀 구직자는 추가 학습 자료를 찾아 학습하거나, 보다 심화된 코스를 통해 부족한 부분을 강화할 수 있다.
- 추가 학습 계획 수립: 평가와 피드백을 바탕으로 추가 학습 계획을 수립하여 남은 격차를 최소화한다. 목표 직무에서 요구하는 수준에 도달하기 위해, 필요한 경우 더 높은 수준의 강의나 자격증 취득을 목표로 하여 학습 경로를 수정할 수 있다.
- 예시: 데이터 분석가로 경력 전환을 준비하는 D씨는 Python 중급 과정을 수강하면서 실습 프로젝트를 수행하였으나, 데이터 시각화 부분에서 약점을 발견했다. D씨는 멘토와의 피드백 세션을 통해 추가 학습이 필요함을 인식하고, 데이터 시각화 전용 과정을 추가로 등록했다. 또한 매주 실습 결과를 검토하며, 학습 성과를 점검해 나갔다. 이 과정을 통해 D씨는 Python 및 데이터 시각화 능력을 향상시키며 목표 직무에 필요한 스킬 격차를 효과적으로 줄일 수 있었다.

4. 진단 도구를 활용한 개인별 스킬 평가와 피드백

진단 도구를 활용한 개인별 스킬 평가는 구직자가 목표 직무에서 요구되는 역량에 비해 현재 보유하고 있는 스킬 수준을 객관적으로 평가하고, 이를 바탕으로 피드백을 제공하는 과정이다. 진단 도구는 구직자의 기술 수준과 역량을 보다 체계적이고 구체적으로 분석할 수 있는 방법을 제공하여, 학습 계획을 효과적으로 수립하는 데 중요한 역할을 한다. 진단 도구를 사용함으로써 구직자는 자신의 강점과 약점을 명확히 파악할 수 있고, 이를 토대로 목표 직무에 필요한 추가적인 학습과 훈련을 계획할 수 있다.

진단 도구를 통해 구직자는 스스로 인식하지 못했던 부족한 부분이나 보완이 필요한 역량을 발견할 수 있으며, 이는 구체적이고 현실적인 재취업 전략을 수립하는 데 도움을 준다. 또한 진단 도구는 구직자의 현재 역량을 직무 요구사항에 맞춰 비교할 수 있도록 하여, 학습 우선순위를 명확히 설정하는 데 큰 도움을 준다. 다음은 진단 도구를 활용한 스킬 평가와 피드백의 주요 중요성이다.

① 객관적 평가: 개인의 주관적인 평가가 아닌, 데이터 기반의 객관적 평가를 통해 구체적인 스킬 수준을 파악할 수 있다.
② 강점과 약점 명확화: 구직자는 자신의 강점과 약점을 명확히 인식하고, 목표 직무에 필요한 역량을 집중적으로 보완할 수 있다.
③ 효율적 학습 계획 수립: 부족한 스킬을 중심으로 학습 계획을 수립할 수 있어 시간과 자원을 효율적으로 사용할 수 있다.

진단 도구는 다양한 형태로 존재하며, 각 도구는 특정 분야나 스킬 평가에 특화되어 있다. 다음은 구직자의 스킬 평가에 유용한 주요 진단 도구와 각 도구의 사례다.

① 온라인 역량 진단 도구 : 온라인 역량 진단 도구는 컴퓨터 기반의 테스트로, 구직자가 목표 직무와 관련된 스킬을 보유하고

있는지를 평가할 수 있도록 한다. 이러한 도구는 대부분 자동화된 방식으로 결과를 제공하여 구직자가 즉각적으로 자신의 수준을 파악할 수 있게 한다.

사례

Coursera와 LinkedIn Learning에서는 특정 기술(예: Python, 데이터 분석 등)에 대한 평가 테스트를 제공하고, 결과를 통해 부족한 부분을 개선할 수 있도록 맞춤형 강좌를 추천해준다. 예를 들어, 구직자가 데이터 분석가 직무를 목표로 할 경우, LinkedIn Learning의 Python 진단 테스트를 통해 본인의 Python 능력을 평가하고, 테스트 결과에 따라 초급, 중급, 고급 수준에 맞는 강좌를 추천받아 학습할 수 있다. 이를 통해 구직자는 본인이 부족한 수준을 보완하여 목표한 수준에 도달할 수 있다.

② 소프트 스킬 진단 도구(예: MBTI, DISC) : 소프트 스킬 진단 도구는 주로 성격 유형과 행동 스타일을 평가하여, 구직자가 직무에 맞는 대인 관계 기술이나 리더십 스타일을 갖추었는지를 평가하는 데 사용된다. 이는 구직자의 대인관계 능력이나 팀워크, 문제 해결 능력과 같은 소프트 스킬을 파악하는 데 효과적이다.

사례

MBTI와 DISC 진단 도구는 구직자가 직무에 필요한 대인 관계 기술과 성격 유형을 평가하는 데 자주 사용됩니다. 예를 들어, 고객 서비스 직무에 재취업을 희망하는 구직자가 DISC 진단 도구를 사용해 자기 성향을 평가한 결과, 대인 관계가 중요한 직무에 적합하다는 평가를 받았다. 이를 바탕으로 구직자는 고객과의 상호작용을 더욱 효과적으로 수행하기 위해 대화 기술과 고객 응대 방법을 강화하는 훈련을 추가적으로 진행할 수 있었다.

③ 하드 스킬 진단 도구(예: HackerRank, CodeSignal): 하드 스킬 진

단도구로 IT 분야 구직자들이 프로그래밍 능력, 알고리즘 이해도, 데이터베이스 관리 능력 등을 평가할 수 있도록 도와준다. 이러한 도구는 실시간으로 코딩 테스트를 통해 실무에 필요한 기술 능력을 평가한다.

사례

HackerRank와 CodeSignal은 개발자 직무를 목표로 하는 구직자들이 자주 활용하는 도구이다. 예를 들어, 소프트웨어 엔지니어로의 경력 전환을 희망하는 구직자가 HackerRank에서 Python과 SQL에 대한 코딩 테스트를 수행한 결과, 중급 수준의 프로그래밍 능력을 갖추고 있지만, 알고리즘과 데이터 구조에 대한 이해가 부족하다는 피드백을 받았다. 이를 바탕으로 구직자는 추가 학습을 통해 알고리즘과 데이터 구조에 대한 이해를 높이고, 이를 실무에 적용할 수 있는 수준으로 끌어올렸다.

④ 언어 능력 진단 도구(예 : TOEIC, IELTS, OPIc) : 언어 능력 진단 도구는 특정 언어의 이해와 사용 능력을 평가하기 위해 사용된다. 특히 글로벌 기업에서 일하거나 다국적 환경에서 일하기를 희망하는 구직자들에게 중요한 역할을 한다.

사례

해외 마케팅 부서로의 재취업을 목표로 하는 구직자는 TOEIC 또는 IELTS와 같은 언어 능력 시험을 통해 영어 실력을 평가하고, 결과에 따라 언어 학습 계획을 수립할 수 있다. 예를 들어, TOEIC 점수가 요구 수준에 미치지 못할 경우, 구직자는 학습 프로그램에 참여하여 듣기와 말하기 훈련을 강화하고, 업무에서의 언어 소통 능력을 높일 수 있다.

⑤ 직무 적성 진단 도구(예 : 직무 적성 검사) : 직무 적성 진단 도구는 특정 직무에 대한 적성 여부를 평가하고, 구직자가 직무 수행에 필요한 기본 역량과 적성을 보유하고 있는지를 확인한다.

이는 경력 전환을 준비하는 구직자들이 본인이 목표로 하는 직무에 적합한지를 평가하는 데 유용하다.

사례

관리직으로의 재취업을 희망하는 구직자가 직무 적성 검사를 수행하여, 리더십과 문제 해결 능력에서 높은 점수를 받은 반면, 계획 수립과 조직화 능력에서는 개선이 필요하다는 결과를 받았다. 이를 바탕으로 구직자는 추가 학습과 훈련을 통해 계획 수립 및 조직화 능력을 강화하고, 관리직에서의 필수 스킬을 보완할 수 있었다.

진단 도구를 활용한 스킬 평가 후, 구직자는 결과에 따른 피드백을 받아 학습 계획을 조정하고 추가적인 학습 목표를 설정할 수 있다. 피드백 과정에서 구직자는 전문가의 조언을 통해 부족한 부분을 강화하고, 학습 경로를 최적화하여 목표 직무에 필요한 역량을 확보할 수 있다. 진단 도구를 활용한 스킬 평가는 구직자가 목표 직무에 맞는 역량을 체계적으로 파악하고, 구체적인 학습과 훈련 계획을 세우는 데 중요한 역할을 하며, 이를 통해 재취업 또는 경력 전환에 필요한 경쟁력을 높일 수 있다.

출제 예상문제

01. **경력 전환을 위한 맞춤형 상담 기법의 핵심 요소는 무엇입니까?**

① 직업 정보 제공 ② 개인의 강점과 역량 분석
③ 일반적인 이력서 작성법 제공 ④ 심리적 안정만 강조

02. **1:1 코칭 프로그램의 주된 목적은 무엇입니까?**

① 단순히 새로운 직무 정보 제공 ② 개인의 목표 설정 및 달성 지원
③ 단기간에 높은 급여 달성 ④ 직무 변동 방지

03. **성격 및 역량 진단 기반 상담의 주된 이점은 무엇입니까?**

① 즉각적인 직업 배치 ② 고정된 직업 경로 제공
③ 적합한 직무 추천 ④ 심리 치료

04. **스킬 격차 분석을 통한 맞춤형 경로 설정이 필요한 이유는 무엇입니까?**

① 과거 경력의 평가
② 현재 스킬과 필요 스킬 간의 격차 파악
③ 일반적인 교육 과정 추천
④ 직업 상담사의 업무 경감

05. **심리적 안정 지원 상담의 중요성은 무엇입니까?**

① 구직 활동 중단 권장 ② 전문 기술 습득 지연
③ 불안감 감소 및 자신감 증진 ④ 경력 계획의 포기

정답과 해설

01. ②

맞춤형 상담 기법은 개인의 강점, 직업적 가치관 및 현재 역량을 종합적으로 분석하여 최적의 경력 전환 경로를 제시하는 데 중점을 둡니다.

02. ②

1:1 코칭은 개인의 목표 설정을 돕고, 실행 계획을 수립하여 필요한 기술과 역량을 습득하도록 지원함으로써 경력 전환을 촉진합니다.

03. ③

이 상담 방법은 개인의 성격적 특성과 직무 역량을 분석하여 가장 적합한 직무나 산업을 추천함으로써 직무 적합성과 만족도를 높입니다.

04. ②

스킬 격차 분석은 개인이 현재 보유한 스킬과 전환하려는 직무에서 필요한 스킬을 비교하여 격차를 파악하고, 이를 메우기 위한 경로를 제시합니다.

05. ③

심리적 안정 지원 상담은 경력 전환 과정에서 발생할 수 있는 불안감을 줄이고, 개인이 새로운 환경에서 자신감을 가지고 도전할 수 있도록 돕습니다.

제12장

창업 및 창직 지원 능력

Upskilling
Reskilling

학/습/개/요

이 장에서는 창업 및 창직을 위한 컨설팅 역량에 대한 장으로서, 창업(직)에 필요한 맞춤형 스킬 개발 전략을 수립하는 방법을 학습하고, 시장분석과 기회 발굴을 통해 성공적인 창업 가능성을 높이는 방법을 제시한다. 또한, 창업(직) 지원 프로그램과 자원을 효과적으로 활용하는 방법을 익히며, 창업(직) 생태계와 네트워킹의 중요성을 제시한다.

학/습/목/표

1. 창업 및 창직을 위한 맞춤형 스킬 개발 전략에 대해서 설명할 수 있다.
2. 창업(직) 컨설팅을 위한 시장분석과 기회 발굴에 대해서 설명할 수 있다.
3. 창업(직) 지원 프로그램과 자원 활용법에 대해서 설명할 수 있다.
4. 창업(직) 생태계와 네트워킹의 중요성에 대해서 설명할 수 있다.

1. 창업 및 창직을 위한 맞춤형 스킬 개발 전략

창업 및 창직을 위한 맞춤형 스킬 개발 전략은 창업자가 성공적인 비즈니스를 시작하고 성장시키기 위해 필수적으로 갖추어야 할 역량과 기술을 체계적으로 개발하는 과정을 의미한다. 창업 환경은 빠르게 변화하고 있으며, 특정 산업이나 비즈니스 모델에 맞는 전문 기술 외에도 경영, 마케팅, 문제 해결, 고객 관리 등의 종합적인 역량이 요구된다. 맞춤형 스킬 개발 전략은 창업자가 자신의 목표와 사업 아이디어에 맞추어 필요한 기술을 단계적으로 습득하고, 사업 성공에 필요한 종합적인 능력을 배양하도록 돕는다.

창업 초기에는 여러 도전과제와 불확실성에 직면하게 되므로, 철저하게 준비된 역량이 필수적이다. 맞춤형 스킬 개발 전략을 통해 창업자는 자원의 효율적인 활용, 변화하는 시장에 대한 적응, 위험 관리 능력을 키울 수 있다. 특히, 창업자 개인의 역량은 사업 성과와 직접적으로 연결되므로 필요한 스킬을 체계적으로 갖추는 것이 성공 확률을 높이는 핵심 요소이다.

또한, 맞춤형 스킬 개발 전략을 통해 창업자는 경쟁사와의 차별성을 강화하고, 지속 가능한 성장을 위한 기초를 다질 수 있다. 예를 들어, 기술 기반의 스타트업 창업자는 데이터 분석과 소프트웨어 개발 역량이 요구될 수 있으며, 서비스업 창업자는 고객 서비스와 소통 능력이 중요할 수 있다. 이러한 스킬 개발을 사전에 준비함으로써 창업 후 시행착오를 줄이고, 자원과 시간을 효율적으로 활용할 수 있다.

먼저, 창업이나 창직을 성공적으로 수행하기 위해서는 다양한 분야의 스킬이 필요하다. 창업의 특성에 따라 필요한 스킬은 다를 수 있지만, 대부분의 창업자에게 공통적으로 요구되는 핵심 스킬들을 다음과 같이 정리할 수 있다.

① 사업 기획 및 전략 수립 능력: 창업을 위한 비즈니스 아이디어를 구체화하고 실행 가능한 계획으로 만드는 능력이다. 비즈니스 모델을 설계하고, 시장에서 차별화할 수 있는 전략을 세우며, 제품이나 서비스를 어떻게 개발하고 제공할지 구체적인 방향을 설정하는 과정에서 필수적이다.

주요 스킬

- 비즈니스 모델 개발
- 시장분석 및 기회 발굴
- 경쟁사 분석
- 비즈니스 전략 수립

② 재무 관리 및 자금 조달 능력 : 창업 초기에는 자금이 부족한 경우가 많기 때문에, 창업자는 재무 관리와 자금 조달 능력을 갖추어야 한다. 사업 운영에 필요한 자금 계획을 세우고, 자원을 효율적으로 배분하며, 투자자나 금융기관으로부터 필요한 자금을 조달할 수 있는 능력이 중요하다.

주요 스킬

- 예산 관리 및 자금 계획 수립
- 투자 유치 및 자금 조달
- 비용 절감 및 수익 관리
- 회계 및 세무 기본 지식

③ 마케팅 및 브랜딩 능력: 고객에게 제품이나 서비스를 효과적으로 알리고 브랜드 인지도를 높이는 능력이다. 창업자는 자신만의 브랜드 아이덴티티를 구축하고, 타깃 시장에 적합한 마케팅 전략을 통해 고객 유입을 극대화할 수 있어야 한다.

주요 스킬

- 디지털 마케팅(소셜 미디어, 콘텐츠 마케팅, 검색 엔진 최적화 등)
- 브랜드 구축 및 관리
- 고객 분석 및 타깃팅
- 홍보 및 커뮤니케이션 전략

④ 제품 개발 및 서비스 설계 능력: 고객의 요구를 반영한 제품이나 서비스를 개발하고 설계하는 능력이다. 이 능력은 기술적 이해도와 창의적 문제 해결 능력을 요구하며, 고객 피드백을 반영하여 제품을 지속적으로 개선하는 데 중요하다.

주요 스킬

- 제품 기획 및 프로토타입 개발
- 사용자 경험(UX) 설계
- 품질 관리 및 개선
- 서비스 디자인 및 고객 여정 맵핑

⑤ 디지털 및 기술 역량: 디지털 기술이 중심이 되는 현대 창업 환경에서는 기본적인 디지털 역량과 기술 지식이 필수적이다. 특히 IT와 관련된 창업에서는 소프트웨어 개발, 데이터 분석 등의 기술적 스킬이 중요하며, 기술이 없는 창업자라도 디지털 도구와 플랫폼을 활용할 수 있는 기본 역량이 필요하다.

주요 스킬

- 데이터 분석 및 활용
- 소프트웨어 개발 기본 지식(Python, SQL 등)
- 디지털 도구 활용(Google Analytics, CRM, ERP 등)
- 전자상거래 플랫폼 활용 능력

⑥ 네트워킹 및 협상 능력: 창업자는 다양한 분야의 사람들과 협력하고 관계를 형성하는 능력이 필요하다. 네트워킹을 통해 새로운 기회를 창출하고, 협상 스킬을 통해 투자자, 공급업체, 파트너 등과 유리한 조건으로 계약을 체결할 수 있어야 한다.

주요 스킬

- 네트워킹과 관계 형성 능력
- 협상 및 계약 체결
- 커뮤니케이션 및 설득력
- 리더십 및 팀 구축 능력

⑦ 리더십 및 조직 관리 능력 : 창업자가 조직을 이끌어가며 팀원들의 역량을 극대화하고, 공동의 목표를 달성하기 위해 팀을 관리하는 능력이다. 특히 빠르게 성장하는 스타트업 환경에서는 유연하고 효율적인 조직 관리가 중요하다.

주요 스킬

- 팀 구성 및 리더십
- 목표 설정 및 성과관리
- 업무 분배 및 위임
- 동기 부여 및 갈등 해결

⑧ 문제 해결 및 창의적 사고: 창업 과정에서 다양한 문제와 도전에 직면하게 되므로, 이를 해결하기 위한 창의적 사고와 문제 해결 능력이 필요하다. 이 능력은 새로운 아이디어를 제안하고 실현 가능한 해결책을 찾는 데 필수적이다.

주요 스킬

- 문제 정의 및 분석 능력
- 창의적 문제 해결 접근법
- 위험 관리 및 의사 결정
- 혁신적 사고와 도전 정신

⑨ 법률 및 규제 이해: 창업자는 사업과 관련된 법률 및 규제를 준수해야 하며, 이를 무시할 경우 심각한 법적 문제가 발생할 수 있다. 특히 특정 산업에서는 규제 준수가 필수적이기 때문에 관련 법규와 규정을 숙지하고 이를 사업에 적용할 수 있는 능력이 필요하다.

주요 스킬

- 사업 관련 법률 이해(특허, 상표, 계약 등)
- 규제 및 산업 표준 준수
- 비즈니스 윤리 및 법적 의무 준수
- 개인정보 보호 및 데이터 관리

이처럼 창업이나 창직을 위해서는 다양한 스킬이 필요하며, 창업자는 자신의 목표와 사업 모델에 맞춰 위의 스킬들을 체계적으로 개발하는 것이 중요하다. 이러한 스킬을 바탕으로 창업자는 사업의 기반을 다지고 지속 가능한 성장을 이룰 수 있다. 창업 및 창직을 위한 맞춤형 스킬 개발 전략은 창업자의 목표와 사업 모델에 따라 다르게 설정될 수 있으며, 각 창업자가 성공적으로 필요한 스킬을 습득하고 활용할 수 있도록 구체적인 실행 방법을 제공해야 한다.

① 목표와 필요 스킬 명확화: 창업자는 먼저 자신의 비즈니스 목표와 비전을 명확히 하고, 이를 달성하기 위해 필수적인 역량과 기술을 파악해야 한다. 예를 들어, 기술 스타트업을 준비하는 창업자는 소프트웨어 개발, 데이터 분석, 디지털 마케팅과 같은 기술을 우선적으로 습득해야 할 수 있으며, 서비스업 창업자는 고객 응대와 재고 관리와 같은 스킬이 필수적일 수 있다.

사례

B씨의 온라인 마켓 창업: B씨는 핸드메이드 제품을 판매하는 온라인 마켓을 창업하기로 하고, 이를 위해 필요한 스킬을 명확히 했다. 주요 목표는 온라인에서의 고객 유입과 판매 증대였기 때문에, B씨는 디지털 마케팅과 SNS 운영 스킬이 필수적이라고 판단했다. B씨는 초기 단계에서 필요한 디지털 마케팅 및 고객 관리 역량을 구체화한 후 이를 순서대로 습득하기로 했다.

② 개인화된 학습 계획 수립: 필요한 스킬이 파악되었다면, 이를 효과적으로 습득하기 위한 개인화된 학습 계획을 세워야 한다. 이 과정에서는 온라인 강의, 멘토링, 현장 실습 등 다양한 학습 방법을 조합하여 목표 스킬을 체계적으로 개발할 수 있다.

사례

R씨의 기술 창업: R씨는 AI를 활용한 데이터 분석 스타트업을 창업하기 위해 기본적인 데이터 분석 스킬이 필요했다. 그는 Python과 머신러닝에 대한 학습

계획을 세우고, 온라인 강의를 통해 기초를 학습한 후 AI 프로젝트에 직접 참여하여 실무 경험을 쌓았다. R씨는 특히 실습 위주의 프로젝트 기반 학습을 통해 실제 비즈니스 문제에 AI를 적용하는 능력을 개발할 수 있었다. 이를 통해 그는 AI 모델을 자체 개발하여 서비스의 차별성을 강화할 수 있었다.

③ 멘토링 및 네트워킹 활용: 멘토링과 네트워킹은 창업 과정에서 실질적인 조언과 지원을 받을 수 있는 중요한 자원이다. 창업자는 멘토나 업계 전문가로부터 창업 초기의 실질적인 조언을 얻고, 비즈니스 모델에 대한 피드백을 받을 수 있다. 또한, 네트워크를 통해 최신 시장 트렌드와 기술을 습득할 수 있다.

사례

L씨의 친환경 제품 스타트업: L씨는 친환경 제품을 생산하고 유통하는 스타트업을 창업하였으며, 이를 위해 제조 공정과 유통 경로에 대한 멘토링이 필요했다. L씨는 지역 창업지원센터에서 제공하는 멘토링 프로그램에 참여하여, 환경 인증 절차와 유통 파트너십 구축에 대한 구체적인 조언을 받았다. 이를 통해 그는 빠르게 제품 라인업을 구축하고, 유통 경로를 확립할 수 있었다. 또한, 네트워킹 행사에서 친환경 관련 업계 인사들과 만나 협력 기회를 마련하였고, 이러한 관계는 사업 초기 성장에 큰 도움이 되었다.

④ 지속적인 피드백과 수정 : 스킬 개발은 단발적인 학습으로 끝나지 않으며, 창업자는 스킬 수준을 주기적으로 점검하고 보완해야 한다. 이를 위해 피드백 체계를 구축하여 실제 프로젝트나 업무에 적용해 보고, 결과를 분석해 개선할 부분을 도출하는 것이 중요하다.

사례

S씨의 헬스케어 앱 창업: S씨는 헬스케어 앱 개발 스타트업을 창업하였고, 초

기 버전 출시 후 사용자 피드백을 통해 지속적으로 개선점을 파악했다. S씨는 피드백을 통해 앱의 UI/UX 개선이 필요함을 인식하고, UX 디자인 스킬을 추가적으로 학습하여 앱 사용자 경험을 개선했다. 또한, 사용자가 직접 피드백을 제공할 수 있는 창구를 열어주고 이를 반영하는 과정을 반복하며, 서비스 품질을 높이고 사용자 만족도를 지속적으로 향상시켰다

맞춤형 스킬 개발 전략을 통해 창업자는 사업 목표와 연계된 스킬을 효과적으로 습득하고 실무에 적용할 수 있다. 위 사례처럼 단계별로 명확한 계획을 세우고 실행하면서 멘토링과 네트워킹을 활용하고, 피드백을 바탕으로 지속적인 개선을 추구하는 것이 성공적인 창업의 핵심이다.

2. 창업(직) 컨설팅을 위한 시장분석과 기회 발굴

창업(직) 컨설팅에서 시장분석과 기회 발굴은 사업 성공 가능성을 높이는 데 필수적인 단계다. 창업자 또는 창직자는 자신이 목표로 하는 시장의 현재 상황과 미래 가능성을 이해하고, 소비자의 요구와 트렌드를 분석하여 성공할 수 있는 기회를 발굴해야 한다. 이 과정은 창업 아이디어가 시장에서 실제로 경쟁력을 가질 수 있는지 검증하고, 창업자가 비즈니스 전략을 세우는 데 중요한 데이터를 제공한다.

시장분석은 창업자가 목표하는 산업과 시장의 현황을 이해하고, 소비자 요구, 경쟁사, 최신 트렌드 등을 파악하는 과정으로, 창업자는 시장분석을 통해 목표 시장의 규모와 성장 가능성, 주요 소비

자 특성, 경쟁자 현황 등을 파악할 수 있으며, 이를 바탕으로 효과적인 비즈니스 전략을 수립하게 된다.

① 경쟁력 확보: 시장분석을 통해 경쟁사의 장단점을 파악하고, 자신만의 차별화된 강점을 개발할 수 있다.
② 시장 진입 전략 수립: 목표 시장의 특성과 트렌드에 따라 적절한 진입 전략을 세우고, 리스크를 줄일 수 있다.
③ 소비자 요구 이해: 소비자의 요구와 관심사를 파악하여, 이를 충족시킬 수 있는 제품이나 서비스를 설계할 수 있다.

시장분석 단계를 정리하면 다음과 같다.

① 산업 현황 및 시장 규모 파악: 첫 단계로 창업자는 진입하려는 산업의 전체적인 규모와 성장 가능성을 조사한다. 이를 통해 목표 시장의 매력도와 진입 가능성을 평가할 수 있다.

주요 스킬

- 방법: 산업 보고서, 시장조사 리서치, 정부 기관 자료 등을 통해 시장 규모와 성장률, 주요 트렌드 등을 파악한다.
- 예시: 친환경 제품 시장에 진입하려는 창업자는 친환경 트렌드와 지속 가능성에 대한 소비자의 관심 증가를 확인하고, 시장 규모와 성장률을 확인하여 사업 진입 여부를 결정할 수 있다.

② 소비자 분석 : 목표 시장 내 주요 소비자 집단을 파악하고, 이들의 요구와 특성을 분석한다. 소비자 분석은 창업자가 자신

의 제품이나 서비스가 어떤 고객에게 적합한지를 파악하는 데 중요하다.

주요 스킬

- 방법 : 설문 조사, 인터뷰, 온라인 데이터 분석 등을 활용해 타깃 고객의 연령, 성별, 구매 패턴, 소비 선호도 등을 조사한다.
- 예시 : 만약 창업자가 '홈 피트니스' 제품을 개발하고자 한다면, 주 타깃인 20-40대 소비자들이 집에서 운동하는 이유와 선호하는 제품 유형을 분석해 제품 개발 방향을 설정할 수 있다.

③ 경쟁사 분석 : 경쟁사 분석은 목표 시장 내 주요 경쟁자들을 파악하고 그들의 장단점을 분석하여, 창업자가 차별화된 포지셔닝 전략을 세우도록 돕는다. 이를 통해 경쟁사와 차별화된 강점을 개발하고, 시장에서의 입지를 강화할 수 있다.

주요 스킬

- 방법 : 경쟁사의 제품, 가격, 서비스 특징, 마케팅 전략 등을 비교 분석하고, 리뷰나 고객 피드백 등을 통해 경쟁사의 약점을 파악한다.
- 예시 : 예를 들어, 헬스케어 앱을 개발하는 창업자가 기존의 헬스케어 앱들을 분석한 결과, 대부분의 앱들이 사용자 맞춤형 피드백이 부족하다는 점을 발견하면 이를 보완한 차별화된 서비스를 제공할 수 있다.

④ 트렌드 분석 : 최근 시장의 변화와 소비자 트렌드를 분석하여, 새로운 기회를 파악한다. 특히, 디지털화, 친환경, 맞춤형 제품과 같은 사회적 트렌드는 창업자가 새로운 사업 아이디어를 구체화하는 데 도움을 준다.

주요 스킬

- 방법: 산업 보고서, 소셜 미디어, 구글 트렌드와 같은 데이터 도구를 통해 소비자의 최신 관심사를 파악한다.
- 예시: 식품 시장에 진입하려는 창업자가 건강 지향 소비 트렌드를 확인하면, 설탕과 인공 첨가물이 없는 건강 식품 라인을 기획할 수 있다.

시장분석을 통해 도출된 정보를 바탕으로 새로운 비즈니스 기회를 구체화하고, 창업 가능성을 검토한다.

① 소비자 니즈 파악과 해결책 제안: 소비자의 미충족 니즈를 파악하고, 이를 해결할 수 있는 제품이나 서비스를 기획한다. 예를 들어, 바쁜 직장인을 대상으로 건강하고 간편한 식사를 제공할 수 있는 서비스를 기획할 수 있다.

예시

식품 배달 창업을 계획하는 창업자는 "간편하지만 건강한 식사"에 대한 수요가 높다는 점을 발견하고, 이를 해결하기 위한 밀키트 서비스를 출시할 수 있다.

② 기존 제품의 개선 및 차별화: 기존 시장에 존재하는 제품이나 서비스의 약점을 보완하여 차별화된 상품을 개발하는 것이다. 이를 통해 경쟁 제품과 비교하여 더 나은 가치를 제공할 수 있다.

예시

전자기기 충전 서비스 창업을 목표로 하는 창업자는 경쟁사 제품의 짧은 배터리 수명을 보완하기 위해, 배터리 용량이 크고 휴대성이 높은 제품을 기획할 수 있다.

③ 새로운 시장 세그먼트 개척: 기존 시장에서 특정 소비자층을 세분화하여, 그들에게 맞춤형 서비스를 제공하는 전략이다. 이는 새로운 고객층을 확보하는 데 효과적이다.

예시
화장품 브랜드를 시작하려는 창업자가 민감성 피부에 특화된 스킨케어 라인을 개발하여, 기존의 일반 화장품에서 차별화된 세그먼트를 공략할 수 있다.

창업컨설팅을 통해서 환경 제품에 대한 수요가 증가하고 있다는 점에 주목하여, 기존의 플라스틱 대신 생분해 가능한 패키징을 제공하는 스타트업을 설립한 사례를 제시한다.

① 산업 분석: 기존 플라스틱 포장재의 환경적 문제와 친환경 패키징의 성장 가능성을 분석했다.
② 소비자 분석: 환경에 민감한 젊은 소비자층이 주요 타깃이라는 점을 확인하고, 이들의 선호와 요구를 반영한 디자인을 기획했다.
③ 경쟁사 분석: 기존의 친환경 패키징 제품들보다 사용성과 내구성을 강화하여 차별화하였다.
④ 기회 발굴: 소매업과 외식업체 대상으로 친환경 포장 옵션을 제공하는 시장이 아직 충분히 개척되지 않았음을 확인하고, 이를 주요 시장으로 설정했다.

시장분석과 기회 발굴은 창업자가 사업의 성공 가능성을 높이고, 창업 아이디어가 실질적으로 시장에서 경쟁력을 가질 수 있도록 돕는 중요한 과정이다. 이를 통해 창업자는 효과적인 전략을 수립하고, 지속 가능한 성장을 도모할 수 있다.

3. 창업(직) 지원 프로그램과 자원 활용법

창업(직) 지원 프로그램과 자원 활용법은 창업자가 사업 초기부터 성장 단계에 이르기까지 필요한 지원을 효과적으로 활용하는 방법이다. 정부, 지방자치단체, 창업지원 기관 및 민간 기업들이 다양한 창업 지원 프로그램과 자원을 제공하고 있으며, 이를 적극 활용하면 창업 초기의 자금 부담을 줄이고 사업 운영에 필요한 기술적, 네트워크적 지원을 받을 수 있다.

창업 지원 프로그램의 유형은 주로 자금 지원, 교육/멘토링, 네트워킹, 사무 공간 제공 등의 형태로 나뉜다. 이러한 프로그램들은 창업자의 필요와 사업 단계에 따라 선택적으로 활용할 수 있다.

① 자금 지원 프로그램

자금 지원 프로그램은 창업자가 초기 자금을 마련하거나 추가 자금을 유치할 수 있도록 지원하는 제도이다. 창업 초기 자금이 부족한 창업자들에게 필수적이며, 일반적으로 대출, 보조금, 투자 유치의 형태로 제공된다.

예시

고용노동부의 '청년 창업 지원 사업'은 창업 초기 청년들에게 무담보 대출이나 저리 융자를 제공해 초기 자금을 지원한다. 또한, 중소벤처기업부의 '창업 지원금 사업'은 사업 아이디어가 혁신적인 창업자들에게 연구개발 비용을 지원하는 제도를 운영한다.

② 교육 및 멘토링 프로그램

교육 및 멘토링 프로그램은 창업자가 필요한 기술과 지식을 습득하고 사업 운영 경험을 쌓을 수 있도록 돕는다. 창업자는 사업 아이디어 구체화, 마케팅 전략 수립, 자금 조달 등 다양한 분야에 걸쳐 전문가의 조언을 얻을 수 있다.

예시

중소벤처기업진흥공단의 'K-Startup' 프로그램에서는 창업 교육과 전문가 멘토링을 통해 창업자의 역량을 강화하는 프로그램을 운영하고 있다. 또, 각 지역 창조경제혁신센터는 창업자들이 지역 내 전문가와 멘토링을 통해 사업 초기의 방향성을 설정하는 데 도움을 준다.

③ 네트워킹 및 판로 지원 프로그램

네트워킹 프로그램은 창업자들이 관련 업계 사람들과 교류하고 협업 기회를 얻을 수 있도록 도와준다. 이를 통해 창업자는 잠재 고객, 투자자, 공급자 등과의 관계를 구축할 수 있으며, 사업을 확장하고 새로운 시장을 개척할 기회를 얻을 수 있다.

예시

대한상공회의소와 각종 창업 연합회에서 주최하는 '스타트업 네트워킹 데이'는 창업자들이 다양한 투자자, 기업 관계자와 만나 네트워크를 형성할 수 있는 기회를 제공한다. 또한, 한국무역협회의 '수출바우처' 사업은 창업자들에게 해외 판로 개척에 필요한 자금과 지원을 제공하여, 해외 진출을 돕는다.

④ 사무 공간 및 장비 지원

사무 공간 및 장비 지원 프로그램은 창업자가 초기 비용을 줄이고 업무 환경을 안정적으로 확보할 수 있도록 지원한다. 이는 주로 창업 지원센터나 공동 사무실 형태로 제공되며, 일부 프로그램은 창업자에게 무료로 제공된다.

예시

서울창업허브와 같은 창업 지원 시설에서는 창업자들에게 저렴한 비용으로 사무 공간을 제공하며, 일부 창업 공간에서는 사무 장비와 회의실 사용, 네트워킹 행사 참여 등도 지원한다. 또한, 각 지방자치단체에서 운영하는 창업 지원센터들도 사무 공간을 제공하며, 사업 운영 초기 비용 절감에 큰 도움이 된다.

창업자는 지원 프로그램을 효과적으로 활용할 수 있도록 자원을 전략적으로 관리해야한다. 자원 활용을 극대화하기 위한 몇 가지 핵심 방법은 다음과 같다.

① 맞춤형 지원 프로그램 탐색 및 선택

모든 지원 프로그램이 모든 창업자에게 적합한 것은 아니기 때문에, 자신의 창업 목적과 사업 아이디어에 맞는 지원 프로그램을 선택하는 것이 중요합니다. 창업자는 자신의 필요와 사업 특성에 맞는 프로그램을 선택하여 효과적으로 활용할 수 있어야 한다.

> **예시**
>
> 창업 초기에는 자금이 가장 필요한 시기이므로 자금 지원 프로그램을 우선적으로 활용하고, 이후 성장 단계에서는 네트워킹이나 판로 개척에 도움을 줄 수 있는 프로그램을 찾아본다. 예를 들어, 기술 기반 창업자는 연구개발 지원금 프로그램에 신청하여 기술 개발에 필요한 자금을 확보하고, 이후 마케팅과 판매 채널 확장을 위한 네트워킹 프로그램을 활용할 수 있다.

② 지속적인 멘토링과 피드백 활용

멘토링을 통한 지속적인 피드백은 창업자가 문제를 해결하고 방향을 수정하는 데 큰 도움이 된다. 창업자는 초기 사업 구상부터 실행까지 멘토의 조언을 통해 다양한 시각을 얻고, 전략적 결정을 내릴 수 있다.

> **예시**
>
> 멘토링 프로그램에서 받은 피드백을 바탕으로 사업 계획을 개선하고, 사업 운영 중 발생하는 문제에 대해 주기적으로 상담을 받는다. 예를 들어, 창업자가 새로운 마케팅 전략을 실행하기 전에 멘토로부터 검토와 피드백을 받아 리스크를 줄일 수 있다.

③ 네트워킹 기회를 통한 협력과 판로 확대

네트워킹은 비즈니스 기회를 확장하는 데 필수적이다. 창업자는 네트워킹 프로그램을 통해 같은 분야의 창업자나 관련 업계 전문가들과 관계를 구축함으로써 협력 파트너를 확보하고 판로를 확장할 수 있다.

> **예시**
> 각종 네트워킹 행사에 참석하여 관련 분야 사람들과의 인맥을 쌓고, 협력 가능성을 모색한다. 예를 들어, 식품 분야 창업자는 관련 박람회나 전시회에 참가하여 소매업체와 협력 가능성을 타진하고, 공급망을 확장할 수 있다.

④ 사업 초기 자원 확보와 자금 절감

창업자는 창업지원센터나 공공 자원을 통해 초기 비용을 절감할 수 있으며, 사업 운영에 필요한 사무 공간과 장비를 확보할 수 있다. 이는 창업 초기 부담을 줄이고 사업에 집중할 수 있는 환경을 제공한다.

> **예시**
> 창업지원센터에서 사무 공간과 회의실, 장비 등을 저렴한 비용으로 제공받아 초기 운영 비용을 절감한다. 예를 들어, 창업자가 소프트웨어 개발 스튜디오를 운영할 경우, 창업지원센터에서 제공하는 고성능 컴퓨터와 네트워크 설비를 이용해 장비 구입 비용을 절감할 수 있다.

창업컨설팅을 통해 실제 창업 사례를 제시한다. 한 친환경 소재 스타트업은 생분해성 포장재를 개발하기 위해 다양한 지원 프로그램을 활용했다.

① 자금 지원: 중소벤처기업부의 연구개발(R&D) 자금 지원 프로그

램을 통해 초기 개발 자금을 마련하고, 연구개발 비용을 절감할 수 있었다.

② 멘토링: 창업진흥원의 K-Startup 멘토링 프로그램에 참여하여 친환경 소재 전문가와의 멘토링을 통해 제품 개발 방향과 시장 진입 전략에 대한 조언을 받았다.

③ 네트워킹: 무역협회에서 주최하는 수출상담회에 참여하여 해외 바이어와의 연결 기회를 확보하고, 이를 통해 글로벌 시장에 진출하는 발판을 마련했다.

④ 공간 및 장비 지원: 창업지원센터에서 사무 공간과 시험 설비를 제공받아 제품 시험과 연구를 진행하는 데 큰 도움을 얻었다.

창업(직) 지원 프로그램과 자원을 효과적으로 활용하면 창업자는 초기 부담을 줄이고 비즈니스 성장을 촉진할 수 있니다. 창업자는 다양한 지원 프로그램을 탐색하고 자신의 필요에 맞는 프로그램을 선택하여 사업 전략을 강화하고, 창업 성공 가능성을 높일 수 있다.

4. 창업(직) 생태계와 네트워킹의 중요성

창업(직) 생태계는 창업자가 사업 아이디어를 구체화하고, 자원을 확보하며, 시장에서 성공할 수 있도록 돕는 유기적인 지원 환경을 의미한다. 창업생태계는 정부 기관, 대학, 투자자, 창업지원 기관, 협회 및 기타 창업자들로 구성되어 있으며, 창업자는 이 생태계를 통해 사업 성장을 위한 다양한 지원과 기회를 얻을 수 있다.

특히, 네트워킹은 창업생태계 내에서 중요한 요소로 작용하며, 창업자가 자원과 정보를 효과적으로 활용하고 성장의 기회를 포착할 수 있도록 돕는다.

창업생태계는 창업에 필요한 자원과 지원을 제공하는 여러 기관과 파트너들로 이루어진다. 주요 구성 요소는 다음과 같다.

〈표 12-1〉 **창업생태계 구성요소**

구성 요소	역할 및 지원 내용
정부 기관 및 지자체	자금 지원, 세제 혜택, 법적 규제 완화 등의 정책을 통해 창업을 장려하며, 창업 친화적인 환경을 조성합니다.
창업지원 기관	중소벤처기업진흥공단, 창조경제혁신센터 등 다양한 기관에서 창업자들에게 자금, 교육, 멘토링을 제공합니다.
투자자 및 엑셀러레이터	투자자는 자금 지원을 통해 창업자가 아이디어를 실현할 수 있도록 돕고, 엑셀러레이터는 자금 외에도 교육과 네트워크를 지원해 창업자의 성장을 가속화합니다.
협회 및 창업 네트워크	창업 관련 협회 및 네트워크는 창업자들이 서로 교류하며 정보를 나눌 수 있는 장을 마련합니다.
대학 및 연구기관	기술 연구, 창업 인재 양성, 창업 교육 프로그램 등을 통해 창업생태계에 기여합니다.

이와 같은 구성 요소들은 창업자가 필요로 하는 다양한 자원과 서비스를 제공함으로써 창업 성공 가능성을 높이는 데 중요한 역할을 한다.

창업 및 창직을 위해 네트워킹은 매우 중요하다. 네트워킹은 창업생태계 내에서 창업자들이 성공 가능성을 높일 수 있는 핵심 요소이다. 네트워킹을 통해 창업자는 다양한 사람들과 연결되며, 그들이 가진 자원과 지식을 공유하고 협력할 수 있는 기회를 얻는다.

이는 초기 사업 안정화와 성장을 위해 매우 중요한 요소이다.

① 정보 공유 및 최신 트렌드 습득: 네트워킹을 통해 창업자는 산업 내 최신 트렌드와 기술 정보를 얻을 수 있으며, 이를 통해 비즈니스 전략을 조정하고 시장에서 경쟁 우위를 확보할 수 있다.

> **예시**
> 식품 관련 창업을 준비하는 창업자는 관련 네트워킹 행사에 참여해 최신 식품 트렌드, 소비자 선호도 변화 등에 대한 정보를 얻고, 이를 제품 기획에 반영하여 시장에서 차별화할 수 있다.

② 파트너십 및 협력 기회 확보: 네트워킹을 통해 창업자는 공급자, 고객, 투자자 등과의 협력 기회를 마련할 수 있다. 특히 협력 파트너를 통해 사업 운영의 효율성을 높이고, 자원 활용을 극대화할 수 있다.

> **예시**
> 스타트업 창업자가 네트워킹을 통해 고객 데이터 분석이 가능한 기술 기업과 파트너십을 맺으면, 보다 정교한 고객 맞춤형 서비스를 제공할 수 있다. 이를 통해 고객 만족도를 높이고, 재구매율을 증가시킬 수 있다.

③ 투자 유치와 자금 확보: 투자자와의 네트워킹은 창업자가 자금 지원을 받을 수 있는 중요한 경로이다. 투자자에게 비즈니스 아이디어와 성장 가능성을 알리면, 초기 자금을 유치하거나 추가 투자를 받을 가능성이 높아진다.

예시

창업자가 투자자 네트워크 행사에서 비즈니스 아이디어를 발표하고, 투자자들의 관심을 끌어 초기 투자 유치에 성공할 수 있다. 이를 통해 제품 개발과 마케팅에 필요한 자금을 확보할 수 있다.

④ 멘토링과 피드백: 경험 있는 창업자나 업계 전문가와의 네트워킹을 통해 창업자는 실질적인 조언과 피드백을 받을 수 있다. 이를 통해 창업자는 더 나은 전략을 수립하고 시행착오를 줄일 수 있다.

예시

식음료 업종에 처음 진입하는 창업자가 업계에서 성공한 멘토를 만나 사업 운영에 대한 조언을 얻고, 새로운 아이디어에 대한 피드백을 받을 수 있다. 이를 통해 자신이 설정한 목표와 전략을 조정하고, 실행 계획을 보다 구체화할 수 있다.

효과적인 네트워킹을 위해 창업자는 다양한 네트워킹 전략을 활용하여 창업생태계 내에서 자원을 최대로 활용해야 한다.

① 정기적인 네트워킹 행사 참여: 창업자는 정기적으로 열리는 네트워킹 행사, 세미나, 컨퍼런스 등에 참여하여 업계 사람들과 지속적인 관계를 유지하고, 정보를 교류해야 한다. 창업자가 관심 있는 분야의 박람회나 창업 포럼에 참석하여 관련 업계 인사와의 만남을 주선하고, 네트워크를 확장할 수 있다.

② 온라인 네트워킹 활용: 디지털 시대에서는 온라인 네트워킹도 중요하다. LinkedIn, 온라인 창업 커뮤니티, 웨비나 등을 통해

관련 업계 사람들과 지속적으로 연결될 수 있다. LinkedIn과 같은 플랫폼에서 업계 인사와 연결하고, 자신의 사업 내용이나 성공 사례를 공유하여 온라인에서 인지도를 높인다.

③ 협업을 위한 네트워크 확장: 창업자는 자신과 시너지를 낼 수 있는 분야의 사람들과 적극적으로 교류하며, 협력 가능성을 탐색해야 한다. 예를 들어, 기술 기반 창업자는 비즈니스 운영이나 마케팅 전문가와의 네트워크를 형성하여 협업을 모색할 수 있다. 이를 통해 사업의 기술적 강점을 극대화하는 동시에 마케팅 능력도 확보할 수 있다.

④ 멘토링 프로그램 및 창업 지원 기관 활용: 다양한 창업 지원 기관에서는 멘토링 프로그램을 통해 경험 많은 창업자와 연결해주는 기회를 제공한다. 창업자는 이러한 프로그램을 활용하여 실질적인 조언을 받고, 도전 과제를 극복하는 데 도움을 받을 수 있다. 창조경제혁신센터의 멘토링 프로그램에 등록하여 해당 분야에서 성공한 멘토와의 정기적인 피드백 세션을 통해 자신의 전략을 검토하고 조정할 수 있다.

창업생태계와 네트워킹의 실제 사례를 다음과 같이 제시한다. 한 AI 기반 데이터 분석 스타트업 창업자는 초기 사업 구상부터 네트워킹을 통해 지원을 확보했다.

① 투자 유치: 스타트업 데모데이에 참가해 비즈니스 모델을 발표했고, 투자자와의 네트워크를 통해 초기 자금을 유치했다.

② 기술 협력: 같은 행사에서 만난 데이터 전문가와 협력하여 새로운 분석 기술을 개발하였고, 이를 통해 경쟁력을 강화했다.

③ 멘토링: 창조경제혁신센터에서 멘토링 프로그램에 참여하여 경험 많은 창업자의 조언을 통해 초기 운영의 시행착오를 줄일 수 있었다.

④ 판로 확대: 대한상공회의소가 주최하는 수출상담회에 참가해 해외 바이어와 연결되었고, 글로벌 진출의 발판을 마련했다.

출제 예상문제

01. 창업 초기에 필요한 스킬 중 가장 중요한 것은 무엇입니까?

① 회계 및 재무 관리 ② 제품 개발
③ 사업 기획 및 전략 수립 ④ 고객 서비스

02. 창업 컨설팅에서 시장분석의 목적은 무엇입니까?

① 경쟁사의 약점 파악 ② 소비자 요구 및 트렌드 분석
③ 재무 계획 수립 ④ 광고 전략 개발

03. 창업자가 네트워킹을 통해 기대할 수 있는 이점은 무엇입니까?

① 법적 문제 해결 ② 파트너십 및 협력 기회 확보
③ 직원 채용 ④ 제품 배송

04. 창업자가 창업 지원 프로그램을 효과적으로 활용하기 위한 전략은 무엇입니까?

① 모든 지원 프로그램 참여
② 맞춤형 지원 프로그램 탐색 및 선택
③ 한정된 지원에만 의존
④ 오로지 정부 지원에만 집중

05. 창업생태계 내에서 멘토링이 창업자에게 제공하는 주요 혜택은 무엇입니까?

① 투자 유치 ② 사무실 공간 제공
③ 실질적인 조언과 피드백 ④ 정부 보조금 접근

정답과 해설

01. ③

창업 초기에는 비즈니스 아이디어를 구체화하고 실행 가능한 계획으로 만드는 사업 기획 및 전략 수립 능력이 가장 중요합니다. 이를 통해 창업자는 시장에서의 차별화 전략을 세우고 제품이나 서비스를 개발 및 제공할 방향을 설정할 수 있습니다.

02. ②

시장분석은 소비자의 요구와 트렌드를 파악하여 창업 아이디어가 시장에서 실제로 경쟁력을 가질 수 있는지 검증하는 과정입니다. 이 정보는 창업자가 효과적인 비즈니스 전략을 수립하는 데 중요한 데이터를 제공합니다.

03. ②

네트워킹을 통해 창업자는 다양한 분야의 사람들과 교류하고 협력 기회를 마련할 수 있습니다. 이는 창업 초기 자원 확보, 사업 확장 및 새로운 시장 개척에 매우 중요합니다.

04. ②

창업자는 자신의 필요와 사업 특성에 맞는 지원 프로그램을 선택하여 효과적으로 활용해야 합니다. 이는 자금, 교육, 네트워킹 및 기타 필요한 자원을 적시에 확보하는 데 중요합니다.

05. ③

멘토링을 통해 창업자는 경험 있는 전문가로부터 실질적인 조언과 피드백을 받을 수 있습니다.

부 록

1. COLiVE, 업스킬링&리스킬링 전문가 자격검정(1급·2급)
2. 자기경영법

COLiVE, 업스킬링&리스킬링 전문가 자격검정(1급 · 2급)

■ 업스킬링&리스킬링 자격 도입배경

급변하는 기술 환경과 N차 산업혁명으로 인한 직무변화는 다양한 산업분야에서 새로운 기술과 역량을 요구하고 있습니다. 이러한 변화에 대응하여 조직과 개인 모두에게 필수적인 역량으로 자리 잡은 것이 업스킬링(Upskilling)과 리스킬링(Reskilling)입니다.

이에 따라 기업들은 기존 인력의 재교육을 통해 생산성을 극대화하고 경쟁력을 유지하고자 하며, 개인들은 지속적인 학습을 통해 자신의 직무 역량을 강화하고 새로운 기회를 모색하기 위해 COLiVE와 한국스킬문화연구원(원장 : 김진실)이 협업하여 업스킬링&리스킬링 프로그램 개발에 착수하였습니다.

앞으로 더욱 더 업스킬링과 리스킬링 전문가의 역할은 매우 중요해지고 있으며, 이들은 조직과 개인의 교육 및 훈련 과정을 설계하고 실행하는 중추적인 역할을 맡고 있습니다.

본 자격과정은 이러한 전문가들이 최신 트렌드와 기술에 기반한 체계적이고 효과적인 프로그램을 기획·운영할 수 있도록 돕기 위해 마련되었습니다.

■ 업스킬링&리스킬링 자격

1. 교육 프로그램 개발 및 운영
   - 최신 기술과 트렌드에 맞는 맞춤형 업스킬링&리스킬링 프로그램을 기획, 설계, 운영
   - 온라인 및 오프라인 학습, 실습 중심의 교육 프로그램 제공

2. 직무분석 및 스킬 매핑
   - 산업별, 직무별로 필요한 스킬을 분석하고, 이를 기반으로 필요한 교육 및 훈련 경로 설계
   - 국가 스킬 스탠다드와 연계된 직무 역량 매핑

3. 재취업 및 전직 지원
- 재취업을 목표로 하는 개인에게 맞춤형 교육을 통해 필요한 역량 강화
- 새로운 직무나 업종으로 전환을 지원하는 리스킬링 프로그램 제공

4. 직업 상담 및 경력 개발
- 개인의 경력 개발을 위한 상담 제공
- 개인의 강점 및 약점을 분석해 최적의 경력 경로 제시

5. 창업 지원 및 컨설팅
- 창업을 원하는 이들에게 필요한 기술 및 경영 역량 교육
- 창업 초기단계의 컨설팅과 멘토링 제공

6. 기업 맞춤형 교육 솔루션
- 기업의 특정 요구에 맞춘 내부 교육 프로그램 개발
- 기업이 필요로 하는 인재 양성을 위한 맞춤형 훈련 및 평가

7. 성과 평가 및 피드백
- 교육 후 성과 평가와 지속적인 피드백 제공
- 교육 효과를 측정하고 개선 방안을 제시

▪ 업스킬링&리스킬링의 주요 고객

1. 일반 직장인 및 구직자
- 기존 직무에서 역량을 강화하거나 새로운 분야로 전직을 희망하는 직장인
- 재취업을 준비하는 구직자

2. 기업 및 조직
- 급변하는 산업 환경에 적응하기 위해 직원교육을 강화하려는 기업
- 디지털 전환과 관련된 역량을 키우고자 하는 조직

3. 교육 및 훈련기관
- 업스킬링&리스킬링 교육 프로그램을 도입하려는 대학, 직업훈련기관
- 성인학습자 대상의 평생교육기관

4. 정부 및 공공기관
- 산업 변화에 맞춰 인재 양성을 위해 업스킬링&리스킬링 프로그램을 지원하는 정부부처
- 실업률 감소와 경제 활성화를 위해 인재 개발을 촉진하는 공공기관

5. 창업자 및 기업가
- 새로운 사업을 시작하기 위한 경영, 기술적 역량을 필요로 하는 창업자
- 스타트업 초기단계에서 전문 기술과 경영 역량을 개발하려는 기업가

▪ COLiVE, 업스킬링&리스킬링 행동 진단도구

업스킬링&리스킬링 행동 진단도구는 개인의 현재 역량을 평가하고, 업무 효율성 및 성장 가능성을 높이기 위해 설계되었습니다. 각 질문에 대해 솔직하게 응답함으로써 본인의 학습 방향과 목표를 명확히 설정할 수 있습니다.

스킬셋	질문	전혀 그렇지 않다 ① - 보통이다 ③ - 매우 그렇다 ⑤
1. 스킬 격차 분석	1) 현재 직무에서 요구되는 기술을 충분히 숙달하고 있습니까?	①-②-③-④-⑤
	2) 직무 수행에 필요한 핵심 기술 역량이 무엇인지 파악하고 이를 충족하고 있다고 생각합니까?	①-②-③-④-⑤
2. 학습 민첩성	1) 새로운 역할이나 업무에 빠르게 적응할 수 있는 자신감이 있습니까?	①-②-③-④-⑤
	2) 과거에 배운 지식을 새로운 상황에 맞춰 응용하며 창의력을 발휘하고 있습니까?	①-②-③-④-⑤
3. 기술 숙련도 평가	1) 직무와 관련된 최신 기술(예 : 디지털 도구, AI, 데이터 분석)을 다룰 수 있습니까? (Technological literacy)	①-②-③-④-⑤
	2) 직무 수행에 필요한 소프트웨어나 시스템을 능숙하게 사용할 수 있습니까?	①-②-③-④-⑤
4. 미래 역할 준비도	1) 더 높은 수준의 업무나 새로운 역할로 전환할 준비가 되어 있습니까?	①-②-③-④-⑤
	2) 향후 변화할 직무에 대비해 필요한 스킬을 발전시키고 있습니까? (창의력 및 학습 민첩성)	①-②-③-④-⑤

5. 소프트 스킬 숙련도	1) 협업 능력을 갖추어 팀원들과 효과적으로 의사소통하고 협업할 수 있습니까?	①-②-③-④-⑤
	2) 문제 해결과 비판적 사고 능력을 잘 활용하여 복잡한 문제를 해결하고 있습니까?	①-②-③-④-⑤
6. 학습 동기와 참여도	1) 현재 직무나 개인 발전을 위해 지속적으로 배우고자 하는 열의가 있습니까?	①-②-③-④-⑤
	2) 학습에 참여하면서 새로운 접근 방법을 탐색하고 창의력을 발휘하고 있습니까?	①-②-③-④-⑤

업스킬링&리스킬링 진단 결과는 리커트 5점 척도(매우 그렇지 않다 - 1점, 매우 그렇다 - 5점)로 구성되어 있습니다. 평균 점수를 통해 현재 역량 수준을 파악하고, 필요한 영역에서 개선과 발전을 위한 실질적 계획을 수립할 수 있습니다.

48~60점(높은 편임) 해당 역량이 뛰어나며, 업스킬링 및 리스킬링의 모범적 사례가 될 수 있다. 현재 역량을 유지하면서, 다른 분야의 역량을 향상시키거나 리더십 및 멘토링 기회를 모색하는 것이 좋다	24~35점(다소 부족) 해당 역량이 중간 수준이므로, 개선이 필요한 영역이다. 구체적인 학습 계획을 세워 추가적인 교육 프로그램이나 실무 경험을 통해 역량을 강화할 필요가 있다
36~47점(보통) 해당 역량이 평균 이상으로, 충분히 잘 발휘되고 있다. 나만, 향후 필요에 대비해 특정 부분에서 추가 학습이나 실습을 통해 이 수준을 더욱 강화할 수 있다.	23점 이하(낮음) 해당 역량이 부족하므로, 집중적인 업스킬링 및 리스킬링 활동이 필요하다. 이 경우에는 기초부터 차근히 쌓아 나갈 수 있는 학습 및 실습 계획을 세워 장기적 향상을 목표로 해야 한다.

■ 업스킬링&리스킬링 전문가 자격검정(1급 · 2급) 안내

업스킬링&리스킬링 전문가 1급

1. 미래 기술 변화에 따른 스킬의 개념과 스킬 스탠다드의 중요성을 이해하고, 주요 산업별 직무분석 및 매핑을 효과적인 업스킬링&리스킬링 경로를 제시한다.
2. 직무분석 및 매핑을 통해 제시된 업스킬링&리스킬링 경로에 따라 맞춤형 교육과 자격을 제시하여 효과적인 재취업과 창업(창직)을 지원한다.

업스킬링&리스킬링 전문가 2급

1. 미래 기술 변화에 따른 스킬의 개념과 스킬 스탠다드의 중요성을 이해하고, 주요 산업별 직무분석 및 매핑을 수행할 수 있도록 한다.
2. 주요 산업별 직무분석 및 매핑 결과를 기반으로 업스킬링&리스킬링 경로를 제시한다.

■ 업스킬링&리스킬링 전문가 자격검정 영역

업스킬링&리스킬링 1급 시험과목

1. 업스킬링&리스킬링 교육 및 자격
2. 업스킬링&리스킬링 재취업 설계
3. 업스킬링&리스킬링 창업 및 창직 설계

업스킬링&리스킬링 2급 시험과목

1. 업스킬링&리스킬링 경로 제시
2. 주요 산업별 핵심 직무분석 및 매핑
3. 스킬의 개념과 스킬 스탠다드의 이해

자기경영법

1. 게으른 사람들의 나쁜 습관

게으른 사람에게는 여섯 가지 옳지 않은 습관이 있다.
너무 이르다 하여 할 일을 하지 않고
너무 늦었다 하여 할 일을 하지 않는다.
너무 배부르다 하여 할 일을 하지 않고
너무 배고프다 하여 할 일을 하지 않는다.
너무 덥다 하여 할 일을 하지 않고
너무 춥다 하여 할 일을 하지 않는다.
이런 사람은 참된 도(道)에 이르지 못한다.
인생의 성공을 이루기 힘들다.

– 출요경(出曜經) 중에서

2. 창의력(상상력)을 키우는 방법

- 강한 호기심은 새로운 발상의 원동력이다.
- 아이디어만으로 끝나서는 안 된다.
- 지금 있는 것에서 새로운 것을 발견하도록 노력한다.
- 생활 속에서 불편한 점이 있다면 어떻게 고치면 편해질까를 생각한다.
- 좋은 아이디어는 노트나 휴대전화 메모장에 적어둔다.

3. 목표설정 시 고려해야 할 요소

- 올바른 목표설정에 필요한 충분한 정보를 수집한다.
- 적극적이고 자기발전에 도움이 되는 목표를 세운다.
- 목표를 달성하기 위해 실행해야 할 실천계획을 세우고 기한을 정한다.

- 목표 달성 후 자신의 모습이나 변화된 상황을 상상한다.
- 자신은 물론 주위 사람들에게도 도움이 될 수 있는 목표를 세운다.
- 목표를 세운 목적을 항상 잊지 않는다.

4. 상대에게 신뢰받는 방법

- 상대방에게 도움이 될 만한 화제를 대화내용으로 삼는다.
- 남의 말을 가로채거나 자기 말만 앞세우지 않는다.
- 자기 자랑으로 높은 평가를 받는 사람은 없다.
- 거짓말을 하지 않는다.
- 실수를 했을 경우 잘못을 인정하고 사과한다.
- 새로운 환경에서는 배우려는 자세를 갖는다.

5. 호감을 사는 성품

- 자신이 원하는 성격을 정하고 그에 맞게 성격을 변화시킨다.
- 대화할 때 설득력을 줄 수 있는 능력을 개발한다.
- 인사는 밝은 표정으로 한다.
- 자신의 신체 조건과 자신이 하는 일에 어울리는 옷을 입는다.
- 상대방을 존중하고 배려할 줄 아는 마음을 가진다.
- 주위 사람에게 관심과 호감을 가지고 그들의 장점을 칭찬한다.
- 자신이 비호감이라고 생각하는 사람은 거울을 보며 웃는 연습을 한다.

6. 유머를 갖기 위한 방법

- 항상 밝은 마음을 가지며 사물의 좋은 면을 보도록 노력한다.
- 심각한 생각이나 긴장을 버리고 웃을 수 있도록 노력한다.
- 언제나 밝은 태도로 사람을 대하려고 노력한다.
- 다른 사람을 깎아 내리는 유머는 하지 않는다.
- 대화하는 사람 모두가 나를 좋은 사람이라고 생각한다는 자신감을 갖는다.

7. 이미지 메이킹방법

- 자신의 시간을 낭비하지 않는다.
- 자신에게 진실하며 자신을 사랑한다.
- 어떤 모습이 되고 싶은지를 항상 마음속에 그린다.
- 말하기 전에는 항상 생각하고, 타인의 말을 주의 깊게 듣는다.
- 기본적인 예의와 도덕을 지킨다.
- 다른 사람이 청소를 하고 있거나 어려운 일을 하면 같이 도와준다.

8. 태도를 변화시키는 실천 방안

- 현재의 자기 자신의 태도를 점검한다.
- 자신의 말과 행동에 책임을 진다.
- 긍정적으로 생각한다.
- 좋은 습관을 개발한다.
- 변화를 추구한다.
- 적극적이고 활발한 태도를 갖는다.

9. 변화를 위해 지켜야 할 사항

- 자기만의 재능을 찾는다.
- 변화하기 위한 준비, 실행 및 유지의 단계를 파악한다.
- 중요한 일에 집중할 수 있는 시간관리가 필요하다.
- 목표를 뚜렷이 세우고 추진해 나간다.
- 창의성을 개발한다.

10. 사람의 마음을 움직이는 원칙

- 상대방의 입장에서 생각한다.
- 역지사지(易地思之)를 발휘해 본다.
- 상대방의 마음을 열려면 자신의 마음부터 연다.
- 잘못을 저지른 사람에게도 그 까닭이 있다는 것을 인정한다.

- 상대방이 원하는 바를 알아내고 그것을 실행할 수 있도록 도와준다.

11. 추진력을 높이는 방법

- 일에 대해서 진지하게 관심을 갖는다.
- 일을 완수했을 때의 달라진 내 모습을 상상한다.
- 불필요한 행동이나 쓸데없는 고민은 하지 않는다.
- 도움이 될 만한 사람이나 좋아하는 사람과 함께 한다.
- 일을 하기 싫을 때는 그것을 해야 하는 이유를 떠올린다.

12. 부자로 가는 길

- 부모님으로부터 언제 자립해야 하는지 예상해 본다.
- 공부나 자신의 재능이 있는 부분에 노력하며 스스로 상품가치를 높인다.
- 씀씀이를 늘 조절한다.
- 흥미를 갖는 지식에 대해 시간을 투입해서 공부를 한다.
- 용돈을 받으면 교통비 등 꼭 써야 하는 돈과 갖고 싶은 것을 사기 위한 돈을 분리해 놓는다.
- 신문을 보거나 재미있는 경제분야 책을 본다.
- 일주일에 5천원이라도 은행에 저축하는 습관을 들인다.

13. 성공하는 비결

- 새로운 도전의 기회를 부여한다.
- 환경이 변화되면 그에 따라 변화해야 할 나의 행동이나 계획이 있는지 확인한다.
- 창의적인 문제해결법을 찾는다.
- 자신감을 갖고 책임감 있게 일하고 긍지를 갖는다.
- 성공을 위해 해야 할 일과 불필요한 일을 구분한다.
- 만족하는 결과에 대해서는 스스로를 칭찬하고 그렇지 않은 경우에는 무엇 때문에 잘못되었는지 생각해 본다.

14. 좋은 리더가 되는 법

- 모든 상황을 끊임없이 평가하고, 지도하며, 자신감을 구축하는 기회로 삼아 팀을 부단히 향상시킨다.
- 정직함과 신용을 통해 신뢰를 쌓아야 한다.
- 인기 없는 결정을 내리는 용기와 배짱 두둑한 결단력이 있어야 한다.
- 다른 사람의 의견을 잘 이해하고 불만사랑을 긍정적으로 검토한다.
- 팀 내에 소외되는 사람이 없도록 모두를 잘 챙긴다.

15. 기회포착을 위한 방법

- 선입견과 편견에서 벗어날 수 있도록 노력한다.
- 지나간 기회에 집착하지 말고 미래를 직시한다.
- 많은 사람들이 '되기만 하면 정말 좋을 텐데'라는 것을 찾는다.
- 일단 기회라고 생각되면 그 기회를 활용한다.
- 내가 얻고 싶은 기회가 올 때를 대비하여 미리 준비해야 할 것들을 확인하고 실력을 쌓아둔다.

16. 긍정적인 자세를 갖는 방법

- 실패를 했을 경우에도 그것에 집착하지 말고 쉽게 털어버린다.
- 자신과 관계를 맺는 모든 사람에 대해 개방적인 자세를 갖는다.
- 일시적으로 실패를 한다고 하더라도 전체적인 패배로 확대하여 해석하지 않는다.
- 이번에 실패한 요인을 곰곰이 생각하여 다음 도전에 참고한다.

참고문헌

국가직무능력표준 홈페이지 (2025). NCS 및 학습모듈 검색. www.ncs.go.kr.

김면식, 김순호, 이선옥, 이승철, 최승규 (2023). **이제부터는 공정채용이다**. 박문각.

네이버 지식백과 (2024). 4차 산업혁명(시사상식사전, 지식엔진연구소).

박용호 (2023). HRDer 일분석(Work Analysis) : 어떤 능력이 필요하고 어떤 일을 하는가? 한국산업인력공단 국가직무능력표준원 내부 교육자료.

한광식 (2021). 평생직업교육 적합 DNA 갖춘 전문대… 지역 발전 핵심 주체돼야. 한국대학신문.

한국기업교육학회 (2010). 학습조직의 개념.

Anastasi, A., & Urbina, S. (1997). *Psychological Testing. Upper Saddle River*, NJ : Prentice Hall.

Attali, J. (2009). *A Brief History of the Future*. Arcade Publishing.

Bessen, J. (2015). *Learning by Doing : The Real Connection between Innovation, Wages, and Wealth*. Yale University Press.

Brannick, M. T., Levine, E. L., & Morgeson, F. P. (2007). *Job and Work Analysis : Methods, Research, and Applications for Human Resource Management*. SAGE Publications.

Cedefop (2010). The development of national qualifications frameworks in Europe.

Deloitte Insights (2018). Future of Work : The Path to Workforce Resilience.

DeRue, D. S., Ashford, S. J., & Myers, C. G. (2012). Learning Agility : In Search of Conceptual Clarity and Theoretical Grounding. *Industrial and Organizational Psychology, 5*(3), 258-279.

Dessler, G. (2020). *Human Resource Management*. Pearson.

European Commission (2019). Skills for Industry : Skills Development and Employment Creation in Europe.

Ford, M. (2015). *Rise of the Robots : Technology and the Threat of a Jobless Future*. Basic Books.

Guglielmino, L. M. (1977). Development of the Self-Directed Learning Readiness Scale. Doctoral Dissertation, University of Georgia.

IBM Watson Talent Management (2020). AI-Powered Skills Insights. IBM Watson.

International Labour Organizatio (2019). Reskilling and Upskilling for the Future of Work. Policy Brief.

I-SCOOP. (n.d.) Industry 4.0 and the fourth industrial revolution explained. Retrieved from https://www.i-scoop.eu/industry-4-0

Knowles, M. S. (1975). *Self-Directed Learning : A Guide for Learners and Teachers*. Prentice Hall.

Likert, R. (1932). A Technique for the Measurement of Attitudes. *Archives of Psychology, 22*(140), 1-55.

McClelland, D. C. (1973). Testing for Competence Rather Than for Intelligence. *American Psychologist, 28*(1), 1-14.

McKinsey Global Institute (2017). Jobs Lost, Jobs Gained : Workforce Transitions in a Time of Automation.

OECD (2019). Education at a Glance 2019 : OECD Indicators.

Paryono, P. (2023. 6. 27.). THE ROLE OF VOCATIONAL EDUCATION TO SECURE HIGH-TECH TALENT AND NATIONAL COMPETITIVENESS IN THE DIGITAL AGE : A MACRO AND MICRO PERSPECTIVE. Power Point slides. 2023 한국직업교육학회 하계학술대회 기조강연 자료.

PwC (2021). Upskilling Hopes and Fears : The Essential Eight Technologies and Skills for the Future. Research Report.

Redding(1997). Hardwiring the Learning Organization. *Training & Development, 51*(8), 62.

Robles, M. M. (2012). Executive Perceptions of the Top 10 Soft Skills Needed in Today's Workplace. *Business Communication Quarterly, 75*(4), 453-465.

Sanchez, J. I., & Levine, E. L. (2000). The Analysis of Work in the 20th and 21st Centuries. *Handbook of Psychology: Industrial and Organizational Psychology, 12*, 72–98.

Spataro, J. (2021). The Future of Work: Remote vs. In–Office. Microsoft White Paper.

Van Deursen, A. J., & Van Dijk, J. A. (2014). *The Digital Divide Shifts to Differences in Usage*. New Media & Society, 16(3), 507–526.

Westerman, G., Bonnet, D., & McAfee, A. (2014). *Leading Digital: Turning Technology into Business Transformation*. Harvard Business Review Press.

World Economic Forum (2020). The Future of Jobs Report 2020.

찾아보기

대표저자 소개

김진실(Kim, Jin Sil) kimjinsil1510@gmail.com

- 한국스킬문화연구원(SkillsFuture Korea) 원장
- 국가미래직업교육포럼(NFVEF) 사무차장
- 서울대학교 산업인력개발학과 학사·석사·박사 졸업
- 일자리창출 유공 산업포장 수상('21)
- 한국산업인력공단 국가직무능력표준원 원장 역임('21~'24)
- 서울대학교, 상지대학교, 경인교육대학교, 청주교육대학교, 한양여자대학교 외래교수 역임('04~'08)
- 유튜브 채널: 김진실TV(@kimjinsil1510) 운영
- 공식 홈페이지: www.skillsfuture.co.kr 운영
- 출판도서
  ≪CEO가 알아야 할 스킬 기반 전략적 HRD('24)≫
  ≪한국의 소프트스킬: 직업기초능력('24)≫
  ≪한국의 스킬즈퓨처('24)≫
- 유럽 직업교육사회학회 편집위원('13) 역임
- APEC Working Group CEB Expert('12) 역임
- ASEM Conference('08) 좌장 역임

한광식(Han, Kwang Sik) kshan@colive.kr

- 전문대학평생직업교육협회(COLiVE) 사무총장
- 전문대학창업교육네트워크(CEEN) 회장
- 국가교육위원회 직업 · 평생교육 특별위원회 위원
- 중소기업정책심의회 지역분과위원회 전문위원(중소벤처기업부)
- 지역특화자원사업화연구센터 이사장(농림축산식품부)
- 한국ESG학회 부회장 겸 사회공헌위원장
- COLiVE 전문가 재능나눔(프로보노) 운영위원장
- 한국중소기업경영혁신협회 자문위원
- 프로보노 ICT멘토링 운영위원
- 김포대학교 교수 역임
- 한국전문대학교육협의회 부설 산학교육혁신연구원장
- 지역특화발전특구위원회 민간위원(부위원장) 역임
- 대통령직속 지방시대위원회 평가자문단 위원 역임
- 한국창업교육협의회 부회장 역임

미래를 준비하는 스킬셋

업스킬링&리스킬링

초판발행 2025년 4월 5일 **1판 1쇄 인쇄** | 2025년 4월 10일 **1판 1쇄 발행**

지은이 COLiVE 업스킬링리스킬링연구회
펴낸이 최용구 | **펴낸곳** 도서출판 **이프레스**
주소 (04316) 서울시 용산구 원효로 89길 19 (원효로1가)
전화 02) 537-1720(영업부), 537-1721(편집부), 537-1711(팩스)
이메일 epress01@naver.com | **홈페이지** www.epress1.com
등록 2009년 12월 10일 제16-2710호
기획마케팅 최용구 장만동 송대용 최충구 | **책임편집** 석기은 황가연

ISBN 979-11-91348-86-6 93320
정가 22,000원